國家出版基金項目
NATIONAL PUBLICATION FOUNDATION

漢籍合璧 總編纂 鄭傑文

漢籍合璧精華編 主編 王承略 聶濟冬

帝範集注彙校

竇秀艷　杜中新　著

漢籍合璧精華編

學術顧問（按齒序排列）：
　　程抱一（法國）　袁行霈　項　楚　安平秋　池田知久（日本）
　　柯馬丁（美國）

編纂委員會（按姓氏筆畫排列）：

主　任：　詹福瑞
委　員：　王承略　王培源　王國良　呂　健　杜澤遜　李　浩　吳振武
　　　　　　何朝暉　林慶彰　尚永亮　郝潤華　陳引馳　陳廣宏　孫　曉
　　　　　　張西平　張伯偉　黃仕忠　朝戈金　單承彬　傅道彬　鄭傑文
　　　　　　蔣茂凝　劉　石　劉心明　劉玉才　劉躍進　閻純德　閻國棟
　　　　　　韓高年　聶濟冬　顧　青

總 編 纂：
　　　鄭傑文

主　　編：
　　　王承略　聶濟冬

本書編纂：
　　　辛智慧　李　兵　林　相　段潔文

本書審稿專家：
　　　唐子恒

國家重點文化工程"全球漢籍合璧工程"成果

山東省社科規劃項目"中日韓三國藏《帝範》彙校集注"成果

（項目號：18CWTJ09）

前　言

中華優秀傳統文化是中華民族寶貴的精神財富。古籍是中華優秀傳統文化的載體，凝聚了古人的智慧，承載了中華民族在人類發展史上的貢獻。古籍整理，是一種傳承、發展中華優秀傳統文化精髓的基礎研究，是一項事關賡續中華文脈、弘揚民族精神、建設文化强國、助力民族復興的重要工作。古籍整理研究雖面對古籍，但要立足當下，把握時代脈搏，將傳統與現實緊密結合，激活古籍的生命力，推動中華文明創造性轉化和創新性發展。

山東大學向來以文史見長，在古籍整理研究方面成就斐然。從 2010 年開始，承擔了國家社科基金重大委托項目"子海整理與研究"，遴選先秦至清代的子部書籍中的精華部分進行影印複製和整理研究，已取得了豐碩的成果。自 2018 年始，山東大學在已有的古籍整理成功經驗的基礎上，又承擔了國家重點文化工程——"全球漢籍合璧工程"，主要是對海外存藏的珍本古籍複製影印和整理研究，旨在爲海內外從事古代文、史、哲、藝術、科技專業研究的學者提供新的資料和可信、可靠的研究文本。"漢籍合璧工程"共有四個組成部分，即"目録編、珍本編""精華編""研究編"和數據庫。其中，"精華編"是對海外存藏、國內缺藏且有學術價值的珍本古籍進行規範的整理研究。在課題設計上，進行了充分的調查分析和清晰定位，防止低水準重複。從選題、整理、編輯各環節中，始終堅持精品意識，嚴格把握學術品質。"漢籍合璧精華編"的整理研究團隊由近 150 人組成，集合了海內外 30 多所高校和研究機構的古文獻研究者，整理研究力量較爲强大。我們力求整理成果具有資料性、學術性、研究性、高品質的學術特色，以期能爲海內外學者和文史愛好者提供堅實的、方便閱讀的整理文本。

"漢籍合璧精華編"採用五次校審、遞進推動的管理模式。一、整理者提交文稿後,初審全稿。編纂團隊根據書稿的完成情況,判斷書稿的整體整理質量,做出退改或進入下一步編輯程序的判斷。二、通校全稿。進入編輯程序的書稿,編纂團隊調整格式,規範文字,初步挑出校點中顯見的不妥之處。三、匿名評審。聘請資深專家通審全稿,全面進行學術把關,盡力消滅硬傷,寫出詳盡的審稿意見。四、修改文稿。專家審稿意見及時反饋給整理者,整理者根據審稿意見修改,完成新文稿。五、終審文稿。待新文稿返回後,主編作最後的質量把關。五步程序完成後,將文稿交付出版社。出版社同樣進行嚴格的審稿、出版程序。

五次校審的目的是爲了保證學術質量,提高整理水準,減少訛誤和硬傷。但校書如掃塵埃落葉,"漢籍合璧精華編"儘管經多道程序嚴加把關,仍難免有錯,懇請方家不吝指教。"漢籍合璧精華編"編纂團隊將及時總結經驗,吸取教訓,把工作做得更好,以實現課題設計的初衷。

目　　録

整　理　説　明

一

　　《帝範》十二篇，唐太宗李世民撰。李世民，隴西狄道（今甘肅省臨洮縣）
人，唐高祖李淵次子，母竇皇后，生於隋文帝開皇十九年（599），武德九年即位，
改元貞觀，貞觀二十三年（649）卒，廟號太宗，謚文皇帝，後加謚文武大聖大廣
孝皇帝。李世民在青年時期，就助其父平定寰宇，解生靈於塗炭，立下了不世
戰功。他在執政的二十餘年裏，勵精圖治，任用忠直廉能之臣，廣開言路，虛心
納諫，整飭吏治，薄賦尚儉，發展經濟，復興文教，唐朝出現了國泰民安、繁榮富
庶的大國氣象，大唐文明遠播域外。唐太宗所開創的“貞觀之治”，爲後世帝王
及朝鮮、日本等周邊國家所欽慕、效仿。

　　唐太宗是位傑出的政治家、軍事家，在文化建設上也是成就卓著，給後世
留下了豐富的文化遺產。其在位期間振興文教，國子監設六學，科舉分科考
試，貞觀年間各國來唐學習的留學生最多，敕撰《五經正義》《晉書》《梁書》《陳
書》《隋書》《高祖實錄》《貞觀實錄》《大唐儀禮》《貞觀律》《大唐氏族譜》《大唐西
域記》《文思博要》《群書治要》等二十餘種，尤其是敕撰的《五經正義》，不但奠
定了經學考試與學習的範式，也成爲儒家文化的大本營。唐太宗在政務繁忙
之際，亦“留情典墳，屬意篇什”，屢有創作。據《舊唐書·鄧世隆傳》：“初，太宗
以武功定海內，櫛風沐雨，不暇於詩書。暨于嗣業，進引忠良，銳精思政，數年
之後，道致隆平，遂於聽覽之暇，留情文史。敘事言懷，時有構屬，天才宏麗，興
托玄遠。”①《貞觀政要》卷七《文史》：“貞觀十一年（637），著作佐郎鄧隆表請編

---

① 　（後晉）劉昫：《舊唐書》卷七三，北京：中華書局，1975 年，第 2600 頁。

次太宗文章爲集。"①可見，太宗也是一位多產的作家。《舊唐書·經籍志》子部儒家類著《太宗序志》(亡)、《帝範》四卷(存)，樂類有《慶善樂》(亡)；集部別集類有《太宗文皇帝集》三十卷(殘存)。

《太宗文皇帝集》是李世民詩文著述代表作，日本宇多天皇寬平三年(891)藤原佐世編纂的《日本國見在書目錄》(簡稱"《見在目》")中已經著錄，卷帙與《舊唐志》同。而《新唐書·藝文志》著錄"《太宗集》四十卷"。孫猛《日本國見在書目錄詳注》在"太宗文皇帝集"下"校注"曰："《大日本古文書》卷三，天平二十年(748)六月十日《寫章疏目錄》著錄《太宗文皇帝集》卅卷，同《新唐書·藝文志》。《直齋書錄解題》亦謂'本集四十卷'，疑《舊唐書·經籍志》卷數有誤，《日本國見在書目錄》此條卷數亦當作卅卷。"②可見，在太宗生前已經編纂了文集，且數量可觀，孫猛先生認爲"卅卷"說有誤。又，《見在目》別集類有"《文皇帝集》一卷"、③總集類有唐太宗"《前代君臣語錄屏風本》一卷"。④按，《見在目》著錄了太宗的全部作品，《太宗文皇帝集》著錄也是卅卷，不能遽斷爲筆誤，況尚有《舊唐志》相證明，只是其中原因今已無從考證罷了。《崇文總目》著錄"《唐太宗集》一卷"，可能是其詩集。陳振孫《直齋書錄解題》："《唐太宗集》三卷。唐太宗皇帝本集四十卷，《館閣書目》但有《詩》一卷，六十九首而已。今此本第一卷《賦》四篇、《詩》六十五首，後二卷爲碑銘、書詔之屬，而訛謬頗多。世所傳太宗之文見於石刻者，如《帝京篇》《秋日效庾信體詩》《三藏聖教序》皆不在。又《晉書》紀、傳論稱'制曰'者四，皆太宗御製也。今獨載宣、武二紀論，而陸機、王羲之傳論不預焉。宣紀論復重出，其他亦多有非太宗文者，雜廁其中，非善本也。"⑤明代《唐五十家詩集》所收《唐太宗皇帝集》也僅收詩六十首、賦三篇。今人吳雲、冀宇的《唐太宗全集校注》收詩約一百八篇、賦五篇、論文二

---

① (唐)吳兢：《貞觀政要》，嘉慶戊午(1798)掃葉山房重鐫本。"鄧隆"，即鄧世隆，避太宗諱，奪"世"字。

② 孫猛：《日本國見在書目錄詳注》，上海：上海古籍出版社，2015年，第1862頁。

③ 孫猛：《日本國見在書目錄詳注》，第1909頁。

④ 孫猛：《日本國見在書目錄詳注》，第2094頁。按，《屏風書》兩宋以來有拓本殘卷傳世，主要開列歷代君王生平事迹，以其興亡得失爲龜鑑，以誠君臣。

⑤ (宋)陳振孫撰、徐小蠻等點校：《直齋書錄解題》卷一六，上海：上海古籍出版社，1987年，第466頁。

十五篇、文告四百四十篇。①

《帝範》是李世民爲教導太子李治爲君之道而作，分爲十二篇：君體、建親、求賢、審官、納諫、去讒、誡盈、崇儉、賞罰、務農、閲武、崇文，約 4 000 餘字。李世民結合自己切身經驗，站在爲君治國的高度，對"未辨君臣禮節"和"不知稼穡艱難"的太子諄諄告誡。《君體》講君主的光輝品質，要以德義爲治國方略。《建親》講要善於制衡，和睦宗親，"輕重相鎮，憂樂是同"。《求賢》講廣泛地任用人才治國，提出"不以卑而不用，不以辱而不尊"的用人觀。《審官》講任官，避短取長，量才用人。《納諫》講君主要善於聽取各方意見，使君臣"無隔情"。《去讒》把讒佞之徒比作"國之蟊賊"，列舉種種惡習，親近之，就會亡國滅家。《誡盈》談君主要以"儉""靜"養性修身，毋好奇伎淫聲、鷙鳥猛獸、游幸田獵，以加重人民賦稅，使"人神憤怨"，國家傾危。《崇儉》講聖君之道"存乎節儉"，抱樸見素，不驕人、不矜物，培育儉德。《賞罰》是仁君治國的砝碼，賞罰公正得當，如寒暑交替協調，而威立化行。《務農》講"農"爲政本，要勸課耕織，遏奢禁麗。《閲武》講戰爭爲凶喪之事，不得已而爲之，文事要有武備，時刻有自衛的準備。《崇文》講以儒家禮樂治理國家，敷暢文教，博覽百家，精研六藝，端拱而治天下。

《帝範》雖不足五千言，但使我們看到了父親對兒子的期望，看到一位領導者心繫国家安危，對治理國家所涉及的方方面面的高瞻远瞩，"天資高明，識見高遠，中材庸主所不能及"。南宋宰輔周必大高度評價《帝範》爲"政治之大端，安危之明戒"。②該書被太宗之後的君臣奉如圭臬，而且遠播海外，受到漢文化圈國家統治階層的高度重視，成爲歷代皇室、貴族子弟、士人修身治國的教科書；該書在當今時代對於治理國家、處理國際政治關係、個人修身仍有重要的借鑑意義。

二

在《帝範》成書二十餘年後，天后武則天於上元二年(675，一説垂拱元年

---

① 吳雲、冀宇：《唐太宗全集校注》，天津：天津古籍出版社，2004 年。

② (宋)周必大：《周益文忠公集·承明集》卷一五七，《宋集珍本叢刊》第 50 册，北京：綫裝書局，2004 年，第 352 頁上。

685)仿太宗《帝範》體例編撰《臣範》（又名《臣軌》）一書，分爲同體、至忠、守道、公正、匡諫、誠信、慎密、廉潔、良將、利人十篇，闡明"臣臣"之道，成爲規誡群臣、"鎔範身心"的訓條；自長壽二年（693）至神龍元年（705），武則天要求科舉考試以《臣範》代替《老子》，"令貢舉習業"，於是《臣軌》與《帝範》一起成爲培育明君賢臣的教典。唐太宗開創的貞觀之治，歷來爲史家所稱道，歷仕武后、中宗、玄宗三朝的史學家吳兢（670—749）於開元八、九年（720—721）始，參照《帝範》十二個方面，總結太宗的治國功績，撰《貞觀政要》十卷，希望今後的唐王朝統治者借鑑唐太宗、房玄齡、杜如晦、魏徵、王珪等明君能臣治理國家的政治經驗、具體措施，其中第九卷《議征伐》全引《帝範·閱武》篇。唐時《帝範》已有二家注，據後晉劉昫（887—946）《舊唐書·經籍志下》（945 年成書）載"《帝範》四卷，太宗撰，賈行注"，《新唐書·藝文志》同。賈行生年時代、注《帝範》始末均不可考，亦未見唐以後典籍徵引。而《舊唐書·敬宗紀》又記載了韋公肅注《帝範》之事。《敬宗紀》寶曆二年（826）五月"辛未，秘書省著作郎韋公肅注太宗所撰《帝範》十二篇，進，特賜錦彩百匹"。[1]韋氏家族乃北朝隋唐時期鐘鳴鼎食之族，公肅是隋儀同三司觀城公韋約七世孫，歷仕憲宗、穆宗、敬宗、文宗朝，任太常博士、秘書郎、修撰等職，詳於禮制，當時各項禮制可否"宜如公肅所請""諸儒不能異"，著述有《禮閣新儀》三十卷等。韋公肅注卷帙未明，亦不見《唐志》著錄及後世徵引，其注可能隨著唐末戰火煙消雲散。元和四年（813），唐憲宗讀太宗《帝範》《金鏡》、讀玄宗《開元訓誡》等書，有所感動，遂采《尚書》《春秋後傳》《史記》《漢書》《晏子春秋》《新序》《說苑》等所記君臣行事可爲龜鑑者，集成《前代君臣事迹》十四篇，"以其書寫於屏風，列之御座之右"，爲資治之鑑。由此可見，唐後期，《帝範》依然受到重視。《帝範》不僅僅影響著唐代政治，也對唐代文化教育、對外交流都有重要的影響，如唐朝是詩的國度，唐代家訓詩彬彬之盛，這與《帝範》所倡導的"弘風導俗，莫尚於文""因文而隆道，假學以光身""不游文翰，不識智之源"的"崇文"之術不無關係，在李白、杜甫、白居易、韓愈等的文人訓喻詩中，大都包含著修身養德、讀書治學、建功立業的主題。

---

① （後晉）劉昫：《舊唐書》卷十七，北京：中華書局，1975 年，第 519－520 頁。《册府元龜》誤作德宗時。

　　兩宋時期，帝王家訓開篇之作《帝範》備受重視，宋朝第二位皇帝太宗趙光義（939—997）完全結束了唐末以來割據局面，統一全國，"閲農事，考治功""勤以自勵，日晏忘食"，建立了不世之功，曾自比于唐太宗。宋太宗時期詔敕修定了三大類書，《太平廣記》（982）、《太平御覽》（977）、《文苑英華》（986），其中《文苑英華》卷七三五"雜序一"收入《帝範序》，共 260 字，與《大典》系本文字不同 40 餘處，而與日系本關係較近，由此可見，《帝範》已經形成了兩條流傳綫索，日本一系和中國、朝鮮一系。宋太宗亦有《戒子篇》教導太子及諸王，令皇子侍講郭贄注解，雖然篇目早佚，而受《帝範》的影響是毋庸諱言的。宋真宗（998—1022 在位）重視太子的培養教育，選拔晏殊等德才兼備之人爲太子師傅。真宗天禧三年（1019）九月，"留神於垂裕後昆之原，豫建太子以定國本，爰因乙夜之覽"，"以《青宮要紀》事有未備，因博采群書，廣爲《承華要略》十卷，每卷著贊，以賜皇太子"。南宋宰輔周必大（1126—1204）於淳熙三年（1176）編《東宮故事》，《東宮故事一》稱："某聞唐太宗嘗作《帝範》十有二篇，釐爲二卷，以訓太子。上卷：一曰君體、二曰建親、三曰求賢、四曰審官、五曰納諫、六曰去讒，下卷：一曰誡盈、二曰崇儉、三曰賞罰、四曰務農、五曰閲武、六曰崇文。此十二條者，政治之大端，安危之明戒也。逮我真宗皇帝，萬幾餘暇，親製《承華要略》，總五十篇，分二十卷，豈特增廣前志？實欲該貫古今，率皆述事於前，立論於中，而爲贊於後。凡六經之文，歷代之史，百家之説，撮其樞要，無所不備。雖聖謨淵懿，未易窺測。至於先後之序，則可得而言焉。……殿下（仁宗）方毓德春宮，固已日聆聖訓於侍膳、問安之際，儻復遠稽唐宗之《範》，熟復章聖（真宗）之書，則三善皆得，萬邦以正，豈曰小補之哉。"[1]周必大對《帝範》給予高度評價，同時肯定《承華要略》的地位，表明太子如能二書結合學習，定能傳承國脈，"萬邦以正"。真宗皇帝對其嗣君給予了無限的厚望，不但開列必讀書目，而且親自撰寫、編定學習讀本。據宋王應麟《四明文獻集》載李虛己（977 年進士）乾興元年（1022）八月撰《天禧編御集序》（又名《真宗御製集序》），《序》盛贊真宗《御集》，"育蒙泉之德，培豐水之仁，《帝範》《金鏡》《訓戒》（玄宗撰）等書，方斯蔑矣"。[2]

---

① （宋）周必大：《周益文忠公集・承明集》卷一五七，第 352 頁上—353 頁上。
② （宋）王應麟：《四明文獻集》卷一，文淵閣四庫全書本。

宋真宗去世後，仁宗年幼，劉太后垂簾聽政，太后、朝臣更加重視仁宗的培養，《帝範》亦是仁宗學習的主要内容。據李燾撰《續資治通鑑長編》卷一百四記載，宋仁宗（1022—1063 在位）天聖四年（1026）五月："甲子，詔輔臣於崇政殿西廡觀侍讀學士宋綬等讀《唐書》。……皇太后命擇前代文字可資孝養、補政治者，以備帝覽。遂録進唐謝偃《惟皇誠德賦》，又録《孝經》《論語》要言及唐太宗所撰《帝範》二卷，明皇朝臣僚所獻《聖典》三卷、《君臣政理論》三卷，上之。"①可見，唐代的歷史經驗、教訓是宋代皇帝教育的主要内容。司馬光（1019—1086）是仁宗寶元元年（1038）進士，1066 年奉英宗敕命編纂《資治通鑑》，"鑑前世之興衰，考當今之得失"，尤其詳於隋唐五代的歷史，唐太宗、貞觀之治、開元盛世都是司馬光描述的重點，在《資治通鑑·唐紀》十四：貞觀"二十二年春，正月己丑，上作《帝範》十二篇以賜太子。曰君體、建親、求賢、審官、納諫、去讒、戒盈、崇儉、賞罰、務農、閱武、崇文。且曰修身治國，備在其中，一旦不諱，更無所言矣"。又引《帝範》後序："汝當更求古之哲王以爲師，……可不惜哉！可不慎哉！"②重點強調了《帝範》爲帝王"修身治國"學習綱領，也揭示了太宗自我檢討的深刻意義。元胡三省《資治通鑑注》評論此段稱："太宗自疏其所行之過差者，以戒太子，可謂至矣。然太子病於柔弱好内，乃無一言及此以警策之，人莫知其子之惡，信矣！"③指出太宗《帝範》未能針對太子弱點有的放矢。晁公武（1105—1180）在《郡齋讀書志》中總結說："《帝範》一出，李唐一朝，太宗以後皇帝，均有所習，考其爲太子必讀之書。後唐朝廷腐朽，概多忘此訓耳。且論國朝，自太祖以降，皇上皆習其中精華，因其有助大宋興盛哉。"④

《帝範》在北宋被作爲皇子培養的重要教材，帝王、士大夫家訓的規模法度，在南宋訓誡著作中也是廣泛徵引。高宗紹興二十七年（1157）進士劉清之（1134—1190）編《戒子通録》收入《帝範》十二篇，雖然各篇均有删節，但首尾相對完整，尤其後序基本全文收入。其中文字可校現存中、日、韓三國傳本。寧

---

① 　（宋）李燾：《續資治通鑑長編》卷一〇四，北京：中華書局，1995 年，第 2409 頁。

②③ 　（宋）司馬光編、（元）胡三省音注：《資治通鑑》卷一九八，北京：中華書局，1976 年，第 6251 頁。

④ 　（宋）晁公武：《郡齋讀書志》，《中華漢語工具書書庫》第 83 册，合肥：安徽教育出版社，2002 年，第 344 頁。

宗慶元二年(1196)進士陳模於嘉泰二年(1202)編《東宫備覽》六卷,取經史典籍中有關皇儲教育之文,分爲二十條二十個主題,論古今皇子教育之道,備在其中,故名"東宫備覽"。其中卷三第八條"廣誨",圍繞《帝範》主旨,探討唐太宗教導太子李治之方,云:"今唐太宗之於太子,遇物誨之,豈亦以倫類之學,以開其智慮乎!使太子於事事物物知有警戒之意,則過日改而德日新矣。《帝範》十二篇之作,則《中庸》、九經之遺意也。《中庸》以修身、尊賢、親親爲先,《帝範》以君體、建親、求賢爲急,此治道之權輿而其他皆可以類推也。雖然,太宗之誨太子則善矣,而溺其所愛,忘其可戒,太子既立,復寵魏王泰,而使兄弟相傾,疑不能決,至欲引刀自刺,其自反則甚愧。今觀其語太子曰'汝當更求古之哲王以爲師,如吾不足法,吾居位以来不善多矣',其自知則甚明也。"①把太宗《帝範》與經典相同并論,定爲"治道之權輿",也指出太宗爲人父"溺其所愛"的弱點,此論也可作爲《帝範》之補充。其卷五"崇儉",收入《帝範·崇儉》篇。王應麟(1223—1296)《玉海》卷二八"聖文",記載史志目録著録《帝範》的情況,并引《帝範序》;卷一四九亦著録《藝文志》《唐會要》《敬宗本紀》有關《帝範》及其注者情況;《玉海》卷二〇四記載了淳熙乙未年科舉考試"題"有"唐《帝範》",②《帝範》作爲科舉考試内容,始見《玉海》。

晁公武(1105—1180)《郡齋讀書志》稱《帝範》"今存者六篇",未言亡佚篇目,但此説太過主觀,《帝範》即便晁氏之後的南宋也屢徵不鮮,元初也未曾間斷。王惲(1227—1304)是元世祖、裕宗、成宗三朝著名政治家、文學家、諫臣,裕宗在東宫時,王惲仿《帝範》作《承華事略》,分廣孝、立愛、端本、進學、擇術等二十篇,敦促裕宗學習。《承華事略》卷六"尚儉"引《帝範·崇儉》篇。元吴澄(1249—1333)《吴文正集》卷九十,引《帝範·君體》篇。另外,元大德七年(1303)前,霸郡李元鎮(1261—1331)已經爲《帝範》作注,而且至治三年(1323)已經有臨江路儒學重刻之本。上述均説明兩宋以來至元代,《帝範》流傳未曾間斷。

有元一代,帝王都非常重視《帝範》的學習,《帝範》也曾被譯成蒙古語教材,供蒙古王公貴族及子弟學習。據《元史·察汗傳》,仁宗(1311—1320 在位)

---

① 　(宋)陳模:《東宫備覽》,文淵閣四庫全書本。
② 　(宋)王應麟:《玉海》卷二〇四《辭學指南》,南京:江蘇古籍出版社、上海:上海書店,1987年,第 3730 頁。

時，察罕"嘗譯《貞觀政要》以獻，帝大悦，且詔譯《帝範》，又命譯《紀年纂要》等書，俱付史館"。①泰定元年（1324）春二月"甲戌，江浙行省左丞趙簡請開經筵及擇師傅，令太子及諸王大臣子孫受學。遂命平章政事張珪、翰林學士承旨和塔拉都哩默也、學士吴澄、集賢直學士鄧文原，以《帝範》《資治通鑑》《大學衍義》《貞觀政要》等書進講，復敕右丞相額森特穆爾領之"。②可見，泰定之前，《帝範》流傳不斷，並未散佚。元代學者吴萊（1297—1340）曾有元時《帝範》已佚完帙得之雲南之説。吴萊《淵穎集》卷十載《讀唐太宗〈帝範〉》："初，唐太宗《帝範》一卷，十有二篇。太宗嘗手撰以教太子，五代喪亂，書有録而遂闕。暨今上征雲南僰夷，始出以獻，而舊十有二篇復完。"③全文在肯定唐太宗文治武功的前提下，以《帝範》説唐太宗生前身後功與過，探討社會危機問題，應該是作者思想成熟之際所作。吴萊卒於順帝至元六年（1340），年僅 43 歲，史稱其延祐間（1314—1320）舉進士不第，即 23 歲之前，正是鏖戰科場之際，延祐七年（1320）他 24 歲時，因薦任禮部編修，《讀唐太宗〈帝範〉》可能創作於吴萊 24 歲至 43 歲逝世前。所謂"今上"，大概指泰定帝（1323—1328），或元文宗（1329—1332）、元惠宗（1333—1370）。吴萊此説上承晁公武《郡齋志》宋時"佚其半"説，下啓《四庫全書總目》"泰定二年"始有完書説。皆與《帝範》在元初進講、譯作蒙古文之事實不符。明代藏書家都穆（1458—1525）《南濠居士跋·帝範跋》載"元元貞初（1295—1297），雲南行省左丞得之白人，字與漢異，乃譯而進之，其書始行"，④把"得之雲南"時間提到元初。"得之雲南"可能確有其事，成爲《帝範》流傳異域之佳話，也許豐富了元中央藏《帝範》版本是可能的。

朱元璋（1328—1398）建立大明政權後，體恤民間疾苦，力行節儉，更是迫切希望立一切法度，傳萬世之基。洪武二年（1369）朱元璋就主持編撰《皇明祖訓》（初名《祖訓録》），"凡我子孫，欽承朕命，無作聰明，亂我已成之法，一字不可改易"，告誡其子孫世守家法，不可越雷池一步，一字不可改易地效法。洪武十六年，"二月乙亥，上觀唐太宗《帝範》，謂侍臣曰：'此十二篇者，雖非帝王精微之道，然語意備至，曲盡物情。使其子孫克守其言，亦足爲訓。自後女主竊

---

① （明）宋濂：《元史》卷一二三，北京：中華書局，1976 年，第 3311 頁。
② （明）宋濂：《元史》卷二九，第 644 頁。
③ （元）吴萊：《淵穎集》，《全元文》第 44 册，第 1370 卷，南京：鳳凰出版社，2004 年，第 139 頁。
④ （明）都穆：《南濠居士文跋》，江杏溪蘇州文學山房刻本。

柄,唐祚遂衰,賞罰政令不行於天下,閹豎小人朋比於國中,卒召藩鎮之禍。有國家者,其可不守祖宗之法乎!'"①以唐太宗爲戒,告誡子孫要謹守祖宗之法。

明成祖朱棣具有卓越的政治才能,是一位出色的守成之君,他對中國歷史發展的貢獻是多方面的,尤其在文獻傳承方面,貢獻卓著。永樂元年(1403)就敕命解縉等人編纂一部集中國古代典籍之大成的類書,"凡書契以來經史子集百家之書,至於天文、地志、陰陽、醫藥、僧道、技藝之言,備輯爲一書",初名《文獻大成》,永樂六年(1408)編成,賜名《永樂大典》。《永樂大典》采擇古代典籍七八千種,按類編次,保存了我國明初以前各學科大量文獻資料,其中李元鎮《帝範注》就被完整地收入,後來成爲清代《帝範》之祖本。在歷代帝王中,明成祖最稱許唐太宗。永樂七年(1409)成祖仿《帝範》著《聖學心法》,《序》稱:"縱觀前代,若唐文皇帝,倡義靖難,定天下於一,躬擐甲胄,以至履弘基而登璇極。其思患也,不可謂不周;其慮後也,不可謂不遠。作《帝範》十二篇,以訓其子,曰'飭躬闡政之道,備在其中'。詳其所言,雖未底於精一執中之蘊,要皆切實著明,使其子孫能守而行之,亦可以爲治,終無閨門、藩鎮、閹寺之禍。"②可見他對《帝範》是青睞有加的。

明初國家藏書主要是元朝內閣所藏宋、金、元三朝典籍。元代藏書最富,據《高麗史·忠肅王世家一》記載,高麗忠肅王元年(1314),元仁宗賜忠肅王"書籍四千三百七十一册,共計一萬七千卷,皆宋秘閣所藏"。③洪武元年(1368)大將軍徐達攻入元大都,盡收元內閣圖書送往南京,明初又廣求遺書,藏書日多,後隨明成祖遷都北京,這批書籍正統間移儲文淵閣。正統六年(1441),楊士奇、馮愉、曹鼐編著《文淵閣書目》,因《帝範》等書蘊含治國安邦、經世濟民之道,特設"經濟"一類,《帝範》居首,共五部:一册本4部,2部全本,2部殘闕;二册本1部,殘闕。《文淵閣書目》稍後,葉盛(1420—1474)的《菉竹堂書目》卷二亦設"經濟"類,收"唐太宗《帝範》二册"。這些《帝範》可能是元刻本,其中2册本,應該是李元鎮注本。

明英宗、明憲宗父子的帝王之路較曲折,尤其明憲宗經歷了父親被虜、太子之位被廢的大起大落人生歷程,他對皇權政治感悟頗深,更加重視繼承人的

---

①　(清)夏燮編、王曰根等點校:《明通鑑》,長沙:岳麓書社,1999年,第301—302頁。

②　(明)朱棣:《聖學心法》,明永樂七年(1409)內府刻本。

③　[朝鮮李朝]郑麟趾:《高丽史》,明景泰二年朝鮮活字本。

培養，成化七年（1471），立朱祐極爲皇太子，但旋即病逝。成化十一年（1475）立朱祐樘爲皇太子。朱祐樘出生、幼年經歷極爲坎坷，後由太皇太后親自撫養，生活、教育才步入正軌，因此，明憲宗對獨子的教育培養是十分迫切的。《文華大訓》就是成化十八年（1482）明憲宗寫給兒子的一封信，《序》稱：“朕惟古昔帝王之有天下，必立言垂訓以貽子孫，俾知修身出治之本，聽言處世之要，以承基緒於無窮，其豫教屬望之意，何所不用其極哉！……秦漢而下，寖以疏闊，如唐《帝範》之編，宋《承華要略》之集，或舉一而遺十，或詳末而忘本，視古豫教之意有間矣。”明憲宗認爲《帝範》等書仍有不足，於是“凡有切於儲副今日之所學，與夫異日之所行，采彙爲編，名曰《文華大訓》，以授皇太子”。①明孝宗果然不負皇考厚望，勵精圖治，開創了“弘治中興”政治局面，萬曆間內閣首輔朱國禎説：“三代以下，稱賢主者，漢文帝、宋仁宗與我明之孝宗皇帝。”

　　明代後期藏書家陳第（1541—1617）的《世善堂書目》“訓誡書”類收“《帝範》一卷，唐太宗”。明末清初，錢謙益（1582—1664）的藏書目録《絳雲樓書目》卷二“子部·儒家類”收《帝範》，并題云：“《帝範》，唐太宗作此書以教太子，有賈行注，四卷，凡十二篇，宋時已止存其半矣。”②絳雲樓失火，藏書大部分化爲灰燼，餘燼歸族曾孫錢曾，錢曾（1629—1701）《述古堂書目》卷三“疏諫”類有“唐太宗《帝範》一卷，鈔”。錢曾在《讀書敏求記·子部》中稱：“《帝範》一卷。貞觀末，唐太宗御製《帝範》十二篇，賜高宗。晁氏曰‘今存者六篇’，而此爲完書，豈不全於宋而反全於今日歟？”③可見，明末清初錢氏家族藏有《帝範》，《帝範》流傳並未中斷。

　　清初的順治、康熙、雍正幾位皇帝也都深受《帝範》的影響，重視《帝範》對皇子、士人的教育作用。順治十二年（1655），捃摭《帝範》之精華，成《資政要覽》三卷三十篇，用以勸勉百官、敦崇世教，助其鞏固政權。康熙皇帝在《聖祖仁皇帝御製文》第三集卷三四《雜著》中，評《帝範序》説：“述天位之不易，敘王業之艱難，垂訓後昆，特爲深切。”評《帝範後序》：“意既切至，文復典

① 《明憲宗實録·憲宗紀二》卷二三五，清鈔本據抱經堂本補。
② （清）錢謙益：《絳雲樓書目》卷二，《叢書集成初編》本據《粵雅堂叢書》本排印，上海：商務印書館，1935 年，第 35 册，第 38 頁。
③ （清）錢曾撰、丁瑜點校：《讀書敏求記》卷三，北京：書目文獻出版社，1984 年，第 72 頁。

正純雅。"①對唐太宗苦心孤詣地告誡之情深有感觸,對唐太宗純正典雅的文體也頗爲欣賞。此兩條又收入《御選古文淵鑑》卷二九、《御定淵鑑類函》卷四六。

至清代《永樂大典》正本已經失傳,藏在皇史宬的《大典》副本也遺失了1 000多册。康熙時,徐乾學就提出從《大典》輯佚秘本刊行,雍正時全祖望輯出《周官新義》等幾十種。乾隆三十七年(1772)正月初四日,乾隆頒發徵書之諭,十一月安徽學政朱筠借乾隆下詔求訪書籍之機,提出購訪遺書及輯校《永樂大典》的建議,其中第二條輯佚《永樂大典》"世不恒覯"之書,"裨補缺遺,津逮後學",得到乾隆帝的高度重視,"責令及時專司查校""詳加別擇校勘""擇其醇備者付梓流傳",②乾隆三十八年二月初十日軍機大臣奏檢出《大典》目録及全書各十本呈進,於是大規模輯佚《大典》遺書的工作正式開始。乾隆詔賜《大典》輯佚之書"與各省所采及武英殿所有官刻諸書,統按經史子集編定目録,命爲《四庫全書》",③這樣,《大典》輯佚直接開啓了《四庫全書》纂修的序幕。幸運的是,此時《帝範》仍然保存在《大典》之中,並未亡佚。據史廣超《四庫館臣輯〈永樂大典〉佚書考》"(《帝範》)全書載《大典》卷一四一一四至卷一四一一五",④原文和注文比較完整。乾隆三十八年與《易緯八種》《漢官舊儀》《魏鄭公諫續録》第一批被輯佚出來,四月,由武英殿雕版印行,化身千萬,首批四種書被稱爲武英殿初刻本,皆半葉10行21字,四周雙邊、白口、單魚尾,魚尾上書名,下卷次、頁數。在武英殿刊刻同時,《大典》之《帝範》也被鈔入第一部文淵閣《四庫全書》,從此形成了中國系傳本之刻本、鈔本兩個系統。

隨著《四庫》纂修工作大規模展開,應刊書籍範圍、數量增多,加之各地所進遺書中的秘笈皆要"壽之梨棗,以廣流傳",頗費板片、時日。傳統的雕版印刷方式已經無法適應大量刊刻《四庫》珍本秘笈的需要,於是總管大臣金簡於

---

①　《聖祖仁皇帝御製文》,摛藻堂《四庫全書薈要·集部》。

②　轉引自黃愛平《四庫全書纂修研究》,北京:中國人民大學出版社,1989年,第21—22頁。

③　黃愛平:《四庫全書纂修研究》,第22頁。

④　史廣超:《四庫館臣輯〈永樂大典〉佚書考》,《傳統中國研究集刊》第3輯,上海:上海人民出版社,2007年,第546—547頁。

乾隆三十八年(1773)十月二十八日上"奏酌辦活字書版"折,請求製作棗木活字擺印書籍,得到許可。木活字印刷大大提高了印刷功效,因"活字"不雅,乾隆詔改爲"聚珍"。三十九年(1774)五月,聚珍版各書刊刻正式開始,至乾隆五十九年(1794),陸續刊印珍本秘笈達 138 種,除初刻四種外,利用聚珍版排印的書籍有 134 種,統稱爲《武英殿聚珍版叢書》。聚珍版書雖然是隨到隨印,没有秩序,但版式劃一,各書均四周雙邊、半葉 9 行 21 字,白口,單魚尾,上載書名,下記卷數、子目及頁數;每書均有乾隆《御製題武英殿聚珍版十韻》一詩并序,次載提要,各册首頁首行字下有"武英殿聚珍版"六字;也由於活字印刷,各書版面墨色不均,字迹有濃有淡,深淺不一。這些特點是人們鑑定《武英殿聚珍版叢書》的重要標誌。

　　《武英殿聚珍版叢書》當時刻印 300 部,行銷各省,由於所刊書籍均爲《四庫全書》珍本秘笈,社會上流傳較少,加之校勘精審,刊刻品質高,裝幀精美,價格低廉,因此區區 300 部很快銷售一空。聚珍版已經拆版歸字,爲了不影響其他書籍刊刻進度,又能滿足社會需求,乾隆四十二年(1777)九月十二日,户部侍郎董浩提出折中辦法:"江南、江西、浙江、福建、廣東五省向來刊刻書籍頗多,刻工版料亦較他處爲便",奏請"將現已擺印過各書,每省發給一分,如有情願刊行者,聽其翻版通行"。①九月十四日,乾隆皇帝准奏。於是,連同武英殿初刻四種一起發往東南五省,東南五省相繼照本開雕,武英殿聚珍版書由此風行天下。據丁申《武林藏書録・重刊聚珍版諸書》載:"江南凡八種,江西凡五十種,福建凡一百二十三種,浙江凡三十九種,卷帙多寡不一,以福建爲最富,以浙江爲最精。"②爲區別起見,武英殿聚珍版稱内聚珍本,五省翻刻本稱外聚珍本。《帝範》只有武英殿初刻四種之木刻本,無内聚珍本,發行東南五省之本即爲初刻四種本,但是其行款版式與内聚珍本相近,皆 9 行 21 字,左右雙邊,單魚尾,一般没有乾隆十韻詩,福建本偶爾會有,然與殿本字體相異。浙江、江蘇本《帝範序》下刻"武英殿原本"五字。殿本初刻四種版匡較大,半葉高

---

① 黄愛平:《四庫全書纂修研究》,第 234 頁。

② (清)丁申:《武林藏書録・重刊聚珍版諸書》卷上。另據楊之峰《〈武英殿聚珍版叢書〉零種的鑑定》:江西翻刻 54 種,江蘇江寧翻刻 20 種,南京圖書館現藏 18 種,福建自乾隆四十二年,道光、同治遞修,至光緒二十年(1894)增刻,共 149 種,廣東廣雅書局在光緒 25 年參考福建本,也刻了 149 種。見《圖書館學刊》2009 年第 1 期,第 89—91 頁。

21 cm,寬 15 cm;活字本高 19 cm 左右,寬 12.5 cm 左右;福建、江西本與殿本大小相近。廣東本略小,高約 17.5 cm,寬約 11.5 cm。江蘇、浙江本最小,高約 13 cm,寬約 9 cm,爲巾箱本式。雖然《帝範》無内聚珍本,但按照慣例東南五省刻本仍被視爲外聚珍本,有時甚而混稱初刻四種本爲聚珍本。

《帝範》廣泛地刊刻流傳,不但成爲皇室貴胄學習治國的寶典,也成爲文人士子研讀的重要課本。乾隆曾諭旨天下貢士:“《帝範》《帝學》,《大寶》《丹扆》二箴,《大學衍義》《養正圖説》,或言主敬,或不言主敬,而義相印、事相彰者,可指述歟? ……三代而下,若漢光武之通《尚書》、唐太宗之撰《帝範》,宋理宗之製《道統贊》,元仁宗、明孝宗之留心《大學衍義》,尤爲好古。”①乾隆上諭成爲科考的指揮棒,於是《帝範》等經典成爲文人士子專研闡發的對象。嘉慶元年狀元安徽人趙文楷殿試卷云:“若夫《帝範》十二篇,成於貞觀,始君體、建親、終閲武、崇文。宋范祖禹約三皇迄宋代之治法爲《帝學》八卷,真德秀本《大學衍義》爲《心經》一卷、《政經》一卷。此數書者,皆能綜貫王道,則又三代以下之治術所略可見者。”②光緒十二年殿試,進士馮熙對策答卷有“若《帝範》《群書治要》《帝學》,雖純雜殊軌,而皆以規君極”之論。③

大約《帝範》成書不久就傳到了日本。日本孝德天皇(645—654 在位)博通漢籍,慕中華古聖賢治國之道,由中央到地方,各項制度全仿唐制,開展了大化(645—650)革新運動。日本與大唐交往日益密切,從 630 年至 895 年日本向大唐派遣唐使 19 批,這些遣唐使團每次都滿載各種禮品和書籍如願而歸,大唐而外,日本漢籍甲天下。日本學者滕原佐世(847—898)於宇多天皇寬平三年(891)所編的《日本國見在書目録》,著録中國漢籍 1 554 部,16 308 卷,“一部外國的敕編目録,其著録中國漢籍之數量,竟然近乎《隋書·經籍志》《舊唐書·經籍志》的二分之一,幾乎記録了中國九世紀以前一半的漢籍;而且其中竟然有近三分之一的圖書不見於上述兩《志》和稍後的《新唐書·藝文志》”。④更令人驚嘆的是,此目録所收漢籍還是歷代皇室藏書處冷然院失火後的餘燼,東舶日本的漢籍數量之多,難以想象。《見在目》“子部雜家”類著録“《帝範》二

①　《清高宗實録》卷一三五三,第 26 册,臺北:臺灣華文書局,1969 年,第 123—124 頁。
②　洪鈞編:《歷代狀元文章彙編》,北京:中國致公出版社,2015 年,第 350 頁。
③　王同策:《同策叢稿:古籍和古籍整理》,上海:上海古籍出版社,2016 年,第 128 頁。
④　孫猛:《日本國見在書目録詳考·陳尚君序》,上海:上海古籍出版社,2015 年,第 2 頁。

（卷）、《帝範贊》一（卷）、《弘帝範》三（卷）"。①《帝範贊》的作者未明，《弘帝範》
是日本漢籍。據《日本三代實録》卷三二記載，陽成天皇元慶元年（877）十一月
"三日庚子，參議從三位行左衛門督大江朝臣音人薨。音人別奉敕撰《群籍要
覽》四十卷、《弘帝範》三卷"。②877 年爲唐僖宗乾符四年，也就是説，在這一時
期，《帝範》不但傳入日本，而且大江音人奉敕撰作了《弘帝範》三卷。大江音人
曾做過清和天皇侍讀，從清和天皇（858—876 在位）在位時間看，音人作《弘帝
範》，當爲奉清和天皇之敕命。清和天皇重視釋奠禮，"新修釋奠式，頒下七道
諸國"，并請大臣進講《周易》《論語》《御注孝經》《左傳》《毛詩》《禮記》《尚書》
等儒家經典。阿波源元寬苞卿《書帝範後》（1767，明和丁亥正月）云"本邦故
事，每詔儒臣進講焉，於是江參議上《弘帝範》"，可見，音人曾爲清和天皇進
講《帝範》。清和天皇之子陽成天皇（876—884 在位）九歲即位，《帝範》成爲
其學習的主要課本，今日本國學院大學圖書館藏元龜二年（1571）吉田兼右鈔
本，在《帝範・君體》篇"貞明而普照"句"貞明"一詞旁注"陽成御諱不讀"，"貞
明"是陽成天皇的名，這是陽成天皇進講《帝範》的明證。

　　在平安時代之前期及奈良時代，我們也可以發現《帝範》流傳的痕迹。孝
謙天皇天平勝寶三年（751）編纂的《懷風藻》，是日本現存最古的漢文詩集，其
中《懷風藻序》有"調風化俗，莫尚於文；潤德光身，孰先於學"句；③嵯峨天皇在
位期間（809—823 在位），迷戀漢學，大力推行"唐化"，對詩賦、書法、音律都有
相當深的造詣，弘仁三年（812）五月二十一日詔敕"經國治家，莫善於文；立身
揚名，莫尚於學"（據《日本後紀》載）。顯然《懷風藻序》與嵯峨天皇詔敕，化用
了《帝範》"弘風導俗，莫尚於文；敷教訓人，莫善於學"兩句，可見，《帝範》是書
對這一時期文壇、文風的影響深遠。其後平安時代，逐漸形成了大江家、菅原
家、藤原家三家以"進講"爲核心的家學、家本，深刻影響著《帝範》在日本的
傳播。

　　日本平安後期，大約相當於中國的兩宋時期，《帝範》在日本上層社會受到

---

①　孫猛：《日本國見在書目録詳考》，第 1168 頁。

②　［日］藤原朝臣時平、［日］菅原道真等奉敕撰：《日本三代實録》，經濟雜志社發行，大正三
年二月，第 537 頁。

③　王向遠：《日本古代詩學彙譯》上，北京：昆侖出版社，2014 年，第 40 頁。

廣泛重視，不但是天皇釋奠進講的主要内容，也是臣子整理研讀的重要經典。據寬文本《帝範》附録載，"康平三年(1060)五月五日點之，禮部郎中江匡房""康平三年五月六日點之，治部少丞江匡房"。後冷泉天皇康平三年(1060)五月五日至六日，禮部郎中、治部少丞大江匡房訓點《帝範》，這是訓點《帝範》的最早記録。大江匡房(1041—1111)出生於平安後期官僚、文章世家，自幼便有神童之譽，康平元年(1058)17歲對策及第，先後做過後三條、後白河、堀河三代天皇的侍讀，官至權中納言、大宰權師、大藏卿等職。著有《本朝神仙傳》《續本朝往生傳》《江家次第》《江帥集》等。據《柳原家記録》卷一三七《江記》載"寬治五年(1091)正月十七日，(參議大臣匡房)參内里，依一日勸進，獻《帝範》"。①寬治爲堀河天皇年號，江匡房爲堀河天皇進講並獻上《帝範》。這一時期《帝範》被廣泛學習的事例在傳世鈔本中還可以找到，今日本國學院大學圖書館藏元龜二年(1571)吉田兼右鈔本中《務農》篇，"則競懷仁義之心"句"懷仁"兩字有旁記"二字御諱"。"懷仁"是一條天皇(986—1011在位)的名諱，可見，學習《帝範》，要避當朝皇帝的名諱。寬治八年(1094)七月六日，大臣藤原永實(?—1119)訓點《帝範》，②並成爲家藏秘本。永實之子藤原永範於長寬二年(1163)、承安元年(1171)爲二條天皇、高倉天皇進講《帝範》。③藤原永範次子藤原光範於建久三年(1192)爲後鳥羽天皇進講《帝範》。④據《臺記》記載，著名學者、公卿藤原賴長(1120—1156)於崇德天皇保延五年(1139)讀了《帝範》《臣軌》等書。⑤據《吾妻鏡》(吉川本)載，平安後期龜山天皇弘長三年(1263)，藤原

---

①　見孫猛《日本國見在書目録詳注》，第1170頁。

②　[日]藤原永實，文章博士成季的兒子，大内記、文章博士、從四位下，元永二年(1119)卒。據寬文本附録記載，藤原永實於"寬治八年七月十六日，於楊梅亭點了，尤可秘藏而已"。

③　[日]藤原永範，是藤原永實之子，東宫學士、宫内卿、大宰大武、式部大輔、文章博士、正三位、治承四年(1180)薨。據寬文本附録載，"長寬二年(1164)正月廿八日，奉授主上已訖"，下署"式部大輔藤永範"；又，"承安元年(1171)七月廿四日，御讀畢，此書奉授一代聖主，早家之重寶也"，下署"從三位行宫内卿兼式部大輔藤永範"。

④　光範是永範的次子，文章博士、大内記、民部卿、從二位(一本從三位)。據寬文本《帝範》附録，"建久三年(1192)六月十五日，御讀畢，此書繼家踪已及聖主三代，誠是家之秘本也"，下署"正四位下行式部大輔藤朝臣光範"。

⑤　藤原賴長是權臣藤原忠實之子、藤原忠通之弟。博覽群書，和漢兼通，尤長於漢學，家富藏書，建"賴長文庫"，有日記《臺記》傳世。

茂範爲天皇侍講《帝範》，①北條業時等侍講《臣軌》。由此可見，藤原氏是繼大江家之後，家族數代爲天皇講授《帝範》，並成爲其家族優良傳統，同時也形成了家傳本系統。

　　平安後期的菅原氏家族在《帝範》進講、版本流傳方面起到重要作用。菅原淳高（？—1250），是菅原在高之子，春宮學士、刑部卿、式部大輔、文章博士，從二位，是後堀河天皇、四條天皇、後嵯峨天皇的侍讀。土御門天皇承元二年（1208）四月廿三日，鈔寫《帝範》，並以藤永範本移點。②後堀河天皇元仁二年（1225）三月廿五日，陪同年僅 13 歲的後堀河天皇學習《帝範》。③正嘉三年（1259），菅原淳高次子菅原在章（？—1268）把《帝範》傳給其次子菅原在守。④弘長元年（1261）菅原在章爲龜山天皇進講《帝範》。文永五年（1268），菅原在章長子菅原在匡將《帝範》傳給其子菅原在久。⑤由上可知，菅原家是繼大江家、藤原氏家而後，主導平安後期（相當於南宋）《帝範》進講的重要世家，其家族成員對《帝範》版本流傳做出了很大的貢獻，並形成了取代兩家傳本的趨勢。

　　鎌倉時代的花園天皇（1308—1318 在位），醉心于儒家經典研讀，"以成德義，欲興王道，爲使宗廟不絕"，喜讀太宗《帝範》，時時命大臣爲其進講。據《花園天皇宸記》所附正中元年（1324）十二月"凡所讀經書目録"載，花園天皇所讀外書有：《左傳》《禮記》《漢書》《鬼谷子》《淮南子》《毛詩》《尚書》《孝經》《論語》《後漢書》《老子》《莊子》《荀子》《帝範》《臣軌》《貞觀政要》《文選》等。⑥戰國時代的正親町天皇對《帝範》也情有獨鍾，於永禄二年（1559）三月二日、六日、十一日、十六日、二十一日、二十五日，命三條西公條主持，在宮中舉行《帝範》會

---

　　①　[日]藤原茂範：平安時期漢學家，曾官右京權大夫，撰有中國通史編年體史書《唐鏡》十卷，用和文記述從伏羲到宋太祖的歷史，也是後宇多天皇第二個年號"弘安"的撰定者，同年爲權貴北條實時加點吳兢所撰《貞觀政要》。

　　②　據寬文本附録載，"承元二年（1208）四月廿三日書寫畢（帝範），以二品户部永範本移點畢"。

　　③　據寬文本附録載，"元仁二年（1225）三月廿五日，侍御讀畢"，下署"翰林學士菅（原）淳高"。

　　④　[日]菅原在章：少納言、式部權大輔、大學頭、文章博士，從二位。菅原在守，在章的次子，後宇多天皇的侍讀、東宮學士、大内記、式部少輔，從四位。

　　⑤　[日]菅原在匡：文章博士、正四位下、式部大輔、治部卿、刑部卿，龜山、後宇多天皇的侍讀。菅原在久，（某書也寫作在冬）文章博士、皇后宮權大進、中宮少進，弘安十一年（1288）卒。

　　⑥　[日]花園天皇：《花園天皇陳記》（二），《史料大成續編》34 册，内外書籍株式會社出版，昭和十三年發行，第 109 頁。

講活動,參加者衆,場面之熱烈盛況空前。今日本國會國立圖書館藏有鈐蓋“正親町藏”藏印的《帝範》鈔本二卷 1 册。

19 世紀中葉,日本社會雖然開始向近代過渡,但皇室教育仍然沿襲原有傳統,以修學養德爲根本,中國帝王學習的《帝範》《貞觀政要》《羣書治要》等仍然是日本天皇的必讀書目。明治天皇從八歲起,讀《孝經》,之後研讀四書、五經,明治十年(1877)後,主要讀《史記》《漢書》《資治通鑑》《貞觀政要》《帝範》《日本書紀》《神皇正統記》等,這種教育經歷,爲明治天皇打下了深厚的中國儒學文化和日本文化根基。

《帝範》何時傳到朝鮮半島國家,中韓史書未見記載,但是韓國現存三種《帝範》傳本及其序跋,保留了中國亡佚的版本和傳本信息。唐太宗、高宗時期朝鮮半島戰火連綿,675 年新羅統一了朝鮮半島後,繼續與唐保持友好關係,所派遣的貢使、留學生數量最多,雙方的經濟、文化交流最頻繁,因此,《帝範》傳入朝鮮半島的時間不會晚於 7 世紀末。通過翻閲《三國史記》《高麗史》《李朝實録》等韓國古代史書,在鄭麟趾(1396—1478)主持編纂的《高麗史》中發現了關於《帝範》的信息。據《高麗史·李詹傳》載,①明太祖洪武二十一年(1388)“辛昌立,李詹拜司憲,執義書唐太宗《帝範》以進,曰:‘王者高居深宫,②虚聽阻明,③恐有過而不聞,有闕而莫補,④所以設韶樹木,思獻替之謀,傾耳虚心,佇忠正之説。……故忠者瀝其心,知者盡其策,⑤臣無隔情,君無偏照。⑥昏主則不然,自聖而拒諫,⑦故大臣惜禄而莫諫,小臣畏誅而不言,肆其荒暴⑧……自以爲德兼三皇,⑨功過五帝,⑩至於身亡國滅,豈不悲哉?’臣嘗得是書而讀之,人主飭躬闡化之道,求賢納諫之方,去邪誡盈之訓,備載其中。臣今承乏言

---

①　［朝鮮李朝］李詹:字中叔,號雙梅堂,洪州人。生於 1345 年,卒於 1405 年,高麗王朝末期、朝鮮王朝時期著名文人、大臣,著有《雙梅堂集》《楮生傳》等書。

②　“宫”,諸本作“視”,嘉靖本作“拱”。

③　“阻”,嘉靖本作“沮”。

④　“有闕”上脱“懼”字。

⑤　“知”,諸本皆作“智”。

⑥　此二句蓋略引,諸本作“臣無隔情於上,君能偏照於下”。

⑦　“自聖而拒諫”,諸本作“説者拒之以威,勸者窮之以罪”。

⑧　“肆其荒暴”,諸本作“恣暴虐之心”。

⑨　“自”,諸本無。“兼”,諸本作“超”。

⑩　“功”,諸本作“材”。

責,雖使臣觸冒天威,抗辭極諫,豈出於是書之外哉？伏惟萬機之暇,幸垂睿覽",①李詹徵引時間爲明太祖洪武二十一年(1388),所徵引内容見《帝範》第五《納諫》篇,詞句與今傳本略有不同。另外,今韓國藏活字本《帝範注》底本爲元大德李元鎮注本,此本與朝鮮天順二年(1458)所刻之無注本《帝範》(與《訓辭》合刊)文字基本相同,與李詹所引微異,可見,《帝範》在韓國應有不同傳本。李詹向高麗王辛昌推薦《帝範》,希望辛昌"萬機之暇,幸垂睿覽",以資借鑑,足見高麗王朝對《帝範》的重視。

朝鮮半島刊刻《帝範》始於天順二年(1458)。朝鮮世祖李琛(1417—1468)仿唐太宗《帝範》作《訓辭》,教導世子李晄君人之道,分《恒德》《敬神》《納諫》《杜讒》《用人》《勿佚》《使臣》《慎刑》《文武》《善述》十篇,天順五年(1461)《訓辭》與《帝範》合刊,《訓辭》前有世祖天順二年(1458)序、李克堪跋、崔恒天順五年後跋。此本後來有光海君時期重刻的木板本和木活字本。

朝鮮李朝肅宗時期重刻了元臨江路儒學重刻的李元鎮注大德本《帝範》(簡稱"肅宗本"),肅宗本保存了李元鎮注本的信息,前有元至治三年(1323)臨江路儒學教授劉參重刻李元鎮注序,書後録入參與其事的臨江府總管府事趙文炳等8人職銜、職責。關於李元鎮注《帝範》之事,明都穆(1458—1525)《南濠居士跋》記載,都穆藏本亦亡佚不見。李元鎮注在明初被收入《大典》,散於類例之下,而且割去了注者姓名,《大典》以後至清代,也未見李元鎮注本流傳,因此,四庫館臣也不知注者爲誰。即使四庫館臣看到了都穆的記載,也不能遽定爲李元鎮注本,無直接證據。李元鎮注及其後臨江路儒學重刻本在中國不見傳本,元明清目録典籍也罕見著録,今韓國藏肅宗本《帝範》完整地保留了李元鎮注的全貌,並提供了李元鎮及其注《帝範》的綫索,證明了《大典》所收《帝範注》就是元李元鎮注本。

今韓國存肅宗本題"霸郡李鼏元鎮注解",②"鼏"字小一號,其注文與殿本注文完全相同,可證殿本注爲李元鎮注。此本前有元朝至治癸亥(1323)年江西臨江路儒學教授廬陵劉參(字道存)重刻序言,交代刊刻"文安李元鎮注"的緣由,後列臨江路總管府事古汴趙文炳重刻、臨江路總管經歷漳川吕邦直提調、臨江路儒學教授廬陵劉參校正、臨江路儒學學正古洪涂鼎監刊等,參與刊

---

① ［朝鮮李朝］鄭麟趾:《高麗史》卷一一七,朝鮮時期鈔本。
② 該書見前圖三書影。

刻、司值其事者 8 人。關於李元鎮注，都穆《南濠居士跋·帝範跋》稱"大德中
(1297—1307)霸州李鼎元鎮嘗爲之注，廬陵鄧光薦序之"，提供了李元鎮注本
原有南宋學者鄧光薦序。鄧光薦(1232—1303)去世於 1303 年，則李元鎮注至
遲在元大德七年(1303)前完成。韓國藏銅活字本不但證明了中國傳本注文作
者問題，還可以校正中國傳本文字問題。通過銅活字本與國內諸本對校，證明
了文淵閣本所鈔比較忠實原文，而殿本及東南五省刻本在重刻時卻對鈔寫字
體作了校改，我們可以進一步推斷，銅活字本、大典本、文淵閣本俗寫字多的現
象，可能是元明時期《帝範》流傳本的真實面目。

三

現存《帝範》版本可分爲：中國傳本和日本傳本、韓國傳本；白文本和注解本、
批校本；木刻本、寫本、活字本。此次彙校，以日本藏舩橋本爲底本，以正親町本、
寬文本、朝鮮本(光海君本、肅宗本)、《大典》系本(殿本、文淵閣本、《薈要》本、浙
本、閩本、粵本等)參校；古籍徵引《帝範》較多，如《貞觀政要》《文苑英華》《資治通
鑑》《戒子通録》《東宮備覽》《玉海》《吳文正集》《御選古文淵鑑》《御定淵鑑類函》
等，此次彙校亦適當收入徵引之文。現將各系重要版本介紹如下。

(一)中國傳本

乾隆三十八年(1773)四月從《大典》中輯出的《易緯》《漢官舊儀》《魏鄭公
諫續録》及《帝範》四種由武英殿雕版刊刻，被稱爲武英殿初刻四種本，此爲四
庫系列《帝範》刻本之始。與此同時，第一部《四庫全書》，即文淵閣《四庫全書》
本《帝範》也鈔校完成並裝潢進呈。殿本、文淵閣本前《提要》均署"乾隆三十八
年四月恭校上"，然而其鈔、刻分別是兩套班子，哪個最早從《大典》中鈔出，未
見史料記載，難分先後。

《大典》化身爲四庫系列本。首先，從成書方式看，分鈔本、刻本，其中鈔本有
《四庫全書》南北七閣本、《四庫全書薈要》兩種本，刻本有武英殿初刻本、東南五
省重刻本。其次，從底本擇取看，文淵閣本、殿本直接源自《大典》，而《薈要》本、
東南五省刻本的底本均爲武英殿本，文淵閣本之外的其他六閣本未見(其中南三
閣本、文源閣本散佚)，但可以肯定不是鈔自文淵閣本，也可能同《薈要》本一樣鈔
自殿本。東南五省刻本之底本皆爲殿本，又有直接和間接之別，如浙本據殿本重

刻,蘇本又據浙本重刻,閩本據殿本重刻,粵本又據閩本重刻,江西本未見,不知其底本情況,《叢書集成初編》本據閩本重新擺印(簡稱"初編本"),皆爲殿本流裔。①

這些版本雖然皆源於《永樂大典》本,但在刊刻鈔寫過程中,或因鈔寫者書寫習慣、或因官刻校勘,文字或多或少都有不同,對這些版本刊刻緣起流傳、文字異同進行校勘研究,有助於釐清《帝範》各傳本之間的關係,可爲《四庫全書》此類傳本研究提供借鑑。

《帝範》四庫系列版本雖然皆祖源於《大典》,各本之間文字有很大的不同,首先是手鈔寫本和雕版印刷刻本文字不同,此種不同,不是字體的豐滿肥瘦、方正勻稱與否,而是筆畫增減、部件變換、筆勢走向的不同,形成了鈔本與刻本的顯著特征,如文淵閣本"劍""車""遠",殿本作"劍""乖""遠",等等;其次是鈔本之間、刻本之間、鈔刻本之間還存在異體字、假借字、古今字、同義詞、錯別字等不同。如《務農》篇"然而莫不帶犢佩牛",文淵閣本注"渤海又多刦署相隨",文淵閣本作"刦",殿本、《薈要》本、閩本、粵本作"刧",浙本作"劫"。又,《帝範序》"皇天睠命,歷數在躬",文淵閣本、殿本、閩本作"歷",浙本作"歴"、《薈要》本作"厯"、粵本作"厤"、初編本作"曆",古籍中經常混用的五種用法這裏都出現了。②又,《君體》篇"撫九族以仁",注"《虞書·堯典》曰","虞",殿本系同,肅宗本作"尚",文淵閣本作"商";按,作"虞"、作"尚"、作"商"皆通。對《帝範》四庫系列版本文字異同進行比較研究,可以釐清鈔本、刻本的統系源流、特點,也可以爲鈔、刻本用字規律和漢字規範研究提供資料和研究視角。

1. 殿本與東南五省刻本

今國家圖書館藏乾隆三十八年(1773)武英殿刻本信息如下:《帝範》,善本書,清乾隆三十八年武英殿刊本,一函,一册,框高21.2×14公分,綫裝,四

---

① 《叢書集成初編·帝範》(簡稱"初編本")牌記稱"本館《叢書初編》所選《聚珍版叢書》及《粵雅堂叢書》皆收有此書。粵雅本後出,又注文有删節處,故據聚珍本排印"。我們把《叢書集成初編》所收《帝範》與衆本對校發現,其所謂的《聚珍本叢書》""據聚珍本排印",底本是閩本。可見,閩本、粵本、初編本當爲一系。又,其所謂"粵雅本後出,又注文有删節處",此提法有誤,粵雅本所刻《帝範》底本爲日本寬文本,而廣雅書局所刻才是"聚珍本"(見《叢書集成初編》第927册,商務印書館1937年排印本)。

② (清)張之洞《輶軒語·敬避字》:"高宗純皇帝廟諱……下一字,《書》'天之厯數在爾躬',用厯字恭代。歷字本從厂、從林、從止,今从厂、从林、从心。"見《叢書集成續編》第62册,臺北:新文豐出版公司,1988年,第537頁下。

周雙欄，版心白口，單魚尾，中縫上記［帝範］，中記卷次頁次，10 行/行 21 字；《帝範序》"唐太宗文皇帝撰"，其中《帝範提要》"乾隆三十八年四月恭校上，總纂官編修臣紀昀、郎中臣陸錫熊、纂修官編修臣林澍蕃"，①正文卷端題：《帝範》卷一/唐太宗文皇帝撰。

東南五省刻本重刻時仿《武英殿聚珍叢書》版式，均 9 行 21 字，注雙行亦 21 字，但这些刻本在刊刻时又作了校勘，因此與殿本文字略有不同。

（1）浙本和蘇本

浙本始刻於乾隆四十二年（1777），共刊刻了 39 種 124 册，20 函，蓋分三次授梓，故俗有初、二、三單之稱，《帝範》收在二單。杭州大員接到任務後，充分發動浙江著名藏書家參與其事，分工合作，其中有振綺堂汪氏、壽松堂孫氏、大知堂汪氏、知不足齋鮑氏等，仿鮑氏知不足齋叢書例，全套書用巾箱本。五省刻本中，浙本最早刊成，刊刻速度快、質量高，雖"不逮閩槧之富，而讎勘之精，雕造之工緻，則遠過之"。②《帝範》刊刻、校讎均由鮑廷博知不足齋承辦，鮑氏聘請了藏書家吳騫協助校勘。浙本《帝範》頗下了一番校勘功夫，核對原書，改俗寫、異體字爲規範字。

浙本對殿本作了校改，與殿本等文字不同者 15 處，從校改情況看，有的雖然偏離了版本原貌，但可以考見校勘者的文字學修養。

《帝範序》"周開八百之祚"，注"《中候·感應》云'文王受命，有赤雀啣丹書入豐'"，"啣"，殿本、文淵閣本、閩本等同，浙本改作"銜"。按，《説文》："銜，馬勒口中。從金、從行。"段玉裁注："銜以鐵爲之，故其字從金。"當以"銜"爲正，

<hr />

① 關於殿本《帝範提要》的撰者問題，據我們掌握的材料及《提要》後所署"纂修官"看，應該是林澍蕃。《四庫全書》編纂之初，館臣就提出編纂一部總結性的目録著作，四庫館總裁綜合各方面意見和因素，於是決定將《永樂大典》內輯出的各書"均仿劉向、曾鞏等目録序之例，將各書大旨及著作源流詳悉考證，詮疏崖略，列寫簡端，並編列總目，以昭全備"。具體流程，在輯佚之前，先由纂修官按照一定的標準，選擇應輯之書，然後"條其篇目，撮其指意"，對作者和書籍內容、流傳作簡要介紹，再"摘開目録奏聞"，俟乾隆"裁定"，乾隆敕可輯，之後才能進入輯佚程序。史廣超《四庫館臣輯〈永樂大典〉佚書考》稱"《帝範》全書載《大典》卷一四一一四至卷一四一一五，林氏之工作僅爲抄録而已，實無編輯之功"（《傳統中國研究集刊》第 3 輯，上海：上海人民出版社，2007 年，第 546—547 頁）。也就是説，林澍蕃撰寫了提要並最早把《帝範》從《大典》中輯佚出來。林澍蕃，乾隆三十六年（1771）進士，乾隆四十一年（1776）年去世。由於林氏去世得早，《帝範提要》前後期內容不同，關於此問題已另寫文章探討。

② 參考徐書主編：《華延年室題跋·欽頒武英殿聚珍版書浙刻本》，《國家圖書館藏古籍題跋叢刊》，北京：北京圖書館出版社，2002 年，第 416—418 頁。

作"唧",爲俗寫。

《君體》篇"天下之所歸往",注"孟子曰伯夷辟紂,居北海之濱","濱",浙本作"濱",朝鮮本、殿本、文淵閣本、《薈要》本等皆作"濱",下注文同。按:《説文》有"瀕",無"濱"(濱)字,《玉篇・水部》"濱,涯也",《龍龕手鑑・水部》:"濱,正;濱,今。水際畔也。""濱"出現較早,後被"濱"代替,"濱"成爲正字,浙本據以校改。

《崇儉》篇"茅茨不翦",浙本作"翦",朝鮮本、殿本、文淵閣本、《薈要》本等作"剪"。按:《玉篇・羽部》:"翦,俗作剪。"《廣韻》"翦,截也、齊也、殺也、勒也,俗作剪。"古籍中多作"翦",今"剪"字通行。

《求賢》篇"搜揚側陋",注"不肯自售於時","肯",朝鮮本、殿本、文淵閣本、《薈要》本同,浙本作"肎"。按:《説文》小篆、睡虎地秦簡、《老子》乙本、縱横家書皆作"肎","肎"古字,後隷定作"肯"。《玉篇・肉部》:"肎,可也,今作肯。""肯"早已經爲通行字,鮑氏回改作"肎"。

另外,蕭宗本、殿本、文淵閣本、《薈要》本同,浙本不同的還有"爕""燮"、"履""履"、"鼓""鼓"、"由""尤"、"言""善"、"曰""云"、"荐""薦"、"足""可"、"弓""己"、"猷""猷",上字爲諸本字,下字爲浙本字,可見浙本與衆本字之關係有同義、異體、正俗、正誤之不同,其中摻雜了整理者的主觀學術修養較多,所改之字雖多爲規範正字,卻與直接鈔自《大典》本的殿本、文淵閣本、《薈要》本有了不同,偏離了《大典》本原貌。

蘇州刻本所刻數量、與浙刻本的關係,一直是學者們力圖搞清楚的問題。今臺灣"中央圖書館"藏《帝範》一部,題"清江寧翻刻武英殿聚珍八種本",著録版本信息:《帝範》四卷,唐太宗撰,(清)鮑廷博(手校),吳騫(手校),出版地江寧,清江寧翻刻武英殿聚珍八種本,綫裝,2册(匡12.5×9.6公分),9行21字,小字雙行字數同,左右雙欄,版心白口,單魚尾,上方記書名,收藏印記有:"國立中央圖書館收藏"朱文長方印、"張印/乃熊"白文方印、"芹/伯"朱文方印、"莅圃/收藏"朱文方印。

封面有鮑廷博書"第三次校脩"五字,書中空白處有"修昀""修細""修細補""另刻"①"X"等多處,②大概都是修板用語,類似現在校書清樣。書中空

---

① "撫九族以仁"一條,注文"族"18個,天頭上有吳騫"族,碎,另刻"字樣,或因"族"字寫法不統一,須剜改再刻。

② "修昀""修細"等,大概是把所刻筆畫不流暢者修勻淨、細緻一些,或把行綫修細。

白處還有吳騫以明黃省曾刻本參校語 83 處，書後有吳騫跋。此本是鮑氏、吳氏所刻《帝範》的清樣，是第三次校樣。吳騫之子吳壽暘(1771—1835)《拜經樓藏書題跋記》云："《帝範》，右四卷，知不足齋叢書校刻本。綠飲先生(鮑廷博號綠飲)記面頁云'第三次校脩'，先君子又爲覆勘，書後云'戊戌(1778，乾隆四十三年)冬夜，橫河舟次，用吳郡黃省曾嘉靖己丑(1529)刊本讎勘，凡拈出八十餘處'。"①吳氏藏本後來爲適園張鈞衡、張乃熊父子收藏，張乃熊將其所藏善本一部分運抵臺灣，後歸臺灣"中央圖書館"，此本《帝範》也隨之落户臺灣。張鈞衡《適園藏書志·子部儒家類》載："《帝範》四卷，校本，唐太宗撰，著作郎韋公肅注，元人補之。鮑綠飲用聚珍本刻入叢書，是第三次校修本，而吳兔牀先生復取明吳郡黃省曾本，校出八十餘處。拜經樓舊藏，收藏有'葵里珍玩'白文迴環印。"②從吳壽暘和張均衡題跋可知：第一，此本爲浙刻本，隸屬知不足齋叢書本一系；第二，此本爲樣稿，鮑廷博、吳騫都參與了校勘。

據此，尚有兩點疑問，一是知不足齋叢書未見有《帝範》；一是臺灣"中央圖書館"著録爲江寧刻本的根據是什麽？據陶湘《武英殿聚珍版書目》："考乾隆四十一年九月頒發聚珍板於東南各省並准所在鋟木通行，一時承命開雕者江寧刻八種，浙江刻三十八種(均袖珍式)。"③江寧即蘇州，雖然陶氏未列"江寧刻八種"細目，李致忠《歷代刻書考述》亦沿用陶説，應該確有"江寧八種"之實。我們仔細核對《帝範》浙本與臺灣藏"蘇本"，發現二本都是左右雙邊、且"玄"避諱均改作"元"，而且字體、文字全同；略微不同的是，浙本先《帝範序》，次《提要》，蘇本反之，這種情況也可能是浙本或蘇本刷印時作了調整。另外，臺灣藏本上鮑氏、吳氏所校的字體不正、字距疏密不均、字體粗細不勻等問題，浙本都一一修正，它們確是校樣和正式印本的關係。如果説是蘇州刻本，只能有一種解釋，浙刻本與蘇州刻本《帝範》均爲鮑廷博、吳騫所刻。

(2) 閩本與粵本

乾隆四十四年(1779)，富綱擔任福建巡撫，主持刊刻朝廷頒發的武英殿聚珍版書，陸續刊刻了 123 種，後又陸續增加 25 種，共 148 種。據馬月華《略論

①　(清)吳壽暘：《拜經樓藏書題跋記》，《國家圖書館藏古籍題跋叢刊》，北京：北京圖書館出版，2002 年，第 9 册第 394 頁。

②　張均衡：《適園藏書志》第 3 册"子部·儒家類"，據日本内閣文庫藏南林張氏家塾刻本。

③　陶湘：《陶輯書目》，民國二十五年武進陶氏鉛印本。

福建本"外聚珍"》一文統計,福建刻本刷印五次:第一次,乾隆四十二年(1777)初印本,123 種。第二次,道光八年(1828)吳榮光修板重印本,135 種。第三次,道光二十七年(1847)陳慶偕修板重印本,122 種。第四次,同治七年(1868)鄧廷楠修板重印本,132 種。第五次,光緒十八年(1892)至光緒二十一年(1895)修板、補刻,148 種。①本次彙校所用爲臺灣"中央圖書館"藏道光二十七年第三次補修印本,《求賢》篇以後版心有"道光二七年修"六字。光緒二十五年(1899)廣雅書局翻刻福建《武英殿聚珍版叢書》,翻刻較精良,與閩刻極爲相似,閩刻《帝範》與粵刻《帝範》及初編本爲同一版本系統。

從閩本、粵本、初編本與殿本、文淵閣本、《薈要》本文字異同看,閩本系也對殿本作了大量的校勘工作;從粵本與閩本、初編本相異之處看,粵本在翻刻閩本時也出現了一些錯誤。

第一,閩系本與其他本不同者 17 處。

閩系本據文意,作了校改。如《建親》篇"内無磐石以爲基","磐",閩系本同,殿本、文淵閣本、《薈要》本、浙本作"盤"。下注文,殿本、文淵閣本、《薈要》本、浙本、閩本注文前二字作"盤",②後五字作"磐";粵本、初編本注文皆作"磐"。按,《説文》:"磐,大石也。""盤,承槃也。盤,籒文,從皿。"此句本作"磐",作"盤"爲借字,蓋《大典》本原作"盤",閩系本校改爲"磐"。又,《求賢》篇"吕望渭濱之賤老",注"自吾先君太公曰","自",肅宗本、殿本、文淵閣本、《薈要》本、浙本同,閩系本作"向"。"自"與"向"義同,但作"向"更符合語義,可見閩系本作了校改。又,《崇儉》篇"比屋可封"注"故辟止刑錯,比屋可封也","錯",肅宗本、殿本等同,閩系本作"措"。按,《説文》:"錯,金涂也。""措,置也。"據文意,當爲"措",閩系本作了校改。這類現象與訛誤有別,但也是校刻者主觀擅改所致。

閩系本校改致誤。如《後序》"雕楹割桷",注文《字林》曰'齊魯謂榱爲桷'","榱",殿本、文淵閣本、《薈要》本、浙本同,閩系本作"欀"。按,《説文》:"榱,秦名爲屋椽,周謂之椽,齊魯謂之桷。"今《左傳注疏》引《字林》作"榱"。"欀",樹木的一種,也作支撐屋架的部件,如唐張説之《唐玉泉寺大通禪師碑》:

① 馬月華:《略論福建本"外聚珍"》,《中國典籍與文化》2010 年第 2 期,第 74 頁。
② 閩本注與殿本等同,蓋只改了正文。

"櫷崩梁壞,雷動雨泣。"朝鮮肅宗本亦作"櫷",閩本與之同,可見,其誤由來已久。

此類錯誤還有:"韞"訛作"周"、"四"訛作"因"、"誰"訛作"諫"、"趺"作"缺"、"祭"訛作"制"、"口"訛作"曰"、"講"訛作"謂"、"殘"訛作"踐"、"音"訛作"首"、"取"訛作"此"、"橺"作"桐",等等,此類訛誤多因字形相似而訛,可見,閩系本校勘不精。

第二,粤本在翻刻時也產生了異文。

把粤本與閩本、殿本等對校,粤本與衆本不同者 8 處,這些不同有的是古今、通借的關係,如《帝範序》"歷數在躬","歷",殿本、文淵閣本、浙本、閩本同,初編本作"曆",粤本正文及注皆作"厤"。

粤本產生了新的訛錯,皆形體相似而訛,如"誠"訛作"誡"、"刑"訛作"形"、"苟"訛作"荀"、"令"訛作"合"、"自"訛作"白","太"訛作"右"。

粤本也有衍文,如《建親》篇"曠道不可偏制","可"下,殿本、文淵閣本、《薈要》本、閩本等無"以"字,粤本衍"以"字。

2.《四庫全書薈要》(簡稱"《薈要》本")

在纂修《四庫全書》的同時,爲了彙選重要典籍,集必備圖書於一堂,乾隆下令從應鈔的書籍中"擷取精華,繕爲《薈要》,其篇式一如《全書》之例",①取精求速,供乾隆帝先睹爲快。《薈要》由于敏中、王際華"專司其職",爲四庫館臨時分支辦公,薈要處設謄録二百名,分校十二員,專門負責《薈要》書籍的繕録校訂工作。《薈要》纂修與四庫館同時開工,因《薈要》選書"精而善",僅 460 餘種,乾隆四十三年(1778)第一部《薈要》便鈔校完成。《薈要》共鈔成兩部,第一部藏於紫禁城坤寧宮摛藻堂,即現存的一部;另一部乾隆四十四年(1779)鈔成,藏於味腴書屋,此部後來毀於戰火。

《薈要》本行款格式與文淵閣本同,均採用先印好的直行朱絲欄,半頁 8 行,行 21 字,注文雙行。《薈要》以殿本爲底本鈔成,但與殿本文字略有不同。由於《薈要》是鈔本,一些字反映了鈔者的手寫習慣,有草寫、簡寫之別,如殿本"解",《薈要》作"鮮";殿本"能",《薈要》作"胔";殿本"顛",《薈要》作"顛";等等。個別字有古今、正俗的不同,如《帝範序》"夕對魚鱗之陣"注"夾門魚鱗

---

① 黄愛平:《四庫全書纂修研究》,第 284 頁。

陳”，殿本“陳”，《薈要》作“陣”，“陣”爲“陳”的今字。如《務農》篇“過奢禁麗，則豐厚之利興”注“刻鏤彫鐫”，“鐫”，《薈要》作“鐫”，《龍龕手鑑》“鐫”正字，“鐫”俗字。另外，《薈要》也有鈔寫訛誤，如“曰”作“云”等。

《薈要》本避諱，如，《帝範序》“歷數在躬”，文淵閣本、殿本皆作“歷”，《薈要》本正文及注皆作“厯”。關於“厯”“歷”二字，張之洞《輶軒語·敬避字》：“高宗純皇帝廟諱，下一字，《書》‘天之厯數在爾躬’，用‘厯’字恭代。歷字本從厂、從秝、從止，今從厂、從林、從心。”黃征《敦煌俗字典》已收“厯”“**厤**”二字，清人爲避高宗諱有改“歷”作“厯”者，《薈要》鈔者從之。

3. 文淵閣本

文淵閣《四庫全書》鈔成時間較早，在底本選擇、鈔寫、校勘、裝潢等方面都爲後來的鈔寫奠定了範式。文淵閣本《帝範提要》前署“詳校官侍讀學士臣沈咸熙”“編修臣程嘉謨覆勘”“謄錄監生臣董誠”，後署“總纂官臣紀昀、臣陸錫熊、臣孫士毅”“總校官臣陸費墀”，時間“乾隆三十八年四月恭校上”。從署名銜看，有謄錄、有詳校、有覆勘，鈔校規範、嚴格。然而我們通過與殿本、《薈要》本、蕭宗本等對校，發現文淵閣本與蕭宗本關係更近一些，而與殿本系略有不同，這可能是《大典》鈔字與蕭宗本所用活字皆受明初社會流行的官方手寫體影響的原因。

（1）文淵閣本與殿本異文

① 異體字

異體字可分爲異寫字與異構字。所謂異寫字，就是書寫時爲了求簡、求便而改變字的寫法，大多數是破壞了漢字的形體結構，使字形與字義失去聯繫。有些異寫字相延已久，不但與原字成爲異體關係，甚至代替了原字。文淵閣本是由監生董誠謄錄，編修程嘉謨覆勘，侍讀學士沈咸熙詳校，經過了三道程序，從與蕭宗本、殿本對校結果看，《帝範》謄錄時原則上是尊重原書文字，不擅自改變的，但也不排除存有謄錄者個人書寫習慣的現象。殿本是清代權威刻書機構武英殿所刻，所用爲官刻通行正字，因此，殿本多用通行正體字，文淵閣本多草寫、俗寫，如“遠”作“逺”、①“擐”作“**撰**”、“兼”作“**兌**”、“謙”作“**謙**”、“陰”

_____

① 上字是殿本字，下字爲文淵閣本字。

作"陰"、"關"作"関"、"儉"作"僉"、①"淫"作"滛"、"寶"作"寳"、"歳"作"歲"、"眞"作"真"、②"贊"作"賛"、"往"作"徃"、"盡"作"盡"、"争"作"爭"、"晋"作"晉"、"處"作"虜"、"鼎"作"鼎"、"奇"作"竒"、"節"作"莭"、"謚"作"謚"、"即"作"即"、"隸"作"隷"、"寇"作"冦"、"遞"作"遞"、"能"作"肔",等等,約有數十組不同。這些草寫、俗寫大概源於晉唐人書法,有的甚至兩漢魏晉碑刻既已有之,這些字與蕭宗本也大致相同。

與異寫字相對,異體字還可以劃分出異構字,主要是構字理據不同,即造字方法不同構成的異體字。《務農》篇"移木無欺",注"民恾之,未敢徙",殿本作"恾",文淵閣本作"怪",《玉篇》"恾"爲"怪"的俗字。這類異文還有"昏"作"昬"、"發"作"發"、③"鑴"作"鑴"、④"災"作"灾"、"注"作"註"、"鬥"作"鬪",等等。

② 假借字

《務農》篇"莫不帶犢佩牛",注"上聞遂對,甚説,答曰",殿本"答",文淵閣本作"荅",蕭宗本同。按,《説文》:"荅,小未也。"段注:"《禮注》有'麻荅',《廣雅》云'小豆荅也',假借爲酬答。""答"從竹、合聲,其本義當與"竹"有關,然其本義今已無從考證。這類異文還有"按"與"案"、"荐"與"薦"、"幾"與"几"、"筭"與"算"、"悞"與"誤"、"饑"與"飢"、"刻"與"刺"、"履"與"屨"等。

③ 古今字

《誡盈》篇"人才遺則饑寒之患生焉",注"犬馬非其土性不畜",殿本"畜",文淵閣本作"蓄"。"畜",甲骨文上從糸,下從田,中有草木之形,先民田獵所得而拘系豢養之,則爲家畜。本義爲人所蓄養的禽獸,泛指禽獸,讀 chù。段注:"田畜謂力田之蓄積也。"故又引申爲積蓄、積聚,這個義項後來寫作"蓄",讀 xù。這類異文還有"幾"與"璣"、"智"與"知"等。

④ 訛誤字

本文訛誤字,是指因筆畫訛誤而寫成了另一個漢字。如《求賢》篇"韓信弊

① 以"僉"爲聲符的字,皆作"僉",如"驗""斂""劍"等字。
② 以"眞"爲聲符的字聲符皆作"真",如"愼""鎭""顚"等。
③ "廢""撥""襏"等字,其聲符,文淵閣本皆作"發"。
④ 《説文》有"鑴",無"鑴","鑴"亦見《龍龕手鑑》,"巂"爲"巂"的聲符。

於逃亡",注"又斬其衆,降諸侯",殿本"斬",蕭宗本、《薈要》本同,文淵閣本作"欺"。四庫館臣認爲"斬""欺"異文。按,此爲《漢書》版本不同所致,據文意,似當以"斬"爲是。

又,《賞罰》篇題注"賞僭則懼",殿本"懼",蕭宗本同,文淵閣本作"福",今《左傳》傳本皆作"懼",則文淵閣本訛。

又,《務農》篇"必須威惠並馳",殿本"須",蕭宗本同,文淵閣本作"湏"。按,作"湏",當爲"須"之形訛。

這類訛誤還有:"披"作"彼"、"儔"作"疇"、"置"作"值"、"頴""穎"作"頴"、"騁"作"聘"、"派"作"泒"、"自"作"言"、"名"作"咎"、"亡"作"忘"、"博"作"傳"、"篇"作"序"、"大"作"人",等等。

(2)文淵閣本、蕭宗本與殿本異文

我們把韓國藏蕭宗本與文淵閣本、殿本對校發現,文淵閣本的草寫、俗寫大多數與蕭宗本同,如"逵""實""譾""歲""幾""擾"等。除了這些草寫、俗寫字之外,還有十餘例,蕭宗本僅與文淵閣本同,而與殿本和其他本不同。

如《帝範序》"親當矢石"注"當,牴也",殿本作"牴",蕭宗本、文淵閣本皆作"抵"。又,《建親》篇"封建親戚,以爲藩衛",殿本作"衛",蕭宗本、文淵閣本作"衞"。《審官》篇"捕鼠之狸,不可以搏獸"注"雖有鬥心",殿本"鬥",蕭宗本、文淵閣本作"鬭",《正字通》"鬭,俗鬥字"。《求賢》篇"韓信弊於逃亡"注"至使人有功,當封爵刻印",殿本"刻",蕭宗本、文淵閣本作"剌"。"剌","剌"之隸變字,顧藹吉《隸辨》:"(束)碑變從'夾'。"《廣韻》:"剌,剌俗字。"剌印,在印上刺刻名字,即封爵。"剌""刻"同義,今《漢書》作"刻",殿本據原文校改,浙本、閩本從之。《去讒》篇"怨富貴之不我先"注"《揚子》曰",殿本作"揚",蕭宗本、文淵閣本作"楊"。《閱兵》篇"亟戰則人殆"注"天下雖安,亡戰必危",殿本"亡",文淵閣本、蕭宗本作"忘",是。

文淵閣本、蕭宗本同,殿本有衍文、脱文。如,《崇儉》篇注"曰《論語》不云乎""衣服無文"注"《論語》曰",兩處《論語》之"論",文淵閣本、蕭宗本皆省,蓋殿本刊刻時補上了"論"字。《崇文》篇"欲悔非於既往"注"見兔而顧犬","兔"下,文淵閣本、蕭宗本無"而"字,殿本有,今《戰國策》傳本有,蓋殿本據原書增加。《崇儉》篇"睿智聰明,守之以愚"注"《老子》曰'君子盛德,容貌若愚'",蕭宗本、文淵閣本"君子"下皆有"以"字,今《老子》傳本無"以"字,殿本刊刻時據原書删去。《崇儉》篇"舟車不飾,衣服無文"注"《禮》曰節醜其衣服",文淵閣本、肅宗本"禮"上有"又"字,殿本刊刻時删去了"又"字,或漏刊。

文淵閣本與肅宗本同,殿本校改。如,《賞罰》篇"上不節心,則下多逸志",注"《大學》曰一人貪戾一國作亂",殿本"大學",肅宗本、文淵閣本皆作"康誥",蓋李元鎮注本如此。按,作《康誥》非是,此句出《禮記·大學》,李元鎮注引《大學》此句時,因上有"《康誥》曰",而誤引爲《康誥》,殿本作了回改。《閱武》篇"故農隙以講武,習威儀也",注"《左傳》……以數軍實、昭文章、明貴賤、辨等列、順少長",殿本"少長",肅宗本、文淵閣本皆作"長幼",今《左傳》傳本皆作"少長",則《帝範》本作"長幼",殿本據原文作了校改。

(3) 其他情況

避諱不同,《賞罰》篇"明賞以化之"注"公孫弘曰",殿本、《薈要》本"弘"闕末筆,文淵閣本改作"宏"。

文淵閣本有衍文,如《帝範序》"繼寶籙之隆基"注"注'山'當作'星'",文淵閣本"山"下有"字"字,殿本無,此爲四庫館臣注文,可能殿本刊刻時脱落;《崇儉》篇"不以身尊而驕人"注"安往而不得",文淵閣本於"不得"下衍"貧賤"二字,蓋涉下文"貧賤者驕人"而衍,肅宗本無,當爲文淵閣本鈔寫訛誤。

(二) 朝鮮李朝傳本

韓國現存《帝範》三種刻本均刊於李朝時期:其一,白文本(無注文)兩種,分別爲 9 行 17 字木刻本和 10 行 18 字木活字本;其二,李元鎮注本,9 行 17 字銅活字印刷。

1. 光海君時期木刻本與木活字本

據館藏信息,這兩個版本来源相同,都是重刻天順二年(1458)世祖刻本,也都刻於光海君時期,但有木板雕刻和木活字印刷之别,木刻本注明光海君六年(1613)刊刻。

(1) 木刻本《帝範》(附《訓辭》)

韓國藏木刻本共有 5 部,9 行 17 字,藏高麗大學、延世大學、啓明大學、國立中央圖書館、東國大學,以高麗大學圖書館藏爲例,藏本信息如下:

　　《帝範》:附《訓辭》/李世民作;李沖(1568—1619)編

　　木板本

　　完山：完山府，光海5(1613)

　　24張：四周單邊　半郭21.3×14.5 cm，有界，9行17字　注雙行，內向混葉花紋魚尾：30.2×19.5 cm

　　刊記：萬曆四十一年(1613)正月日/嘉善大夫全羅道觀察使兼巡察使李沖開刊于完山府/丁未夏少陵活印①

　　序：天順二年戊寅(1458)…親付。

此木刻本前有朝鮮世祖李琜《御製序》，後有李琜《訓辭》、李克堪跋、崔恒《訓辭後序》。《序》稱：

> 賜世子晄。父母爲汝思所以教育之非一端也，汝以孤身將受付托，人天所哀憐，宜體此意。今朝汝母與我論世事，至於讒訴之可畏，曰讒訴之人必受殃禍。予曰善哉，但恕被讒者耳！孔子之意，不過此也。汝母嘆曰猛同須知此意。予即感動于懷，以爲予當屯而汝當泰，事隨世變，若汝局於吾迹而不知變通，則所謂圓鑿而方枘矣！是用略著《訓辭》，付汝爲終身佩持之物，汝須毋忘。天順二年戊寅十月初八日親付。

《序》言仿太宗《帝範》作《訓辭》之意，書分：恒德、敬神、納諫、杜讒、用人、毋侈、使宦、愼刑、文武、善述十篇，教導世子李晄君人之道。大臣李克堪跋、崔恒之序皆爲溢美之詞。②

　　(2) 木活字本(附《訓辭》)

　　今韓國藏木活字本共有4部，皆10行18字，藏首爾大學奎章閣韓國學研究院、高麗大學圖書館、國立中央圖書館，其中鈔木活字本一部，藏延世大學圖書館。木活字本與木板本同爲世祖刻本流裔，同刻於光海君時期，但具體刊刻時間未知，刊刻方式不同。此本先《帝範》，次《訓辭後序》、李克堪跋、世祖《御製序》《訓辭》正文。首爾大學奎章閣藏本信息：

　　《帝範》/太宗(唐)著

　　木活字本(訓錬都監字)

　　[刊寫地未詳][刊寫者未詳][光海君年間(1608—1623)]

　　1冊(23張)：四周雙邊　半郭22.6×15.7 cm，10行18字　注雙行，

---

①　"丁未夏少陵活印"七字，蓋爲少陵活印社刊印，其他四部無此七字。

②　木板本《帝範》(附《訓辭》)今韓國啓明大學、延世大學、東國大學有藏，版本信息大致相同。

上下花紋魚尾:32.8×21.5 cm

訓辭

卷末:天順辛巳(1461)……崔恒後序,天順二年(1458)……李克堪
後序

御製序:天順二年……[世祖]。

印:弘文館　廟庫,春坊藏

三家圖書館所藏木活字本均注"訓練都監字",國立中央圖書館本還冠以
"甲寅字體"。訓練都監是朝鮮壬辰倭亂(1592)時建立的訓練兵士的機構,
1598 年日軍被趕出朝鮮後,訓練都監並未廢棄,而是成爲朝鮮重要軍事機構及
朝中重要權力機構。訓練都監曾以印書籌措軍費。據成海應《題家藏昌黎集
後》:"《昌黎集》乃壬辰倭亂後訓練都監以財窘之故,用安平大君字本,刻聚珍
字,印此書,賣之而裕用者也。"①訓練都監主要用木活字刻書,屬於官府刻書
系統。所謂"甲寅字體",廣義指朝鮮世宗十六年(1434)甲寅年始造銅活字,②
後來這批銅活字經過六次改造,一直延續至正祖元年(1777),都叫甲寅字。
《帝範》訓練都監木活字仿效甲寅字體,又因首爾大學藏本注明爲"光海君年
間",所以理論上推,應該屬於戊午(1618)字,即三鑄甲寅字。壬辰倭亂時,朝
鮮活字本及字模大多被日軍掠走,直至光海君九年(1617)才恢復重鑄甲寅字,
光海君十年(1618)七月完成,因是年干支爲戊午,故名戊午字,這批字最粗笨。
其後四鑄甲寅字已經是顯宗九年(1663),結合木活字本《帝範》字體不甚美觀
看,首爾大學藏所謂"甲寅字體"應該是戊午字。

另外,高麗大學圖書館藏本注出版時間爲"孝宗 4(1653)",有"内賜記:順
治十年(1653)八月十二日内賜户曹判書李時昉《帝範》一件,命除謝恩,左承旨
臣李(手決)"。朝鮮王朝歷來就有刊發新書頒賜朝臣之例,此次頒賜可能是木
活字《帝範》新排印之本。

2. 肅宗時期銅活字刻本

前兩種爲無注白文本,此本爲重刻元至治三年(1323)臨江路儒學刻本,封面

---

① ［韓國］成海應:《研經齋全集續集》第十六册《題家藏昌黎集後》,《影印標點韓國文集叢
刊》第 279 册,漢城:韓國民族文化推進會編刊 2000 年版,第 411 頁。

② 甲寅字,是朝鮮世宗李祹(1418—1450 在位)甲寅年(1434)發明的銅活字印刷字體,故稱
甲寅字,共鑄造 6 次。

題《唐太宗帝範》,9 行 17 字,四卷 1 册,每卷首題《太宗帝範附音注解》,下署"霸郡李黼/元鎮/注解"。共存 3 部,分別收藏於首爾大學奎章閣韓國學研究院、國立中央圖書館、韓國學中央研究院藏書閣。

韓國學中央研究院藏書閣藏本信息:

《太宗帝範附音注解》/太宗(唐)著,李黼(元)注解

戊申混入補字本

[刊寫地未詳][刊寫者未詳][肅宗—英祖(1675—1771)]

精裝 4 卷 1 册:左右雙邊　半郭 24.7×16.2 cm,有界,半葉 9 行 17 字注雙行,内向 3 葉花紋魚尾:34.2×21.7 cm

序:至治癸亥……重修……至治三年癸亥(1323)七月朔臨江路儒學教授盧陵劉參道存序。

原本刊記:朝列大夫同知臨江路總管府事古趙文炳重刊①

紙質:楮紙

版心題:帝範

表題:帝範

印:茂朱赤裳山史庫所藏……本/李王家圖書之章

關於此本刊刻時間,首爾大學奎章閣韓國學研究院著録爲"肅宗年間(1674—1720)",我們定爲肅宗時期刻本。該本底本爲元代臨江路儒學重刻李元鎮注本,書前收劉參序,據《序》稱:

(《帝範》)唐史有其目而逸其書,近年出於雲南,經進闕下,奉敕付史館補唐鑑之遺。今文安李元鎮詳加注釋,於是《帝範》行於世久矣。清江儒學舊刻唐書,歲久摹印訛缺,至治癸亥(1323)朝列大夫同知臨江路總管府事古汴趙公文炳提舉學校,既重修禮殿,復整理書板之餘,暇日出《帝範》一帙,命余刻之,使與唐書同一不朽。公屬意斯文,嘉惠後學,政事識大體,廉能公直,士民悦服。余並述於編端,以毋忘公之盛心云。至治三年(1323)癸亥七月朔,臨江路儒學教授盧陵劉參道存序。

肅宗本保留了劉參序、李注原貌,爲我們解開了《大典》本《帝範》注者之謎,提供了李元鎮注大德本、臨江路儒學重刻本的重要信息,由此我們可以理

---

① 根據書後刊記,當爲"古汴",此脱"汴"字。

清李元鎮注《帝範》的大致情況。

（1）關於《大典》本注者。由上文我們知道，明初編纂《永樂大典》時，《帝範》及其注文被完整鈔入，但割去了注者姓名及吳萊跋文，①四庫館臣疑"元人因舊注而補之"，遂成定論，後人因之。經過對校，《大典》本《帝範》注文與肅宗本李元鎮注完全相同，注者應爲李元鎮。劉參稱"今文安李元鎮"，肅宗本作"霸郡李蕭元鎮"，文安爲元時河北霸州郡治，所指爲一地。臨江路儒學重刻時，李元鎮注已經流傳一段時間，而此時李元鎮尚在世。

（2）關於李元鎮其人及其注《帝範》相關問題。我們廣泛地查找史志目錄、人名字典、元代文獻及今人著述，找到了李元鎮的一些綫索。明代弘治十二年（1488）進士、藏書家都穆（1458—1525）藏有《帝範》一部，其《南濠居士文跋·帝範跋》稱：

> 唐太宗《帝範》三卷，自《君體》至《崇文》凡十二篇，《唐書·藝文志》嘗載其目，而世罕傳。元元貞初（1295—1297），雲南行省左丞得之白人，字與漢異，乃譯而進之，其書始行。大德中（1297—1307）霸州李蕭元鎮嘗爲之注，盧陵鄧光薦序之。余家所藏安成刻本，元舊物也。②

都穆著錄了李元鎮注的時間在"大德中"，李元鎮注有盧陵鄧光薦序等信息。鄧光薦爲宋末元初人，宋理宗景定三年（1262）進士，宋亡後入元隱居不仕，卒於元大德七年（1303），因此，李元鎮注《帝範》至遲在鄧光薦逝世前，即在大德元年（1297）至大德七年（1303）年間。劉參重刻序未言鄧作序事，今李元鎮原刻亡佚不存，無從考證。都穆稱其藏本爲"安成刻本，元舊物也"，安成是古稱，爲元代江西安福郡，或者李元鎮初刻地在安成，因資料匱乏也已無從考證。

（3）關於李元鎮注底本來源問題。劉參序稱"近年得之（《帝範》）雲南，經進闕下，奉敕付史館補唐鑑之遺"，吳萊有"暨今上征雲南僰夷，始出以獻，而舊

---

①　《帝範提要》從內容看，前期抄刻的文淵閣本、殿本、《薈要》本提要內容一致，後期抄刻的文溯閣、文津閣、浙本《總目》內容相同，後期提要有"《帝範》四卷，……此本載《永樂大典》中，凡一十二篇，首尾完具，後有元吳萊跋，謂征雲南僰夷時始見完善，考其事在泰定二年……"，據此知《大典·帝範》有"吳萊"跋文，跋文的內容大概與《淵穎集·讀唐太宗〈帝範〉》相同。

②　（明）都穆：《南濠居士文跋》，江杏溪蘇州文學山房刻本。嘉道時期著名學者許瀚在其《攀古小盧文》中稱："《帝範》，閣本（四庫本）云：……瀚謹案，都穆《鐵網珊瑚》稱'大德中霸州李蕭元爲之注，盧陵鄧光薦序之'，疑今本注乃李作也。"許瀚所說的"李蕭元"當爲"李蕭元鎮"，奪一"鎮"字（咸豐七年高均儒刻本，昭和七年東京文求堂影印）。

十有二篇復完"之論，①都穆跋也稱"元元貞初（1295—1297）雲南行省左丞得之白人，字與漢異，乃譯而進之，其書始行"，三人皆提到從雲南得《帝範》補充館藏之事。玩吳萊之語，蓋元初《帝範》只見書目著録，已無完帙，是"今上"從雲南得到《帝範》全本，"而舊十有二篇復完"，似乎元朝時《帝範》得以流傳全賴雲南舶回之本；四庫館臣稱"考其事在泰定二年"，又把"今上"時間定爲泰定二年（1325）。由此說，李元鎮注《帝範》之底本大有得之雲南之嫌疑，然而李元鎮注在大德七年（1303）之前已經完成，並且1323年劉參已經重刻李元鎮注，因此吳萊、四庫館臣把得之雲南之本定于泰定二年，爲時較晚，證據不充分。都穆"元元貞初（1295—1297）"得之雲南說，時間占優勢，但"雲南行省左丞得之白人，字與漢異，乃譯而進之，其書始行"說，又非漢籍，更不可能成爲李元鎮注底本。實際上，元初中央朝廷藏書或許無《帝範》全帙，但不代表其他地方官府、民間也無此書，李元鎮注底本應該是中央朝廷藏書之外的藏本，或許爲江西地方官刻私藏。朝鮮活字本卷三《賞罰第九》後有"後學耆儒李應午傳述"9字。查史籍，李應午爲宋朝福建泉州晉江人，淳祐十年（1250）進士，未知此李應午是否與肅宗本所載"李應午"爲一人。李應午如爲宋人，則肅宗本所據元本又可能祖源於宋本，是宋本的孑遺。②

　　韓國藏書閣藏本有"戊申混入補字本"、首爾大學奎章閣藏本有"戊申字交木字"、國立中央圖書館有"古活字本（戊申字）"信息。所謂"戊申字"，即"四鑄甲寅字"，是朝鮮顯宗李棩（1659—1674在位）九年（1663）所鑄的銅活字，字體屬於甲寅字系列，因其年干支爲戊申，又名戊申字。字體不甚美觀，但延續使用了大約一百年，直至英祖晚期。前兩個藏本很可能是後期補印本或混入木活字本。

　　該銅活字本在全文後保留了臨江路儒學刻本參與重刻事之官員府吏職事銜名，共七行：

　　朝列大夫同知臨江路總管府事古汴趙文炳重刊
　　承務郎臨江路總管府經歷漳川吕邦直提調

　　①　（元）吳萊：《淵穎集》卷十，《全元文》第44冊，第1370卷，南京：鳳凰出版社，2004年，第139頁。

　　②　關於李元鎮其人的詳細考證，參見竇秀艷、杜中新的《〈大典〉本〈帝範注〉源流初探》一文，見《東方論壇》2020年第3期，第120—124頁。

臨江路儒學教授廬陵劉参校正

臨江路儒學學正古洪涂鼎監刊

府吏廬陵周仲玉盯江宵文

直學金川蕭時允

司吏楊聖傳

（4）從銅活字本看李元鎮注的特點。李注本内容大致分爲三方面：其一，詮釋《帝範》名、各篇篇名及篇旨，如《君體》篇李注："君，《白虎通》曰：'君者，群也。群下所歸心。'又荀卿曰：'君者，儀也，民者，影也，儀正則影正。君者，盤也，民者，水也，盤圓則水圓。君者，源也，源清則流清，源濁則流濁。'《左傳》云：'慶賞刑威曰君。'體者，治體也。君之所治體勢、規模。第者，次第也。一者，數之始也，萬物得一以生。老子曰：'聖人抱一爲天下式。'故'君體'爲第一也。"其二，李注著眼點不在於字詞的解釋，重在詮釋指出《帝範》文本所涉及的書典、事典，有詳有略，如《求賢》篇"韓信弊於逃亡"句，李注把《漢書·韓信傳》全部搬入注解中，長達 953 字。其三，爲一些生僻字注音，或用反切或用直音，在句末以"○"間隔，如"嬀，居爲切""潢音黄"；在句中爲注文注音时，前後用"○"間隔開；也偶有釋詞者，如"函，容也""洎，汁也"。注音大約 40 处。

3. 各本文字異同

《帝範》大約在唐代時就已經傳到朝鮮半島。高麗朝與元朝是甥舅關係，一直在蒙古統治者的卵翼之下，文化交往頻繁，臨江路儒學重刻李元鎮《帝範注》本很可能第一時間就傳到了朝鮮半島。洪武二十一年（1388）高麗朝臣李詹規勸高麗王辛昌讀《帝範》一事，足見《帝範》對高麗王朝的影響。上述三種版本朝鮮李朝重刻較晚，但蕭宗本源於元刻本，兩光海君本爲天順二年刻本之重刻本，可見其祖本元明以來一直在半島流傳。我們對這三種版本進行了對校，從文字看，蕭宗本使用的是戊申甲寅字，木活字本爲戊午甲寅字體，木板本經過比對，與兩活字本字體相似，也應是甲寅系字體，因此，三種版本文字頗有淵源，僅爲草寫、繁簡不同，更多地是反映刻寫者個人書寫習慣，其中兩活字本文字更接近。

（1）從文字書寫看，木活字、銅活字本草寫、簡寫等異寫字較多。

有的字某部分部件連寫，以求便捷：

遠	轅	擺	懷	趨	空	說	允	於	能
殞	雛	機	儳	我	爭	假	殷	設	股

有的字某部分筆畫綫條化，大多變爲橫綫，以求簡省：

達	侠	关	俟	族	衰	應	盧	虞	高
臺	隔	廚	會	策	慶	獵	乘	晉	解

有的字簡省或改變部件：

珠	德	隱	蕪	廬	歲	樹	隆	顛	慎

有些草寫是銅活字獨有：

蹤	繼	致	路	喻	輕	庄	瀘	儉	園

有些是木活字獨有：

寬	有	能	斯	其	明	朝	冑	甚
對	卤	鬥	楚	撓	額	麗	偹	高

　　總體上看，這些字的書寫形式與木板本不同，活字本突出地表現了靈活多變的書寫特徵以及朝鮮初期以來以甲寅字爲代表的活字書寫特徵，木板本爲雕版印刷，雖有甲寅字體痕迹，但主體特徵是官刻的平直簡潔。活字本書寫特徵也並非朝鮮所獨有，朝鮮大規模鑄造銅活字見諸記載的是始於明永樂三年（1405），受到明代社會流行官鈔手寫字體的影響，而這些官鈔手寫字體又遠紹漢碑、魏晉唐宋書法作品，表現了手寫字體頑强的生命力。《帝範》銅活字體較舒展、清晰，一個字的寫法基本統一。相對於銅活字，木活字書寫混亂、無章法，表現出刻者寫刻的隨意性，如相同的字前後書寫不一，一字有兩種寫法，如隆隆、喪喪、戰戰、處處、能能、麗麗、殞殞、高高等；甚至一字有三種寫法，如慶慶慶、廚廚廚等，大概是因爲木活字本爲訓練都監造，訓練都監印書以營利爲目的，規範性、學術性相對較差。

　　（2）三種版本之間也略有不同。

　　其一，有形近字、音近音同字之異。如：

《建親》第二"廣封懿親，過於古制"，"古"，銅活字本作"古"，與《大典》系本同，木活字本、木板本作"右"，日系傳本中有"古"和"故"兩異文，據文意，當爲"古"，作"故"、作"右"，均爲"古"之訛。

《去讒》篇"黼黻絺紛"，"紛"，銅活字本訛作"絡"，蓋字形相似而訛。

《建親》篇"術以神隱爲妙，道以光大爲功"，"功"，銅活字本作"功"，與《大典》系本同，兩木本作"恭"，日系本作"工"，皆爲音同訛誤。

《納諫》第五"臣無隔情於上，君能徧照於下"，"徧"，木板本、銅活字本作"徧"，木活字本作"編"，日系本作"遍"，"遍"與"徧"爲異體字。據文意，作"編"訛誤。

其二，有古今字、異體字之異。如：

《崇文》第十二"巨浪滔天，興亡決乎一陣"，"陣"，木板本、銅活字本作"陣"，日系本、《大典》系本同，木活字本作"陳"。"陳"與"陣"爲古今字。

《求賢》第三"韓信弊於逃亡"，《賞罰》第九"仁愛下施，則人不凋弊"，"弊"，木板本、銅活字本作"弊"，與日系本、《大典》系本同，木活字本作"獘"。"弊"與"獘"爲異體字。

另外，三種版本都奪了一個字，《崇儉》第八"非憎□而惡味"，"□"，木板本、銅活字本無，木活字有一個字的空格，《大典》系本"□"作"榮"。注："言聖人如此質素，非是憎嫌榮華，鄙惡甘美也。"則作"榮"是。

（三）日本傳本

《帝範》傳至日本較早，日本歷代天皇、王公大臣、貴族世家子弟都重視《帝範》學習，因此，大約在我國唐後期至兩宋時期，日本就已經形成了以"侍講"爲核心的家學、家本，推動《帝範》學習和流傳。家學、家本的代表有三家，即大江家、藤原家、菅原家，三家傳本各自發展又互相借鑑，一直到江戶時期傳本才漸趨統一。例如，江家本在鎌倉時代中後期式微，爲諸本融合，僅存於各鈔本徵引之中；藤原家本又分爲南家本、式家本、敦本等支脈；菅家本在平安後期崛起，逐漸成爲《帝範》主流傳本。《帝範》一直以鈔本流傳，至江戶時代傳世本大都是綜合、雜糅的本子。因此日本現存《帝範》二十餘個版本，就成爲了《帝範》在日本流傳的標志，其學術價值、版本價值是中、韓傳本不可替代的。關於《帝範》版本在日本流傳情況擬從以下兩方面介紹。

1.《帝範》在日本的重要傳本

關於《帝範》在日本的傳本,本文結合搜集到的日本版本,並主要參考了日本學者阿部隆一(1917—1982)先生在《〈帝範〉〈臣軌〉源流考附校勘記》一文,[1]梳理如下:

(1) 梅沢紀念館藏(鎌倉後期 1185—1333)鈔本二卷

此本不晚於日本南北朝室町時代(1336—1573)初期,每行 13 字,注小字雙行,有紅筆的訓注(傳紀點)、句號,有墨筆的訓注、六聲清濁音符(濁音符號)。上卷紙背有"以上江本無此目録但家本有之""君體,江本如此,奧皆無'篇'字""君體篇/敦光本如此皆有'篇'字",《帝範序》"皇天睠命,曆數在躬"的"曆"字旁標"敦本、江本"等。此鈔本參考了大江家本、藤原家支裔敦本,還有奧本,日本學者小林芳規從訓法上推測是菅家傳本,阿部隆一先生認爲證據不足,但可以肯定也參考了菅家本。

(2) 猿投神社藏(日本南北朝初期 1336—1392)鈔本卷上(一卷)

該鈔本與《臣軌》合在一起,每行 14 字,注雙行小字 17 字,有朱筆句號、訓讀(傳紀點)、音訓合符、四聲清濁點、人名符、墨筆訓點等,行間旁記音義、校注,眉批有《尚書》《史記》等引文摘録。卷末有朱筆批注:以家秘本朱墨兩點交合了。在《臣軌》卷末有批注表明,該鈔本是永仁二年(1294)藤原長英(式家,基長之子)加點本的傳鈔本,並收録了長英本後記:

　　菅大卿在良奉授/鳥羽院本也

　　　又借親本見合畢,式部大輔侍讀之本也/授柱史公良畢/參議在判

藤原長英之祖本是菅原在良(1041—1121)侍讀鳥羽天皇之本,"那麼這個猿投本就是以菅原在良本爲祖先的菅家本"。在訓讀和校語中有"江"的大江家本,該鈔本訛誤相對較少,在現存古鈔本中可稱善本。

(3) 清原家系鈔本

① 慶應義塾圖書館藏應安元年(1368)鈔本二卷

此本每行 14 字,注小字雙行,有朱筆傳紀點、句號、墨筆訓讀符號、音訓合符、四聲清濁音符號(濁音符號混用),行間校注、音義注較多,有字義的出處、

---

① ［日］阿部隆一撰、唐曉彤譯:《〈帝範〉〈臣軌〉源流考附校勘記》,《斯道文庫論集》(通號 7),慶応義塾大學附屬研究所斯道文庫,1968 年,第 171—220 頁(該文計 3 萬餘字)。

引用文獻内容等，鈐有"竹後館文庫"朱印，爲美濃竹中家舊藏本。卷末批注：
応安元年(1368)十一月四日/良賢。

清原良賢是明經博士清原家具有創新精神的代表人物，曾經爲後園融上皇進講陳皓《禮記集説》，今宮内廳書陵部藏清原良賢手鈔《古文孝經》一軸。該鈔本彙校了多個傳本，訓點、旁記校語較豐富，比較明確地校本有"江"，即大江本，最多；其次有"敦基本""敦本""敦"的式家本，还有"菅二品本""菅"的菅家本。"《帝範》上"記"里書云：《帝範》卷上/菅二品本/《帝範》上敦本"。另外，這個鈔本在行間有旁記，在音義的引文上標明引書有《集韻》《東韻》(或《東》)兩種。據説《東韻》即《東宮切韻》，其作者是平安時期的菅原是善(812—880)，是善與大江音人(811—877)俱師事其父菅原清公(770—842)，該書在平安時代比《切韻》盛行，後來失傳，良賢鈔本保留了《東韻》的資料，尤爲珍貴。

② 國學院大學圖書館藏元龜二年(1571)吉田兼右手鈔本二卷一册(以下簡稱"吉田本")

該鈔本封面茶色，27.5×1.3 釐米，紅底金泥的題簽上寫著"帝範上下"，四周單邊，有界，7 行 16 字，注小字雙行，首頁鈐"寶鈴文庫"印。有朱筆句號、墨筆訓讀符號、音訓合符、四聲清濁音(濁音符〇〇)等。

此本在《君體》篇"貞明而普照，億兆之所瞻仰"句，"貞明"一詞旁注"陽成御諱不讀"，前文已述，表明此本來源久遠，文中也多用江家、菅家本校勘。

鈔寫者爲日本戰國時代後期清原家族代表人物清原宣賢的次子，右兵衛督、神祇大副、從二位吉田兼右(1515—1573)，鈔於元龜二年(1571)。據書後跋文可知：此鈔本遠紹弘安九年(1286)之南家本，弘安鈔本也是比勘了菅家本等；吉田本直接來源是文明十二年(1480)諫議大夫、大府卿菅原顯長借翰林學士菅原長直本鈔寫並加點，同年十二月，顯長又"以海住山本校合之了"；吉田兼右跋："元龜二三十以高辻黄門長雅卿之家本遂書功件奧書累代/之秘本炳焉也但非無疑惑仍四十七以萬里亞相惟房卿舊本比校之違失太多注付了。"大概意思是"吉田兼右在元龜二年高辻(菅原)長雅的家書中鈔寫菅原顯長本，並以萬里小路惟房的書進行比校注"，①即以長雅藏顯長本鈔，並以萬里小路

---

① ［日］菅原長雅(?—1580)，文章博士、權中納言、式部大輔，與吉田兼右同時人，後奈良天皇的"天文""弘治"年號、正親町天皇的"永禄""元龜"年號都是長雅撰定的。萬里小路惟房(?—1573)，權大納言、内大臣、正二位，蓋與吉田兼右、菅原長雅同時人。

惟房本校勘。

　　③ 國立國會圖書館藏（江户前期）鈔本二卷一册（以下簡稱“正親町本”）

　　此鈔本每半頁 7 行 16 字，注小字雙行，與吉田兼右鈔本爲同一底本，包括
“字裏行間的校語、音義、旁記等全部”相同，估計此本源於清原家傳本。只是
吉田本書後批注“同廿六日以相傳秘本校合之/以朱點之/以朱懸點分/今日校
合本之説也/不可出窗下/不可許外觀耳/諫議大夫大府卿菅判”兩行空闕，而
有元龜二年（1571）吉田兼右的批注“文明十二年初冬云云/乐水判”。因此，此
本可以與吉田本等同視之。

　　此本上鈐“正親町藏”長橢圓形朱印，“讀杜艸堂”方形朱印。正親町（1517—
1593）爲日本第 106 代天皇，其收藏的《帝範》，與吉田本相同，其後有吉田兼右跋
文。正親町天皇曾經向兼右的兒子清原枝賢學習《大學》，與清家交往密切。正
親町天皇曾於永禄二年（1559）三月，在宫中舉行盛大的《帝範》會講六次。“讀杜
艸堂”是江户時代後期藏書家寺田望南藏書印，正親町本曾被寺田望南收藏過。
此鈔本封面有“真年遺書”收藏標識，此本又被藏書家鈴木真年（1831—1894）
收藏。

　　此本書後有：弘安九年（1286）、寬治八年（1094）、長寬二年（1164）、承安元
年（1171）、建久三年（1192）、文永十一年（1274）、承元二年（1208）、元仁二年
（1225）、弘長元年（1261）、正嘉三年（1259）、文永五年（1268）、弘安九年
（1286）、文明十二年（1480）等墨點、進講、御讀情況，亦表明此鈔本的傳承
源流。

　　④ 神宫文庫藏（江户前期）鈔本二卷一册

　　此鈔本是吉田兼右鈔本的轉寫本，鈔寫者是吉田兼右之子清原枝賢
（1520—1590）的兒子清原國賢（1543—1614），官少纳言、大藏卿，從三位。
該鈔本行款格式與兼右本同，對於原本的訓讀、旁記等都忠實地鈔録了下
來，但國賢本在眉批上補充了音義，摘録了正文所涉及的事典，在兼右跋“元
龜二年”條後有國賢的批注，云“天正八/中旬雇或筆令寫之/同廿五日以朱墨
點之右奥書等/任書不違一字寫之/少納言清原朝臣國賢”。卷首鈐御巫家的
藏書印。

　　⑤ 慶應義塾圖書館藏（江户）鈔本二卷一册

　　此本亦半頁 7 行 16 字，注小字雙行同。此本是國賢本的轉寫，但不附帶

訓點,序、正文、注文的訓讀多與寬文刻本同,還附有與寬文本對校的校語。錯誤不少,也有用朱筆訂正者,如批注中"同十二年……以海住山本校合之","住"訛作"注"。

⑥ 京都大學附屬圖書館(清家文庫)藏慶長四年(1599)清原秀賢手鈔本二卷一册(以下簡稱"舩橋本")

清原秀賢(1575—1614)是清原國賢之子,官式部少輔、禮部郎中等職,有清原博士家最後一位顯赫的明經博士之譽,在經學、史學方面卓有成就,後陽成天皇(1587—1611 在位)曾從秀賢學《大學》《論語》《孟子》等。該鈔本是以吉田本、國賢鈔本爲藍本又"旁求數本考正之"勘校而成。因此,此本行款格式與吉田本及其轉寫本正親町本、國賢本、慶應義塾本的 7 行 16 字不同,爲 8 行,每行 14 字,注小字雙行同。相對於其他日本鈔本,舩橋本最大的優點是文字俗寫較少,正文和注文通順,錯誤少,特別是在眉批上有對注文的疏證和補充38 處,大約 3 600 餘字,内容豐富,詳實,該眉注是出自秀賢之手,還是鈔自其父祖家族流傳之本而經秀賢潤色過,還不能斷定。毋庸置疑,這是日系鈔、刻本中較好的本子。

此本茶褐色封面,左上題"帝範合部",扉頁右上角有"清家文庫"標識,正文"帝範序"上有"大師明經儒"①"舩橋藏書"兩長方朱印、"京都大學圖書館之印"方形朱印。書後有秀賢跋文二,其一墨筆"右一册者,苟人君之儀則也。如畫出一箇賢君矣。於干(于?)爰或人爲,雖需講説的本之無相持,仍旁求數本考正之,尚有不詳,其餘者臆思之所及,推而以改易,求的本可訂正者也/慶長四曆(1599)屠維大淵獻旦月中旬吏部郎中清原秀賢";②其二朱筆,"右以數本雖校考之,都而無真本,注所引之書,多以尋求/攸得者十八九,其次加首書耳"。

該本後來有日本正德五年(1715)吏部郎中清原尚賢鈔本,鈔本後尚賢跋

---

① 據日本《圖書寮漢籍善本書目》:《白氏文集》七十一卷十册,明嘉靖戊戌吳郡伍氏龍池草堂刻本,每册首有"崇儉館藏書記"、首尾有"大師明經儒"、尾有"清原""賢忠"印記。"大學明經儒"是儒職,給天皇、親王、大臣、士子等講讀《尚書》《論語》等經典。在清原家藏書有"大師明經儒"印,這可能是清家獨有的印記和獨有的殊榮。

② 此跋文字迹與日本國會國立圖書館藏秀賢鈔本《令集解》的跋文字迹相同,皆爲秀賢手迹。二書紙質相同,行款格式也大致相同,《令集解》8 行 16 字,與《帝範》同,每行字體橫豎整齊勻稱。

稱：“右一册者，以高祖養真院殿御（?）自筆之本，今書字並加朱墨之印，令校合耳。正德五年(1715)十一月上旬吏部郎中清原尚賢。”①

(4) 寬文八年(1668)跋刊本二卷二册

此本爲野間靜軒用《臣軌》一起合刊，京都林和泉掾發行，是江户時代通行之本。8 行 17 字，注雙行小字同。後有“件書”，保留了該書流傳源流始末：

件書上卷云

康平三年(1060)五月五日點之禮部郎中江匡房

下卷云

康平三年五月六日點之治部少丞江匡房

寬治八年(1094)七月十六日於楊梅亭點了尤可秘藏而已

長寬二年(1164)正月廿八日奉授主上已訖

式部大輔藤永範

承安元年(1171)七月廿四日御讀畢此書奉授一代聖主早家之重寶也

從三位行宮内卿兼式部大輔藤永範

建久三年(1192)六月十五日御讀畢此書繼家踪己及聖主三代誠是家之秘本也

正四位下行式部大輔藤朝臣光範

承元二年(1208)四月廿三日書寫畢

以二品户部永範本移點畢　菅原淳高

元仁二年(1225)三月廿五日侍御讀畢

翰林學士菅淳高

《臣軌》後埜子苞父跋稱：“《帝範》二卷、《臣軌》二卷也者，共成于唐帝。唐帝受隋氏弊，聰明神武，庶幾成康，功德兼備，自漢以來，未之有。吁咨都喈之後，而元首股肱，互爲治道，故所以《帝範》《臣軌》之有作者也。本朝博士讀之，尤尊之至。若鎌倉將軍家皆讀之。有助治道久，何啻中華而已哉！洛人林白水新鏤之，梓以欲行于世，良有故哉，白水需書其後，於是題之。”

寬文本正文俗寫較多，所附注文由來已久，也有殘缺不通之處，但因其刊

---

① 上述跋文因爲草書，限於本人水平，識讀或有錯誤。

刻較多，以其爲底本鈔、刻之本也較多，如日本文化弘前藩練習館刊木活字本（四周雙邊，半頁 12 行行 9 字）、江户時代的一些鈔本、大正四年重印本以及羅振玉東方學會、粤雅堂翻刻本等。

（5）慶應義塾圖書館藏天保二年（1831）菅原聰長鈔本二卷（無注）一册

此本爲江户時代末期著名學者、權大納言菅原聰長（？—1861）鈔本，底本是右大臣、權大納言花山院家厚（？—1862）藏永享十一年（1439）鈔本，花山院家爲藤原氏枝裔。此本半頁 5 行行 13 字，墨筆訓點、音讀、訓讀合符，行間校記題記"江"本的校語、訓讀較多。卷首有"紀傳之家""東坊城藏書記""快馬渡河""刀水書屋收藏圖書記"的朱印，此本經過了菅原家東坊城、日本近現代藏書家渡邊刀水收藏。

從書後聰長所録批注看，首爲承元二年（1208）菅原淳高移點藤原光範本，即爲菅原淳高本之流裔；後有寬平三年（1060）江匡房點本，又與寬文本有共同的來源，其本直系血脈近承永享十一年（1439）本。

（6）曾我部容所校明和四年（1767）跋刊本二卷（無注）一册

封面題"《帝範》正文"，四周雙邊，無界，每半頁 9 行行 18 字，版心白口，有句號、訓點、音點，上下卷末題"明和丁亥正月阿波源元寬苞卿謹校"，是元寬的校本（簡稱"元寬本"）。書後有"附考"，引《舊唐志》《資治通鑑》《玉海》《元史》，概述《帝範》之作及在中國的流傳，又據日本《三代實録》卷三十二，録關於陽成天皇命大江音人撰《弘帝範》之事；又作"書帝範後"述校勘《帝範》、删注的緣由（見附録）。

該本以多本校勘，正文錯誤較少，不足的是元寬認爲注文出自"白面"淺人之手，庸妄無取，删去了注文。

2. 關於日系傳本《帝範》中注文作者、時代問題

目前我們能夠看到的《帝範》古注，除了元初李元鎮注以外，日本系傳本亦有注文，這兩個古注的來源有無聯繫，也是《帝範》整理研究要解決的重要問題。本次整理，對《帝範》兩個傳世古注進行了比較研究，考察它們的特點，探求它們之間的關係，嘗試給學界一個參考答案。

關於日本系傳本《帝範》注於何時，是唐人舊注，還是日本學者所注，中日史書皆未見明確記載。日本現存的古鈔本十餘種，大致均爲三家傳本的流裔，皆可溯源到北宋初期，例如，今梅沢紀念館藏鎌倉時代（1185—1333）鈔本二

卷,有注文,此本參考了大江家、藤原敦光(1063—1144)本。①猿投神社藏日本南北朝(1336—1392)初鈔本卷上一卷,②鈔者稱"家秘本",其本源自伏見天皇永仁二年(1294)藤原長英加點本,長英本也參考了菅原在良(1041—1121)本,③此鈔本正文、注文旁記多著"江",參考了大江家本。慶應義塾圖書館藏應安元年(1368)鈔本二卷軸,參校本中標明"江"的大江本最多,其他还有"敦基本""敦本""敦""菅二品本""菅"等本,皆有注文。寬文本源於江户時代流行的鈔本,據其後所附批語可知,此本最早爲康平三年(1060)大江匡房(1041—1111)訓點本,後也經歷了三家多位學者進講、訓點。④藤原敦基(1046—1106)與大江匡房(1041—1111)、菅原在良(1041—1121)都是平安時代後期(同北宋初期)時人,也都是其家族中承上啓下的代表人物,進講、傳授過《帝範》,是三家傳本的開創和推行者。由這些鈔本可知,《帝範》在三位學者時代傳播盛況空前,而《帝範》注文一直依附正文而行,未見傳承者有異議,則注文由來已久,至遲在宋初已經存在。

　　另外,在我國唐後期至五代、兩宋時期,日本奉行鎖國外交,與中國政治文化交往較少,因此也可以推斷,日系本注文應該是先這一時期傳入。由此可見,日系本注文大致產生于唐五代時期。891年藤原佐世所編的《見在目》中未著錄賈行等《帝範注》,而著錄有大江音人《弘帝範》及無名氏《帝範贊》等作品,可見,《帝範》在日本曾經傳播熱度較高,因此不能排除《帝範注》作者爲日本學者的可能,甚或是大江音人時期的日本學者。

　　關於日系本注文作者問題,日本學者阿波源元寬苞卿和楊守敬先生曾探討過。元寬於明和丁亥四年(1767)奉後櫻町天皇敕命校訂《帝範》,元寬本後有《書帝範後》,稱:"恨坊本文字漫漶,脱誤良多,元寬竊憂尚矣。朝求野募,遂

---

　　①　[日]藤原敦光(1063—1144),其父藤原明衡與大江匡房、菅原在良是平安時期漢學的代表人物,大江匡房家傳《帝範》並爲之作訓點。敦光的哥哥敦基也是這一時期著名學者,其父子三人被稱爲日本的"三蘇",都曾進講、傳授過《帝範》。敦光本一直流傳,成爲《帝範》重要傳本。見[日]阿部隆一:《〈帝範〉〈臣軌〉源流考附校勘記》,第187—188頁。

　　②　[日]阿部隆一:《〈帝範〉〈臣軌〉源流考附校勘記》,第190頁。

　　③　[日]菅原在良(1041—1121),平安時期著名大臣、漢學家,從四位上式部大輔,奉敕爲鳥羽天皇進講《帝範》。

　　④　寬文本在江匡房訓點之後又依次列出寬治八年(1094)、長寬二年(1164)、承安元年(1171)、建久三年(1192)、承元二年(1208)、元仁二年(1224)三家學者或進講或訓點的大致情況。可見,平安時代二百年間(相當於兩宋時期)《帝範》在日本流傳從未間斷,寬文本注也一直附正文流傳。

校成一本，刊而傳之。……素所嵌注解，庸妄無取，想出於白面之手，非賈、韋之書也，悉皆删去，庶幾還乎舊觀。"元寬認爲一直附《帝範》而行的注文"庸妄無取"，大概出自"白面"淺人之手，"非賈、韋之書"，於是悉數删除，只留正文。元寬並未進一步指明所謂"白面"注者是日本人還是中土人士，以及"素所嵌"的上限時段，也間接地表明該底本所附舊注時代較早。

楊守敬先生在《日本訪書志》卷五著録"《帝範》二卷，日本舊刊本"（寬文本）。對此本頗爲肯定，稱："此本分爲上下二卷，有康平三年（1060）五月江匡房點校記。……考康平三年當宋仁宗嘉祐五年，則其根源最古。其注文簡要，不注姓名，亦不詳爲賈、爲韋。但以正文考之，則此當是太宗原本。"楊氏以《大典》本（實指殿本）與寬文本對校後稱，"此本非特元明以來不見，亦《大典》本作注者所不見也"，[①]可見，李元鎮注與日系本注未有淵源關係，日系本注獨自一脈流傳。

阿部隆一《〈帝範〉〈臣軌〉源流考》："據推測，傳入我國《帝範》一書中所附的注是唐代時期撰寫而成，但由於没有題寫撰者名，所以不知是賈注還是韋注，還是除這兩注之外的其他注解，這一點就不得而知了。"雖不能斷定日系本注的作者，但時代界定爲"唐代時期"，這與上文我們的分析是相合的。

我們從舩橋本注文徵引文獻、釋義、注音等資料入手，深入研究，尋找日系本《帝範》注者及時代的綫索。

本研究日系本注用舩橋本注，並參考寬文本注。舩橋本注文共 96 處，比寬文本多 2 處，注文主要涉及兩個方面：一是引經典爲正文語詞及所釋詞語指明文獻出處，如《帝範序》"大德曰生，大寶曰位"，注："《易·繫》曰'天地之大德曰生，聖人之大寶曰位'也。""躬擐甲胄"，注："胡慢反。《左傳》云'擐甲執兵'，杜預曰：'擐，貫也，衣甲也。'"二是注音釋義，有反切注音 28 處，釋義較少，如《帝範序》"掃欃槍而廓八纮"，注"妖星也"，是解釋"欃槍"。

日系本注引《易》《書》《詩》《左傳》《禮記》《論語》《爾雅》《説文》及經典的注

---

① 　楊守敬：《日本訪書志》，《續修四庫全書》第 930 册，影印"光緒丁酉嘉平月鄰蘇園開雕"本，第 544 頁下。楊氏把寬文注與《大典》注作了比較："《去讒》篇'昏明之本'，《大典》本竟改爲'國之本'。《納諫》篇'卻坐'二字，是用袁盎'卻慎夫人同坐'事，《大典》本注竟不知其所出。《去讒》篇'昭公去國而方悟'，是用宋昭公事，《大典》本注誤引魯昭公失國事，又見'方悟'，與情事不合，遂改'方'爲'不'，而不知上文'朝有千臣'尤無著也。凡此皆《大典》注本之陋，不及此本之精博遠甚。"

或正義等文獻約 30 種，最晚的是孔穎達《五經正義》和賈公彥《周禮疏》。所引文獻以儒家的經典爲主，有的已與中土傳世之本文字偶有不同；也有作于魏晉時期，如《帝王世紀》《春秋後語》《物理論》《鬻子》《玉篇》等，這些文獻至宋時有的已經亡佚不存，有的僅見唐宋文獻徵引，有的中土僅存修訂之本，如，《帝範序》"掃槙槍而廓八紘"，舩橋本注："《淮南子》曰：'知八紘九野之形埒。'①許叔重曰：'紘，維也。'②顔延之《纂要》曰：'九州之外有八埏，③八埏之外有八紘，④紘方千里之外有八極。'"⑤許慎《淮南子注》已經亡佚不存，李善《文選注》引數條，《見在目》於"子部·雜家類"著録"《淮南子》廿一卷，許慎注"，此注文未見國內文獻徵引。顔延之《纂要》在《隋志》、《新》《舊唐志》中均有著録，也已經亡佚，僅《北堂書鈔》《文選注》《周禮注疏》《初學記》《太平御覽》《册府元龜》等唐代宋初的幾部文獻徵引中略見一二，大概亡在宋；《見在目》"雜家"有"《纂要》一（卷），戴安道撰，又云顔延之撰"，⑥是"戴"之《纂要》，還是"顔"之《纂要》，藤原佐世不能斷定。總之，舩橋本注所引不見於國內文獻徵引，也不見於後人輯佚成果，應該引自流傳到日本的許慎《淮南子注》和顔延之《纂要》。

《務農》篇"移木無欺"，舩橋本注："《春秋後語》曰：'以公孫鞅爲左庶長，卒使定法之令也，令既具，未布，其恐民之不信己，乃立三丈之木於國都市之南門，募民有能徙置北門者，與十金。民怪之，莫敢徙者。復曰：⑦能徙者，與五十金。有一人徙之，輒與五十金，以明不欺。"《春秋後語》爲晉孔衍（268—320）撰，以《戰國策》繁蕪，參考《史記》删繁就簡，編纂了《春秋後語》十卷，此書"在唐宋時期頗爲流行，曾傳至西北、西南邊遠之地，南宋以下陡然消失，知其名者甚少"。⑧今有敦煌卷子本及清代學者輯本，敦煌卷子本此段殘存，作"□□□爲左庶長，使定法令。法令既成，恐人不信，乃立三丈之木于國都市南門，能徙置出北門者，與十金。民怪之，莫敢徙。復題榜曰：'能徙者，與五十金。'有□□徙之，輒與五十金，

---

① "埒"，寬文本作"○"，楊校寬文甲、乙本作"埒"。
② "許叔重"句，寬文本作"注千里曰紘也"。
③ "埏"，寬文本作"地"，下同。
④ "之"，寬文本無。
⑤ "之外有八極"五字，寬文本無。
⑥ ［日］藤原佐世：《日本國見在書目》，《古逸叢書》十九。
⑦ "復"下，寬文本有"榜"字。
⑧ 王恒傑：《春秋後語輯考·張政烺序》，濟南：齊魯書社，1993 年，第 6 頁。

以明不欺也"。①王謨《漢魏叢書》輯:"秦孝公使公孫鞅定法令,法令既具,恐人不信,乃立三丈之木于國都市南門,募民有能徙置北門者與十金。(《太平御覽》卷827)"②王謨等所輯内容甚少,敦煌卷子本雖與舩橋本大致相同,但可以看出流傳有了變異。《春秋後語》很早就傳入日本,《見在目》"雜史家"有"《春秋後語》十卷,孔衍記,𣀣本。"③"𣀣",即"粗"的異體字,④粗本即無注文、文字粗大之本。舩橋本注所引可能是流傳到日本的《春秋後語》。

《納諫》篇"故忠者瀝其心",舩橋本注"理檄反。⑤《蒼頡篇》'瀝,盪也,水下滴瀝也。'野王案'時賜餘瀝是也。'瀝,流也。"今日本舶回的《玉篇》殘卷作"瀝,理激反。……《蒼頡篇》"瀝瀝,盪也。'《説文》'一曰水下滴瀝也。'野王案'《史記》時賜餘瀝也。'"其下還引《楚辭》及王逸注等,共50字。今本《玉篇》作"瀝,力的切。漉也,滴瀝水下。瀝同上"。僅有13字,引書和釋義都有删減。又,《誠盈》篇"儉則民不勞",舩橋本注:"(儉)渠儼反。顧野王案'儉,約也,不奢之稱也'。《論語》曰'禮與其奢也,寧儉'是也。……"今本《玉篇》作"渠儼切。《説文》曰'約也'"。僅8字。可見,日系本注所引爲顧野王《玉篇》原本,今本土傳本删改較大。

從以上舩橋本注所引數條看,域外傳本與本土傳本已經有了齟齬,日系本注者是據流傳於日本的漢文獻爲《帝範》作注,因此,作注者應該是日本學者,這一判斷,我們還可以從舩橋本注反切來驗證。

舩橋本注解釋詞語,有的先以反切注音,但均不出被切字,反切注音緊接正文或被切字,共有28處。我們把這些反切字與日本最早的漢文辭書《篆隸萬象名義》(簡稱"《名義》")對照,並參考《大廣益會玉篇》(簡稱《玉篇》)、《玉篇》殘卷、《廣韻》等進行分析研究,進一步探求日系本注者及時代問題。

《名義》編纂者是日本弘法大師空海。空海(774—835)父族、母族皆爲日本豪族,舅父是伊豫親王的侍講,空海從舅父學習《論語》《孝經》及中國史傳著作,精通漢文儒家、佛教典籍。日本延曆二十三年(804,唐德宗貞元二十年)七

---

① 王恒傑:《春秋後語輯考·卷子本》,第15頁。
② 王恒傑:《春秋後語輯考·輯佚本》,第306—307頁。又見《漢魏遺書鈔》嘉慶三年刻本。
③ [日]藤原佐世:《日本國見在書目》,《古逸叢書》十九,上海:上海古籍出版社,2015年。
④ 黄征:《敦煌俗字典》,第67—68頁。
⑤ 寬文本作"理撽反",楊校寬文乙本"撽"作"激"。

月空海搭乘遣唐使船入唐求法。806 年回國時帶去了《玉篇》《四聲譜》《詩式》等小學、文學典籍以及大量的佛經著作。空海漢學、佛學造詣極高，著作等身，有小學、文學、碑刻銘文、佛學著作 20 餘部。

《名義》編纂於 827 年至 835 年之間，是在梁顧野王(519—581)《玉篇》的基礎上編纂成的一部漢文字書。它的部目、反切注音與原本《玉篇》大致相同，在釋義方式上有較大的不同，釋義簡略，枚舉一個字的多個義項時，甚至簡省"也"字，以"、"代之，删去了《玉篇》徵引文獻注釋部分。如《名義》"緹，他禮反。緹色帛赤黃"，《玉篇》殘卷作"他禮反。《周禮》'赤緹用羊'，鄭玄曰'緹色也'。《說文》'帛赤黃色也'"。《名義》比《玉篇》簡單、實用，方便查找。我們把舩橋本注中與《名義》《玉篇》、《玉篇》殘卷有關的 18 處反切注音、釋義列表如下：

序號	帝範	舩橋本注	名　義	玉　篇①
1	叨臨神器	他勞反。貪也。	他勞反。貪、殘、食、②P309③	他勞切。《說文》與饕同，"貪也"。P26 下
2	犲狼尚梗	何杏反。病也，容、④直也。	柯杏反。痛、容、強、榆、□、略、箴、直、覺、P646	柯杏切。梗直，又桔梗。P60 上
3	躬擐甲胄	胡慢反。杜預曰："擐，貫也，衣甲也。"	胡慢反。貫、衣甲，P341	胡慢、公患二切。《左氏傳》曰"擐甲執兵"，擐，貫也。P30 上
4	承慶天潢	後光反。	後光反。池、積水，P983	後光切。潢污也。《說文》曰"積水池也"。P88 下
5	括蒼旻	古奪反。⑤結也，約束也，塞也。	古集(奪)反。否閉、結，P344	古奪切。《易》曰"括囊無咎"括結、否閉也。P30 下

———————————

①　《玉篇》指《大廣益會玉篇》，(梁)顧野王撰，北京：中華書局，1987 年影印本。爲行文簡潔，只于文中標示頁碼，不再出注。此欄中皆今本《玉篇》原文，如有殘卷則分別標明。

②　《名義》省略了"貪"等後面的"也"，代之以"、"，下同。

③　[日]空海：《篆隸萬象名義》，日本東京大學出版會 1977 年影印高山寺藏卷子本，收入《高山寺資料叢書·高山寺古辭書資料(第一)》。爲行文簡潔，只于文中標示頁碼，不再出注。

④　高野本"容"下有"也"字，楊校寬文後期刷印本據補。

⑤　"奪"，寬文本作"集"，楊校寬文甲本："'集'疑'奪'。"

續表

序號	帝　範	舩橋本注	名　義	玉　篇
6	搜揚仄陋	莊棘反。	㞈棘反。①陋、P1126	《玉篇》"壯力切。陋也，傾側也。"P104下《玉篇》殘卷"㞈棘反。……王肅曰仄陋也……《説文》傾側也。《廣雅》曰仄陋也。"②P506
7	辱而不尊	而束反。恥也，污也、惡也。	如辱反。恥、污、惡、P1467	如燭切。恥也、惡也、污也。P134下
8	必假橑橶	如紹反。小橶也。	如紹反。曲本末、□、P651	如昭切。小楫也。P60下
9	以爲栱桷	古學反。榱、椽也。	古學反。榱、P654	古學切。榱也。P60下
10	鈇鉞之災	禹月反。斧也。	禹月反。斧、P912	於月反。斧也。P84上
11	虧聰阻明	去爲反。缺也、毀也、壞也、損也。	去爲反。缺、毀、壞、損、去、少、P502	《玉篇》"去爲切。毀壞也。《説文》曰氣損也。"P44下《玉篇》殘卷"虧，去爲反。《毛詩》不虧不崩，箋云'虧，猶毀壞也'。……王逸曰'虧，缺有'，《爾雅》'虧，毀也'，《説文》'氣損也'，《廣雅》'虧，去也''虧，以也'。"③P305
12	瀝其心	理橄反。④《蒼頡篇》"瀝，盝也，水下滴瀝也。"野王案"時賜餘瀝是也。"瀝，流也。	瀝，裏激反。清酒、浚瀝今同上 P993	《玉篇》"瀝，力的切。漉也，滴瀝水下。瀝同上。"P90上《玉篇》殘卷"瀝，理激反。王逸曰'瀝瀝，清酒也'。《蒼頡篇》'瀝瀝，盝也。'《説文》'一曰水下滴瀝也。'野王案《史記》時賜餘瀝也'。"P444

①　"㞈""㞈"均爲"莊"的俗寫，見黃征《敦煌俗字典》，第567—568頁。"㢿"亦爲"莊"的俗寫。

②　(梁)顧野王：《玉篇殘卷》，續修四庫全書第228冊，上海：上海古籍出版社，2002年。爲行文簡潔，只于文中標示頁碼，不再出注。

③　按：《玉篇殘卷》第303—304頁"虧，去爲反。《説文》或虧字也。虧，缺也、敗也、壞也。在於部"，當爲第305頁"虧""虧"的異寫字。

④　"橄"，寬文本作"撽"，楊守敬校"撽"作"激"。

續表

序號	帝　範	船橋本注	名　義	玉　篇
13	國之蝥賊	莫後反。(大典系本作“蟊”)	蟊,莫後反。蛑蛑、松公 P1304	蟊,亡侯切。燕曰蛑蛑,齊曰松公也。P119 下
14	儉以養性	渠儼反。顧野王案:“儉,約也,不奢之稱也。”①	渠儼反。約、少、P176	渠儼切。《説文》曰“約也”。P13 下
15	土木衣綈綉	他禮反。鄭玄曰“綿色也。”《説文》“帛赤黄色”	他禮反。縓色帛赤黄 P1364	《玉篇》“他禮切。帛赤色也。”P124 下 《玉篇》殘卷“他禮反。《周禮》‘赤緹用羊’,鄭玄曰‘縓色也’。《説文》‘帛赤黄色也’。”P605
16		思又反。《考工記》曰“畫繪之事,五采備謂之綉也。”	思又反。五采、P1362	《玉篇》“思又切。五采備也。”P124 下 《玉篇》殘卷“思又反。《考工記》‘書繪之事,五采備謂之綉’。野王案‘《尚書》黼黻絺綉是也。’”P602
17	棄堅就僞	柯田反。固也、强也、長也。	柯田反。固、强、長、P1433	古田切。固也,强也。P130 下
18	甚於秋螟	亡丁反。蟲食苗心曰螟。	已丁反。食苗蛉也、②P1274	亡丁切。食苗心蟲也。P461 下

從以上 18 例看,有 13 例反切與《名義》完全相同,釋義也密切相關,顯而易見,船橋本注反切、釋義均參考、選用了《名義》。以下 5 例反切雖有文字的正俗、異體、訛誤的不同,但實質與《名義》是相同的。如:

第 2 例“梗”,船橋本“何杏反”,反切上字“何”,《廣韻》屬匣紐;而被切字“梗”爲見紐字,可見反切上字作“何”有誤。《名義》《玉篇》皆作“柯杏反”,《廣韻》“柯,古俄切”“梗,古杏切”,皆見紐,聲同。所以,船橋本注“何”,當是“柯”之形誤。從釋義看,船橋本注“病也、容也、直也”,《名義》作“梗,痛、容、强、直”等多個訓義,而今本《玉篇》作“梗直,又桔梗。”則船橋本與《名義》近。

① “儼”,船橋本作“玁”,今本《玉篇》無此語。

② “已”當爲“亡”之訛。“食苗蛉也”語句不通。

第 5 例"括"，舩橋本"古奪反"，與《玉篇》同。《名義》"括，古集反"，"集"字上"大"下"集"，《敦煌俗字典》"集"是"奪"的俗字，①二者爲正俗之別。

第 6 例"仄"，舩橋本反切上字作"莊"，《名義》作"莊"，《敦煌俗字典》"莊""莊"均爲"莊"的俗寫。②

第 13 例"螫"，舩桥本作"螫"，《名義》作"蝨"，《説文》"螫，蝨或從秋。""螫"與"蝨"爲異體字，朝鮮肅宗本、《大典》系本正作"蝨"，與《名義》同。

第 18 例"蝏"，舩橋本作"亡丁反"，《名義》作"已丁反"，"亡"與"已"反切上字不同，《玉篇》作"亡丁切"，《名義》"已"當爲"亡"之形訛字。

另外，第 7 例"辱"，舩橋本"而束反"，《名義》"如辱反"，它們反切上字"而""如"皆日母字，聲母相同。《名義》被切字與反切下字同字，顯然有誤。從它們的釋義選詞順序看，舩橋本"恥也，污也、惡也"，《名義》"恥、污、惡"，《玉篇》"恥也、惡也、污也"，顯然，舩橋本注采用了《名義》的釋義。《名義》反切下字"辱"或爲"束"之訛。

從上 18 例看，舩橋本注與今本《玉篇》不同之處較多，而與《玉篇》殘卷頗有淵源，可見，日系本注者在爲《帝範》作反切、釋義時主要參考了《名義》及顧野王《玉篇》原本，尤其是舩橋本注簡約之風與《名義》簡潔、實用的風格更相契合。

舩橋本注 28 處反切，除 18 處與《名義》《玉篇》有關外，其他 10 處亦不見於《廣韻》《集韻》等韻書，這些反切究竟源自何書，令人費解。阿部隆一《〈帝範〉〈臣軌〉源流考》在"慶應義塾圖書館藏應安元年(1368)鈔本二卷"中稱："這本書字裏行間的旁記、上面寫的反切音義，使用'音'的縮寫'レ'。在音義的引文上標明書名的有《集韻》和《東韻》(或《東》)兩種。《東韻》被認爲是平安時代比漢土的《切韻》諸書更爲盛行的韻書，但現在已經消失了，而且被認爲是菅原是善(812—880)所撰的《東宮切韻》，此鈔本中引用了四條。"③

阿部隆一先生爲我們提供了《帝範》注者的思考綫索。《東宮切韻》編訂者是日本平安時期著名學者菅原是善，其父菅原清公(770—842)曾與空海一起赴大唐學習，也是大江音人的老師，大江音人曾著《弘帝範》。是善大概於

---

① 黄征：《敦煌俗字典》，第 97 頁。
② 黄征：《敦煌俗字典》，第 567—568 頁。
③ ［日］阿部隆一：《〈帝範〉〈臣軌〉源流考附校勘記》，第 194 頁。

860—880 之間彙集流傳到日本的魏晉至唐十三家韻書異訓成《東宫切韻》一書，該書主要是供日本天皇宫中皇族學習漢文作詩的工具書，當時文章道考試、經籍音釋皆遵從《東宫切韻》。《東宫切韻》大概在日本南北朝後亡佚，部分佚文保存在《和名類聚鈔》《法華經釋文》等典籍中。大江音人與是善同道學習，二人在《帝範》整理研究、傳播以及《東宫切韻》的編纂方面應該是互相學習，疑義相析。另外，二人同處清和天皇執政時代，清和天皇(858—876 在位)仰慕唐太宗的貞觀盛世，不但把自己的年號直稱“貞觀”，而且重視釋奠禮，詔大臣進講儒家經典，並敕音人撰《弘帝範》，其子陽成天皇時也是進講學習《帝範》不輟。這一時期，藤原氏、菅原氏、大江家都有著名的漢學家，爲《帝範》作注釋，對於大江音人、菅原是善等漢學家來説並非難事，也是極有可能的。

因此，從《帝範》在日本流傳看，注者應該是日本學者，作注時間大约在日本的平安中期，即唐中後期至宋初的百十年間，《帝範》注文中的反切、釋義取材於《東宫切韻》《名義》、原本《玉篇》等書，也更合乎史實。

四

本次整理以京都大學附屬圖書館(清原文庫)藏慶長四年(1599)清原秀賢批校本爲底本(簡稱“舩橋本”)。

該本封面茶褐色，28×21 釐米，左上題“《帝範》合部”，二卷 1 册，有行格，8 行 14 字，注雙行亦 14 字，朱筆、墨筆訓點、音訓，卷首有“大師明經儒”“舩橋藏書”長條形朱文方印及“京都大學圖書之印”方形朱印。

自清原秀賢始，改姓舩橋氏，其藏書、鈔書鈐“舩橋藏書”印。秀賢所鈔校文獻從内容到字體、格式、行款均具有濃厚的學術氣息，該鈔本相對於正親町本、寬文刻本等，鈔寫、校勘都比較嚴謹，錯誤較少。《帝範》在日本傳播千年之間，皆以鈔本流行，即使雕版印刷通行以後，因其篇幅短小，也是以鈔寫方式流行，與官方刻本多用規範字體不同，受民間流傳字體及鈔寫者書寫習慣影響較大，草寫、俗寫較多，不同鈔本之間出現了大量的異文。舩橋本相對於其他鈔本，把很多草寫、俗寫字改爲規範字體，對諸本正文、注文中一個字有多種寫法的現象作了統一。雖如此，舩橋本中還偶有草寫、俗字現象，如驪作驪、對作對、擐作擐、遠作逺、疏作踈、颠作顛、慮作慮、隆作隆，仍然避免不了鈔寫本的特質。

今韓國藏朝鮮李朝光海君時期木刻本、木活字本及肅宗時期銅活字刻本，其字體皆與朝鮮李朝六鑄甲寅活字字體有關；朝鮮早期活字鑄造受明初社會流行的俗體字影響較大，後雖經過多次改造，草寫、俗寫字仍然較多，韓國現存的三種版本皆導源於朝鮮活字體，草寫、俗字較多，因此只能作爲重要的參校之本。中國系版本，均源自《大典》本，《大典》本雖然時代相對較早，但畢竟是以類書材料形式出現，且從文淵閣本看，草寫、俗寫較多，殿本、東南五省刻本一刻再刻，文字均有了不同程度改變，相對於日、韓藏本，其版本價值又略遜一籌。

舩橋本正文文字，也有與衆本不同之處：有避諱，如《求賢》篇"聖世之君"，"世"作"代"，是避李世民諱，可見其源於唐本。有異文，如《審官》篇"不以一惡忘其善"，"忘"作"去"；"有小力者，不可以責以大功"，"小力"作"劣智"；《崇儉》篇"夫聖代之君，存乎節儉"，"存"作"爲"；《後序》"數有行幸，以承人勞"，"承"作"亟"。舩橋本有訛誤，《納諫》篇"昭公去國而方悟"，"昭"作"桓"；《誡盈》篇"土木衣緹綉而民裋褐不全"，"裋"作"短"；《務農》"莫不禁絶浮華"，"莫不"作"末不"。總體看，較其他傳本問題少。

舩橋本所附注文，時代較早，較有特點。舩橋本注文大約作於宋以前，較朝鮮本、《大典》本所附元初李元鎮注文早 300 餘年。尤其是清原秀賢對注文校勘嚴謹，可糾正正親町本、小野本、寬文本的某些訛誤、脱落。現日本通行的寬文本的底本是江户時代流行的版本，粵雅堂叢書、羅振玉東方學會本都是據寬文本梓行，但其注文訛脱，不如舩橋本校勘完整、準確。如《御製》"公平通遠"，寬文作"道達"，羅校作"通達"，吉田本、小野本作"邇遠"，舩橋本作"通遠"，與《書正義》原書合。《帝範序》舩橋本"毛公曰版，反也"，寬文本訛作"毛公曰叛也"；《尚書·大禹謨》"，寬文本"大禹"誤作"咎繇"，舩橋本正作《大禹謨》。《務農》篇"棄堅就偝"，寬文本注"章義過曰堅"，有脱漏，舩橋本注作"章義奄過曰堅"，補上了"奄"，舩橋本眉注："《謚法》云：'彰義捖過曰堅。'"指明"奄"有"捖"異文。《帝範後序》"是知禍福無門，唯人所召"，寬文本注："《左傳》曰：'禍兮福之所倚，福兮禍之所伏。'"舩橋本注改《左傳》"作"《老子》"，並在眉注中指明原文語句出自"《左傳·襄廿三年》"。

舩橋本與衆本不同者，在天頭上有眉注 38 處，約 3 600 餘字，本次整理亦録入正文。日系本《帝範》原注約 96 處，亦 4 000 餘字，但比較簡略，主要是揭明《帝範》用典的出處，有少量反切注音、釋義。舩橋本眉注比較詳實，首先，對原注進行補充，如《帝範序》"掃欃槍"，原注"妖星也"，補注："《爾雅·釋天》曰：'彗星爲欃槍。'郭璞曰：'亦謂之孛，言其形孛孛似掃彗。'正義曰：'妖變之星，非常所有。'"原注用義界的方式解釋"欃槍"是妖星，舩橋本引《爾雅》、郭注、正義詳細地解釋了"欃槍"名爲彗星及其形狀、性質。其次，原注所無，增加注釋，共 9 處，如《建親》"昔周之興也，割裂山河，分王宗族"，補注引《桓六年傳》、注，駁"王族"非管蔡，引《正義》作"文武周公之子孫，爲二十六國也"，補充了 181字。《崇儉》"是以丹桂抱蠹"，舩橋本補注引"《瑣碎録前集》卷二'月桂花葉常苦虫食，以魚腥水澆之乃止'"補充注釋。

　　本次校勘，彙集了中、日、韓三國現存的一些重要版本，以殿本、蕭宗本對校，同時參校了其他日系本、朝鮮系本和中國《大典》系本。

　　日系參校本主要有寬文八年刻本、元寬本、正親町本、小野保正鈔本、尾張藩明倫堂活字翻刻浙本等。

　　1. 寬文八年刻《帝範》二卷，簡稱"寬文本"

　　日本寬文八年（1668，康熙七年）林和泉據洛人林白水刻本，[1]8 行 17 字，小字雙行同，白口、四周單邊，狩谷掖齋校。此本是江户時代流行之本，後載《帝範》流傳源流，參見前文。

　　參校的寬文本用中國國家圖書館所藏的三部寬文本。三部均鈐"松坡圖書館藏"長方印，有楊守敬校、跋，此爲楊守敬藏本，後歸國圖。三本分別名爲寬文甲本、[2]寬文乙本、[3]寬文丙本，[4]其中寬文甲本有校、有注，較詳細；寬文乙本校文簡略，寬文丙本偶有校文，只是在《帝範序》後有楊氏跋文，約 1 000字，内容與楊氏《日本訪書志》卷五"《帝範》二卷日本舊刊本"跋大致相同，蓋先有寬文丙本跋文，後謄録到《訪書志》中定稿。從版本看，甲本與丙本是同一時期刻本，乙本是後期刷印之本，有剜改痕迹，糾正了甲本丙本的一些訛錯。另外，本次彙校也參考了羅振玉的校勘成果，楊氏、羅氏校語，作爲輔證材料，盡

　　① 　寬文八年《帝範》《臣軌》合刻本後有柳谷散人（也作"山人"）埜子苞父跋稱"洛人林白水新鏤之，梓以欲行于世"。
　　② 　寬文甲本：國家圖書館藏善本書號：03102。
　　③ 　寬文乙本：國家圖書館藏善本書號：03101。
　　④ 　寬文丙本：國家圖書館藏善本書號：03099，内封頁有"克明館文庫"印。

量保留到相應條目的頁下注文中。

2. 明和丁亥四年(1767)阿波源元寬苞卿鈔校本,簡稱"元寬本"

此本藏國家圖書館,上下卷,鈔本1冊,無注。上下卷後題"明和丁亥正月阿波源元寬苞卿謹校",書後署"書林出雲寺發行"。

此本封面題"《帝範》正文",四周雙邊,無界,每半頁9行行18字,版心白口,有句號、訓點、音點。書後有"附考",引《舊唐志》《資治通鑑》《玉海》《元史》,概述《帝範》之作及在中國的流傳,又載日本《三代實錄》卷三十二關於陽成天皇命大江音人撰《弘帝範》之事;又"書帝範後"述校勘《帝範》、删注的緣由(見附錄)。

該本以多本校勘,用"一作×"形式保留了各本異文,經過校對,此本與小野本相同之處較多,而其"一作×"之文多與秀賢本同,是個不錯的版本,只是元寬苞卿認爲注文出自"白面"淺人之手,庸妄無取,而删去了注文,未免遺憾。

3. 國立國會圖書館藏鈔本二卷1冊,簡稱"正親町本"

此鈔本每半頁7行16字,注小字雙行,《帝範序》下鈐"正親町藏"橢圓朱印、"讀杜艸堂"方形朱印。

正親町(1517—1593)爲日本第106代天皇,重視《帝範》的學習,在位期間於永禄二年(1559)命稱名院三條西公條(1487—1563)進講《帝範》,三月二日、六日、十一日、十六日、二十一日、二十五日,在宮中舉行盛大的《帝範》會講,推动了《帝範》在日本的推廣、流傳。

正親町天皇藏本與吉田兼右本關係密切,或者可以説其底本就是清原家藏本。正親町與吉田兼右(1515—1573)爲同時代人,據阿部隆一《〈帝範〉〈臣軌〉源流考》載,正親町本與吉田本底本相同,包括"字裏行間的校語、音義、旁記等全部"相同,其後也有吉田兼右的批注,"略有不同的是添加了一處校語。因此,此本可以與吉田本等同視之"。

此本雖然鈔寫訛誤較多,但亦有可取之處,如《君體》篇"貞明而普照"句"貞明"一詞旁注有"陽成御諱不讀"的訓讀注解;《務農》篇中"則競懷仁義之心"句"懷仁"兩個字上附有"二字御諱"的旁記;《帝範序》"昔隋季版蕩",旁注有"菅本自'隋季'至'八絃'御讀不候";《君體》篇"非慈厚無以懷民",旁注"江家本'慈愛'作'慈厚'";《建親》篇"廣封懿親,過於故制",旁注"江家本'古'作'故','制'一本作今",等等。保留了許多《帝範》在日本流傳的重要信息。

　　另外，日系本參校本還有早稻田大學圖書館藏弘化三年（1846）小野保正摹鈔本卷上一卷，簡稱"小野本"，此本底本爲鐮倉時代高野山鈔本，時代較早。江户末期尾張藩明倫堂活字翻刻浙本，國家圖書館有藏，上鈐"松坡圖書館"印，爲楊守敬藏書；《帝範序》旁有楊守敬書"凡硃書以高野古鈔本校之"，上有校語約 120 處，所校異文又多與舩橋本合，可見，舩橋本也參考了高野山本。

　　韓國現存《帝範》三種，均爲朝鮮李朝時期刊本，相當於我國明末清朝前期，有光海君時期木版本、木活字本、肅宗時期銅活字本。雖然時代稍晚，但其所據底本卻來源較早、較有價值。

　　1. 朝鮮李朝光海君時期木板本，上下卷，1 册，無注文

　　據韓國國立中央圖書館藏本信息：木板本刻於光海君五年（1613），24 張，四周單邊有界，9 行 17 字，注雙行，内向混葉花紋魚尾，刊記：萬曆四十一年（1613）正月日嘉善大夫全羅道觀察使兼巡察使李沖開刊于完山府丁未夏少陵活印，前有世祖李琛《御製序》，後有天順二年戊寅（1458）李克堪跋、崔恒後序。木板本與木活字本均源於天順二年（1458）世祖刻本，也都刻於光海君年間，此木刻本字體雖也是仿甲寅字體，但草寫、俗字相對較少，只是無注文。

　　2. 朝鮮李朝光海君時期木活字本，上下卷，1 册，無注文

　　據首爾大學奎章閣藏本信息可知，此本 23 張，四周雙邊，10 行 18 字，注雙行，上下花紋魚尾，有世祖《御製序》、李克堪跋、崔恒後序，訓練都監字。雖與木版本同源於天順二年刻本，但此本爲木活字印刷，印刷機構爲"訓練都監"。訓練都監大約成立於平壤大捷（1593）之後，在明朝將領幫助下，由朝鮮國王批准成立的主管訓練士兵的機構，後爲籌措軍費，也開始用木活字刻書，其字體亦仿銅活字甲寅字體，大約刻於 1608—1623 年光海君在位期間。此本草寫、俗寫字少於銅活字本，多於木刻本，亦無注文。

　　3. 朝鮮李朝肅宗時期銅活字本，四卷，1 册，簡稱"肅宗本"

　　據韓國學中央研究院藏書閣藏本信息可知，此本全稱《太宗帝範附音注解》，署霸郡李蕭元鎮詳解；左右雙邊，有界，半葉 9 行 17 字，注雙行，内向 3 葉花紋魚尾，前有元至治三年（1323）臨江路儒學教授劉參道存序，述重刻李元鎮注本經過，後列臨江路總管府事趙文炳等司職其事 8 人職銜。

　　此本韓國國立中央圖書館著録"古活字本（戊申字）"，"戊申字"，即四鑄甲寅字，是朝鮮顯宗李棡九年（1663）所鑄的一批銅活字，屬於甲寅字系列，字體

雖不甚美觀,但延續使用了大約一百年,直至英祖(1694—1776)晚期。此本刻於蕭宗(1674—1720 在位)時期,相對於木刻本、木活字本,草寫、俗字較多,有些字體與文淵閣鈔本同。元代大德年間李元鎮注本在中國已經亡佚不存,其後刊刻情況亦不見文獻記載,《大典》本所收注文,未有作者,四庫館臣疑不能明,朝鮮蕭宗刻本重刻元至治三年(1323)臨江府重刻李元鎮注本,爲我們提供了《帝範》注者、在元代刻印的信息,意義重大。

殿本、文淵閣本是清初纂修四庫全書時始從《大典》中輯出再生之本。中國傳本皆爲《大典》本之支裔,又分爲鈔本、刻本兩大系統。鈔本以文淵閣本爲源頭,刻本以武英殿初刻四種本爲濫觴,形成了與日、韓藏本不同的又一傳本系統。

1. 乾隆三十八年(1773)武英殿木刻本,四卷,簡稱“殿本”

今國家圖書館藏乾隆三十八年(1773)武英殿刻本:1 函,1 册,框高 21.2×14 公分,綫裝,四周雙欄,版心白口,單魚尾,中縫上記《帝範》,中記卷次頁次,10 行 21 字。首《帝範序》下鈐“國立北平圖書館藏”方印。次《帝範提要》,後署“乾隆三十八年四月恭校上,總纂官編修臣紀昀、郎中臣陸錫熊、纂修官編修臣林澍蕃”。

此本與文淵閣本同時鈔自《永樂大典》,旋即由武英殿木刻成帙,此本不但成爲《薈要》本、六閣鈔本之底本,還與武英殿木聚珍本一起發往東南五省,“聽其翻刻”,成爲東南五省刻本之底本,可泛稱爲殿本系。殿本與文淵閣本是兩套工作班子,鈔、刻、校分別進行,因此殿本文字與文淵閣本有了很大的不同,多用官刻通行字。

2. 乾隆三十八年(1773)文淵閣四庫全書鈔本,4 卷,簡稱“文淵閣本”

文淵閣本採用事先印好的朱絲欄,每半頁 8 行 21 字,注雙行亦 21 字,四周雙邊,版心白口,單魚尾,中縫有書名卷次,版心記頁次。首頁《帝範提要》上署“詳校官侍讀學士臣沈咸熙、編修臣程嘉謨覆勘、謄錄監生臣董誠”,後署“乾隆三十八年四月恭校上,總纂官臣紀昀臣陸錫熊臣孫士毅、總校官臣陸費墀”。

文淵閣本與殿本是中國傳本現存最早的兩個祖本,文淵閣本鈔成之後便進御、裝訂、貯藏。由於是書手鈔寫完成,或是《大典》鈔寫本如此,草寫、俗寫較多,與蕭宗本多相同,二本關係密切。

3. 乾隆四十二年(1777)摛藻堂《四庫全書薈要》本,簡稱“《薈要》本”

《薈要》本亦爲鈔本,行款格式與文淵閣本同,朱絲欄,半頁 8 行,行 21 字,注文雙行 21。《薈要》本以殿本爲底本，文字書寫與殿本大致相同，但受鈔者書寫習慣影響，也偶有草寫、俗字，如"解"作"觧"、"能"作"**能**"、"顛"作"顚"，等等。

此次校勘《大典》系本還對校了浙本、閩本、粵本、蘇本、《叢書集成初編》本（底本爲閩本）。尤其是發現了《大典》系本以外的明刻本的孑遺，即嘉靖八年（1529）吳郡黄省曾（1490—1540）刻本，其與浙本 83 例異文被吳騫録入了浙本清稿之上，這 83 處異文多與《大典》系、朝鮮系本不同，與日系本更接近，可見，黄刻本應該是與元初李元鎮注本並行的唐宋直系本。

此次整理彙集了中日韓三國藏重要版本近二十種，也調查了中日韓古代典籍徵引情況，適當收入了《貞觀政要》《文苑英華》《戒子通録》《御選古文淵鑑》等徵引成果；查閲了中日韓大量的史書、文人文集、筆記，探尋《帝範》傳播綫索。始以殿本爲底本，後來發現了日韓諸多傳本，於是抽换底本，重新核對比勘，校文中出現的版本幾乎都校過兩遍以上，來來往往數十遍，歷時四年，感想頗多。

首先，本次整理基本上廓清了中日韓三國《帝範》傳本統系、流傳經過、版本特點，爲《帝範》學習、研究指明了道路，提供了便利。通過對三國書志目録、文集筆記、版本序跋、學者校記、現存藏本等的大量調查，探明了《帝範》在三國學習、傳播的大致情況，釐清了三國版本系統，以及各版本流傳、卷帙、文字異同等情況。

其次，本次整理首次彙校了三國《帝範》流傳的重要版本，彙集了現存《帝範》古注、學者校勘成果，爲《帝範》流傳研究提供了豐富的資料，爲中日韓三國漢字比較研究提供了綫索。本次彙校日系版本七種：舩橋本、正親町本、寬文本、元寬本、小野本、江户時期鈔本、尾張藩印活字本等；韓國藏本三種：光海君木板本、光海君木活字、肅宗本；中國傳本九種：殿本、文淵閣本、《薈要》本、浙本、蘇本、閩本、粵本、《叢書集成初編》本、嘉靖本。同時彙集了中日學者的部分校勘成果，有舩橋本眉注，阿部隆一《帝範》校勘記，楊守敬校寬文甲、乙本校語，羅振玉《帝範》校勘記、校議；吳騫録黄省曾本異文；等等。除傳世版本外，我們還對唐以來文獻徵引《帝範》進行了研究，如《貞觀政要》《文苑英華》《戒子通録》《御選古文淵鑑》《淵鑑類函》等，適當收入其徵引異文。

第三，中日韓藏《帝範》傳本異文複雜，尤其寫本，深受漢魏晉唐以來草寫、俗體影響，又各有源流，可爲漢字在漢文化圈國家的傳播研究提供材料。《帝範》在日本流傳主要靠鈔寫、寫本流傳，因此不同時期、不同家傳本文字寫法總有不同，一字有兩三個異文現象較多，也有日本漢字的身影。朝鮮李朝時期的三個傳本字體皆導源於明初以來的朝鮮銅活字，朝鮮所鑄銅活字深受明初社會官鈔字體的影響，後期雖經過多次鑄造，但草寫、俗寫、字模不統一的現象仍然較普遍，手寫字特點濃厚，蕭宗本是其中的典型代表。中國系傳本中之文淵閣本由於鈔自《大典》且手寫，應該説鈔者基本上保留了《大典》字體原貌，但不排除鈔者個人書寫習慣及清初官鈔字體的影響。三國本鈔字同源異流，既有共性，也有各自特點，都可以作漢字書寫、規範研究的重要資料。

第四，本次整理明晰了《帝範》在中日韓三國政治生活中的重要地位，《帝範》作爲帝王學教典，可作爲中華典籍域外傳播研究的重要代表。從筆者目前所見中日韓三國史書、筆記等資料記載看，《帝範》最早傳到日本，落地生根，備受重視，形成以進講爲核心的家學、家本，天皇大臣認真研讀，努力踐行，盛行一千餘年從未間斷，譜寫了精彩壯麗的《帝範》傳播史。《帝範》在中國本土、朝鮮半島的傳播也有可圈可點之處，《帝範》既是帝王修身執政學習的課本，同時也是歷代帝王仿作、續作的楷模，形成了與日本不同的傳播綫路與風景。

本次整理，還有一些問題懸而未決，就是日系傳本中的一些符號没能解讀，比如“附帶紅筆的句號、訓讀點（紀傳點）、音訓合符、四聲清濁點（濁音點）、人名符、墨筆的訓點”，等等，這些符號可能是解讀傳本的重要信息，因整理者該方面知識欠缺而闕如，相信他日必有能者解讀，嘉惠學林。

凡　例

一、本次彙校以日本戰國後期清原秀賢鈔本爲底本，以中日韓重要傳本參校。

二、按《帝範》十二篇順序，先正文，次注文，注文小一號字，注文間用"【】"間隔。依次爲正文、舩橋本原注、舩橋本補注、殿本注等，大致以國別、時代爲次。整理者成果在頁下注中用"按"語表明。

三、清原秀賢鈔本天頭批注3 600餘字，爲補充原書注文作，亦謄録補入注中。諸寬文本中所附楊守敬、羅振玉校語，多爲校版本異文，適當收入彙校中。

四、日本鈔本、朝鮮李朝活字本草寫、俗體較多，多不出注。

五、頁下注文、校語直接使用各版本簡稱。

六、本次整理參用版本如下：

《帝範》二卷，日本國立國會圖書館藏鈔本二卷1册，簡稱"正親町本"。

《帝範》二卷，日本戰國時代末期（1599）清原秀賢（又有稱舩橋秀賢、舟橋秀賢）鈔本，上鈐"舩橋藏書"，簡稱"舩橋本"。

《帝範》二卷，日本寬文八年（1669）刻本，簡稱"寬文本"，中國國家圖書館藏三部，均有楊守敬校語，分別簡稱"楊校甲本""楊校乙本""楊校丙本"。

《帝範》二卷，日本正德五年（1715）清原尚賢轉鈔清原秀賢本。

《帝範》二卷，日本江户時代明和丁亥（1767）年阿波源元寬苞卿鈔校本，簡稱"元寬本"。

《帝範》二卷，日本弘化三年春（1846）小野保正模寫高野山藏古本，存卷上，簡稱"小野本"。

《帝範》二卷，江户時代鈔本，淺草文庫藏，簡稱"淺草文庫本"。

　　《帝範》四卷,韓國藏朝鮮李朝光海君時期木活字本,簡稱“光海君木活字本”。

　　《帝範》四卷,韓國藏朝鮮李朝光海君時期木板本,簡稱“光海君木板本”。

　　《帝範》四卷,韓國藏朝鮮李朝肅宗時期銅活字本,簡稱“肅宗本”。

　　《帝範》四卷,明黄省曾嘉靖刻本(已失傳,83處異文附吳騫校浙刻本清稿中,下文有介紹),簡稱“嘉靖本”。

　　《帝範》四卷,乾隆三十八年武英殿初刻四種本,簡稱“殿本”。

　　《帝範》四卷,文淵閣《四庫全書》本,簡稱“文淵閣本”。

　　《帝範》四卷,《四庫全書薈要》本,簡稱“《薈要》本”。

　　《帝範》四卷,浙江重刻本,簡稱“浙本”。

　　《帝範》四卷,蘇州重刻本,簡稱“蘇本”。

　　《帝範》四卷,福建重刻本,簡稱“閩本”。

　　《帝範》四卷,廣東重刻本,簡稱“粵本”。

帝 範 序①

　　御製②太宗撰《帝範》十二篇，賜皇太子治，③顧謂公主曰：④"飭躬闡政之道，⑤備在其中，⑥朕一旦不諱，更無所言矣。"《尚書·堯典》曰："若稽于古帝堯。"孔穎達曰："帝者，天之一名，所以名帝。帝者，諦也。言天蕩然無心，忘於

　　①　朝鮮系本作"唐太宗帝範序"。
　　②　按，此"御製"內容，今《大典》系本無，然亦見宋代典籍徵引，個別文字略有不同，可見，原本《帝範》應有此文。據宋王溥《唐會要》卷三十六《修撰》有"二十三年(649)正月二十日，太宗撰《帝範》十三篇，賜皇太子，顧謂王公曰'飭躬闡政之道，備在其中矣'"。宋王欽若《册府元龜》卷四十"帝王部""(貞觀)二十二年(648)正月，帝撰《帝範》十二篇，賜皇太子。顧謂王公曰：'飭躬闡政之道，備在其中，一旦不諱，更無所言矣。'"司馬光《資治通鑑》卷一百九十八"唐紀十四"："二十二年春正月己丑，上作《帝範》十二篇，以賜太子。曰君體、建親、求賢、審官、納諫、去讒、戒盈、崇儉、賞罰、務農、閱武、崇文，且曰：'修身治國，備在其中，一旦不諱，更無所言矣。'"日系本(元寬本只存"御製"二字，删去内容)、朝鮮本皆有此"御製"内容。《大典》系本無，可能是《大典》在編纂時删去。
　　③　"治"，正親町本作"顯"，在"御製"文後有一行小字注云："唐書云中宗大和大聖大昭孝皇帝，諱顯，高宗第七子也。"按，李顯爲太宗之孫，李治與武則天所生，"御製"之皇太子當指太宗第九子李治。"顯"爲"顯"俗字，見《宋元以來俗字譜》。作"治"爲清原秀賢以意改，此處當如上注②《唐會要》《册府元龜》及朝鮮本作"賜皇太子，顧謂王公"，爲"顧"字，寬文本作"頋"、小野本作"傾"等皆爲"顧"之形訛字。
　　④　"顧"，原本無，據朝鮮本補。"公主"，朝鮮本等作"王公"，阿部隆一《〈帝範臣軌〉源流考》："也就是説，太宗貞觀二十二年正月(太宗第二年二十三年五十三歲駕崩，享年五十三歲)，爲了規範和落實二十一歲的皇太子李治的將來，撰《帝範》十二篇，親自賜予太子，因此，在那個場合下諸王族也可能陪同在側。"第174頁。
　　⑤　"飭"，正親町本、元寬本作"飾"，《唐會要》作"禔"。按，《説文》："飭，致堅也。"本義整治、整頓。《玉篇·食部》："飭，同飾，俗。""飭"通作"飾"。《説文·示部》："禔，安也。"揚雄《法言·修身》："士何如斯可以禔身？""禔身""飭躬"皆安身、修身之義，二者皆可，從宋元徵引《帝範》及《帝範》諸傳本看，當作"飭"。"飭躬闡政"，宋范祖禹《帝學》卷二引作"修身治國"，王應麟《玉海》卷一二九"'飭躬闡政'一作'修身治國'"，可見宋以前此句《帝範》傳本有兩説。
　　⑥　"備"，正親町本訛作"修"，元寬本作"皆"，淺草文庫本作"俗"，皆爲"備"之訛字。

物我，公平通遠，①舉事審諦，故謂之帝也。”人君與天地合其德。《釋詁》云：“範，法也。”②【蕭宗本】賜皇太子，太子名治，字爲善，太宗第九子，後即位，廟號高宗。顧謂曰：顧，視。謂太子言。“飭躬闡政之道，備在其中。飭，修也。身屈爲躬。闡，明也。以法正民曰政。備，具也。言修身明法之理具在此《帝範》中也。朕朕，我也。天子自稱曰朕。朕，古人皆共稱之，自秦始皇二十六年，專爲天子自稱。一旦不諱，更無言矣。”【殿本】③序，次也，又述也。“曰”者，發語之辭。

　　余聞大德曰生，④【舩橋本補注】天地之大德曰生，施生而不爲，故能常生，故曰大德也。【殿本】《易·繫辭》曰：“天地之大德曰生。”言天地之盛德，在乎生物也。大寶曰位。《易·繫》曰“天地之大德曰生，聖人之大寶曰位”也。【舩橋本補注】聖人之大寶曰位。夫無用則無所寶，有用則有所寶也。無用而常足者，莫妙乎道；有用而弘道者，莫大乎位。故曰聖人之大寶曰位。何以守位？曰仁；何以聚人？曰財。財所以資物生者也，理財、正辭、禁民爲非曰義。天地之大，正義曰：“明聖人同天地之德，廣生萬物之意也。言天地之盛德，在乎常生，故言曰生。若不常生，則德之不大，以其常生萬物，故云大德也。”聖人之大，言聖人大可寶愛者在於位耳，位是有用之地，寶是有用之物。若以居盛位，德廣用無疆，故稱大寶也。何以守位？言聖人何以保守其位，必須仁愛，故言曰仁也。何以聚集人衆？必須財物，故言曰財也。理財正辭，言聖人治理其財，用之有節，正定號令之辭，出之以理，禁約其民爲非僻之事，勿使行惡，是謂之義。義，宜也。言以此行之，而得其宜也。【殿本】《易·繫辭》曰：“聖人之大

---

　　① “通遠”，寬文本作“道達”，羅校作“通達”，正親町本、小野本作“邇遠”。按，《書正義》作“通遠”，“道”“邇”與“通”、“達”與“遠”，皆形近而訛。

　　② 楊校寬文甲本：“唐太宗文武大聖大廣孝皇帝諱世民，高祖次子也。貞觀二十二年（648）春正月作《帝範》十二篇，以教太子治。範，法也。言可以爲帝王之法式，故名之《帝範》。《尚書序》曰：‘典謨誓命之文，凡百篇，示人主以軌範也。’其義同。”

　　③ 朝鮮本、《大典》系本首有“序曰”二字，嘉靖本無“序曰”二字，楊守敬以高野古鈔本校日本活字本云：“凡古書有‘序曰’二字者，皆後人所加。”

　　④ “余”，宋劉清之《戒子通録》（以下簡稱《通録》）收《帝範》作“蓋”，朝鮮本、《大典》系本、《御選古文淵鑑》（以下簡稱《淵鑑》）全篇皆作“朕”，日系本大都作“余”。又，《文苑英華》（以下簡稱“英華”）收入《帝範》前序首字作“朕”，序中皆作“余”，《淵鑑類函》（以下簡稱“類函”）同。蓋自元以來《大典》系本已改作“朕”。又，朝鮮本、《大典》系本首有“序曰”二字，清吳騫以明黃省曾嘉靖己丑（1529）所刻《帝範》校蘇刻本（以下簡稱“嘉靖本”），亦無“序曰”二字。

寶曰位。"言聖人大可寶貴者,在於位耳。寶是重貴之物,貴爲天子,蔑以加矣,故稱大寶也。**辨其上下,樹之君臣,**①【殿本】《曲禮》曰:"君臣上下,非禮不定。"辨,別也。樹,立也。**所以撫育黎元,**【殿本】《封禪文》曰:"受厚福以浸黎元。"撫,慰勉安之也。黎,衆也。漢文帝詔曰:"以全天下元元之民。"師古曰:"元元,善意也。"**陶均庶類,**②【殿本】董仲舒《賢良策》曰:"上之化下,下之從上,猶泥之在鈞,唯甄者之所爲。"鄒陽曰:"獨化陶鈞之上。"師古曰:"陶家謂轉者爲鈞,蓋取周迴調鈞耳。"言聖王制馭天下,亦猶陶人轉鈞也。**自非克明克哲,允文允武,**《尚書·大禹謨》曰:"都,帝德廣運,允聖允神,允武允文。"③【舩橋本補注】明,照臨四方曰明。哲,大智也。正義曰:"益嘆美堯德,曰嗚呼!帝堯之德,廣大運行。乃聖,而無所不通。乃神,而微妙無方。乃武,克定禍亂。乃文,能經緯天地。以此爲大天,顧視而命之,使同有四海之内,爲天下之君。"堯曰:"咨,爾舜,天之歷數在爾躬。"注:"歷數,謂列次也。"正義曰:"言天位之列次當在汝身。"④【殿本】梁武帝立太子詔曰:"今岱宗牢落,天步艱難,淳風猶鬱,黎民未乂,自非克明克哲,允文允武,豈能荷神器之重?嗣龍圖之尊?"克,能也。允,信也。**皇天眷命,**【殿本】《尚書·大禹謨》曰:"皇天眷命,奄有四海,爲天下君。"皇,大也。《毛詩傳》曰:"尊而稱之,則稱皇天。"眷,顧念也。謂天命歸之也。○按⑤注"尊而稱之","稱"當作"君"。**歷數在躬,**⑥【殿本】《論語》:"堯曰:'咨!爾舜,天之歷數在爾躬。'"歷數,天道也。

---

①　"之",《英華》作"其"。"臣",《通録》作"上"。

②　"陶均",朝鮮本、《大典》系、《淵鑑》作"鈞陶"。按:"陶均"當爲"陶鈞","陶鈞"與"鈞陶"義同,《帝範》最初所用,今已無從得知。"類",正親町本作"頖",訛。

③　"大禹謨",正親町本作"咎經",小野本、寬文本作"咎繇",皆非。按,四"允"字,《大典》系本皆作"乃"。

④　"次",原本作"汝",據原書改。

⑤　"按"語爲四庫館臣作,以"○按"作間隔。李元鎮注注音只用"○"間隔。

⑥　"歷",原本作"厤",文淵閣本、殿本、閩本作"歷",《薈要》本正文及注作"厤",粤本正文及注皆作"厤",據《類函》、浙本改。按,《說文》:"厤,治也。""歷,過也。""厤,厤象也。"三字經常混用,據文義,當以"厤"爲正,經典通用"歷"。"厤",同"歷",清代人爲避高宗諱而改用此字,張之洞《輶軒語·敬避字》:"高宗純皇帝廟諱,下一字,《書》'天之厤數在爾躬',用厤字恭代。歷字本從厂、從秝、從止,今從厂、從林、從心。"黃征著《敦煌俗字典》已收"厤""厤"。"歷"是"歷"的俗寫。

言天道在汝身也。**安可以濫握靈圖，** 餘廉反，①進也。《易·繫》曰："河出圖，洛出書。"鄭玄曰：②"《河圖》有九篇也，《洛書》有六篇也。"孔安國曰："《河圖》，則八卦是也。《洛書》則九疇是也。"王肅曰："伏羲受《河圖》畫八卦，③禹受《洛書》作《洪範》也。"**叨臨神器！** ④他勞反，貪也。【殿本】《東都賦》曰："俯協河圖之靈。"故云靈圖乃帝王符應也。老子曰："天下神器，不可爲也，爲者敗之。"韋昭曰："神器，天子璽符服御之物。"亦帝位也。此言握靈圖、臨神器者，必有明哲武文之姿、天命歷數之應。**是以翠嬀薦唐堯之德，** ⑤《龍魚河圖》曰："堯與群臣到翠嬀之淵，大龜負圖授堯。"【殿本】《龍魚河圖》曰："堯時與群賢到翠嬀之川，大龜負圖來投堯，堯敕臣下寫取告瑞應，寫畢，龜還水中。"○嬀，居爲切。⑥**玄圭賜夏禹之功。** ⑦《尚書詮》曰："禹受命，玄珪出，⑧刻曰延壽。"注云："禹功既成，天出玄圭以賜也。"⑨【殿本】《尚書·禹貢》曰："禹錫玄圭，告厥成功。"疏曰："水之功，盡加于四海。以禹功如是，故帝賜以玄色之圭，告其能成天之功。"以玄爲天之色，天謂之玄，故以玄色圭以彰顯之也。**丹字呈祥，** ⑩《尚書中候》曰：⑪"季秋之月，甲子，赤爵銜丹書入于酆，⑫止于昌戶也。"⑬**周開八百之祚。** ⑭【淵鑑】

---

① "廉"，寬文本作"廣"，楊校寬文甲本云："'廣'當作'廉'。"楊校寬文乙本："按，'廣'當作'擴'，鈔本作'廉'，均未詳。"按：注者未以被切字，餘廉、餘廣、餘擴，均切不出正文字的讀音。

② "曰"，正親町本、寬文本多作"云"，下文不再出校。

③ "河圖則八卦是也洛書則九疇是也王肅曰伏羲受"20字，寬文本奪。

④ 楊校寬文甲本云："神器，天子璽符服御之物，亦帝位也。"

⑤ "唐堯"，《英華》《類函》作"陶唐"。按：堯古聲喻母4等，陶古聲定母、喻四歸定，古音同。

⑥ 此處無"○"，但都空二格，據蕭宗本補。

⑦ "玄"，《大典》系本（《薈要》"玄"缺末筆）皆作"元"，蓋避玄燁之諱改字。"圭"，正親町本、小野本、寬文本、元寬本作"珪"。"賜"，《英華》、朝鮮本、《大典》系本作"錫"。按，"錫"爲"賜"之借字。

⑧ "圭"，寬文本作"珪"。

⑨ "注云"，寬文本作"經曰"。《藝文類聚》卷十一"帝王部一"："《尚書璇璣鈐》曰：'禹開龍門，導積石，玄圭出，刻曰延喜玉，受德天賜佩。'下注："禹功既成，天出玄圭以賜之。占者以德佩，禹有治水功，故天佩以玄圭。"

⑩ "字"，日系本作"鳥"，《類函》作"羽"，據朝鮮本、《大典》系本改。楊校、羅振玉校云"鳥"作"字"。

⑪ "候"，寬文甲本、丙本原作"雙"，寬文乙本回改作"候"，楊校寬文甲本云："'雙'恐'候'。"羅校作"候"。

⑫ "銜"，正親町本作"衘"，訛。"丹""于"，寬文本無。

⑬ "昌"下，寬文本有"之"。

⑭ "八"，日系本作"七"，據朝鮮本、中國本改，楊校寬文甲本云："'七'作'八'。"

《吕氏春秋》文王時，赤鳥銜丹書，集於周社。【殿本】《中候感應》云：①"文王受命，有赤雀銜丹書入豐，止於昌户，再拜稽首，受。"八百者，《尚書運期授》引《河圖》曰："蒼帝之治，八百二十歲，②立戊午蔀。"注云"周文王以戊午蔀二十九年受命"，後終八百餘年。開，興也。祚，國祚，又位也。○按：《中候》云："入豐蔀，止于昌户，乃拜稽首，受最。③**素靈表慶，**④《漢書》曰："高祖以亭長送徒驪山，到豐西澤，有大蛇當徑，高祖拔劍斬蛇。有一老嫗哭，人問何哭。嫗曰：'吾子，白帝子也，⑤化爲蛇，當道。今者赤帝子殺之。"【舩橋本補注】師古曰："秦法，十里一亭，亭長者，主亭之吏也。"亭謂留亭行旅宿食之館。高祖及壯爲泗上亭長。應劭曰："秦始皇葬於驪山，故郡國送徒士往作。"《本紀》曰："高祖以亭長爲縣送徒驪山，徒多道亡，自度：比至皆亡之。到豐西澤中亭止，飲，夜皆解縱所送徒曰：'公等皆去，吾亦從此逝矣。'徒中壯士願從者十餘人。高祖被酒夜徑澤中，令一人行前。行前者還報曰：'前有大蛇當徑，願還。'高祖醉曰：'壯士行何畏？'乃前，按劍斬蛇，蛇分爲兩，道開。行數里，醉困卧。後人來至蛇所，有一老嫗夜哭，人問嫗'何哭'，嫗曰：'人殺吾子。'人曰：'嫗子何爲見殺？'嫗曰：'吾子，白帝子也，化爲蛇當道。今者赤帝子斬之，故哭。'人乃以嫗爲不誠，欲笞之，⑥嫗因忽不見。"應劭曰："秦襄公自以居西戎主少昊之神，作西時，祠白帝，少昊金德也。赤帝，堯後，謂漢也。殺之者，明漢當滅秦也。"**漢啓重世之基。**⑦【淵鑑】漢高帝斬蛇，有老嫗哭曰："吾子，白帝子也。今爲赤帝子斬之。"【殿本】《高帝紀》曰："高祖被酒夜行，徑澤中。令一人前行，前者還報曰：'有大蛇當道徑，願還。'高祖醉曰：'壯士何畏？'乃前，拔劍斬蛇，蛇分爲兩，道開。行數里，醉困卧。後人來至蛇所，有一老嫗夜哭。人問：'嫗何哭？'嫗曰：'人殺吾子。'人曰：'嫗子何爲見殺？'曰：'吾子，白帝子也，化爲蛇，當道，

---

① "感應"，《詩·大雅序》正義、《禮記注疏》《玉海》皆作"我應"，《史記正義》作《尚書帝命驗》，《太平御覽》作《尚書中候》。

② "歲"，浙本同，蕭宗本、文淵閣本、閩本、粵本作"嵗"，下同。按：《説文》："嵗，木星也。從步，戌聲。"則作"嵗"訛。

③ "最"，《御覽》作"取"。《藝文類聚》作"寂"，《册府元龜》作"要"。

④ "慶"，《英華》、朝鮮本、《淵鑑》《類函》、《大典》系本作"瑞"。

⑤ "吾"，寬文本作"其"，楊校寬文乙本云："按本書'其'作'吾'。"

⑥ "笞"，今中華書局本《漢書·高帝紀》卷一作"苦"。

⑦ "世"，小野本作"代"，《英華》作"華"。

今者，赤帝子斬之，故哭。'乃以嫗爲不誠，欲苦之，①嫗因忽不見。"今云"素靈"，即白帝子也。重世者，謂前後兩漢二十四帝，共四百年天下也。**由此而觀，②帝王之業，非可以智競，不可以力争者矣。**③【殿本】《王命論》曰："帝王之祚，必有明聖顯懿之德，豐功厚利積累之業。以神器有命，不可以智力求。"④以此詳之，自堯禹周漢以來，興業之君，皆有符命，豈許以智力争奪而得者乎？**昔隋季版蕩，**⑤《詩·大雅·板》曰：⑥"上帝版版，下民卒癉。"毛公曰："版，反也。"⑦鄭玄曰："王爲政，反先王與天之道。"《蕩》詩曰："蕩蕩上帝，下民之辟。"鄭玄曰："蕩蕩，法度廢壞之貌也。⑧"【殿本】"版"，《毛詩》作"板"，凡伯刺厲王詩篇名也，反也，反先王之道也。《蕩》者，召穆公刺厲王詩篇名也。蕩者，言蕩蕩然法度廢壞也。厲王無道，壞滅法度，言蕩蕩然廢壞。今云板蕩，是合二詩之篇名目之也。以隋文創業，綞至煬帝，荒淫暴虐，又過于厲王者矣，故亦曰板蕩耳。**海内分崩。**《論語》曰："邦分崩。"孔安國曰："民有異心曰分，欲去曰崩。"⑨【殿本】《論語》曰："分崩離析。"又《華譚策》曰："臣聞漢末分崩，英雄鼎峙。"言四海之内，分裂崩壞。**先皇以神武之姿，**【殿本】謂高祖也。高祖諱淵，周上柱國李虎之孫，唐公李昞之子也。襲封唐公，始爲太原留守，後受隋禪，改元武德，廟號高祖。言高祖有神明武略之雄姿。**當經綸之會，**《周易·屯卦》曰：⑩"君子以經綸。"正義曰："君子法此屯象有爲之時，以經綸天下。⑪"【殿本】

---

① "苦"，今中華書局本《史記·高祖本紀》卷八作"告"，校勘記："《集解》徐廣曰'一作苦'。《索隱》：《漢書》作苦，謂欲困苦辱之。一本或作'笞'。《説文》云'笞，擊也'。"

② "而觀"，《英華》、朝鮮本、《淵鑑》《大典》系本作"觀之"。

③ "智競不可以"五字，今朝鮮本、《大典》系本、《淵鑑》無。按：房玄齡等著《晉書》，前有唐太宗"制曰"，後有"而天未啓時，寶位猶阻，非可以智競，不可以力争，雖則慶流後昆，而身終於北面矣。"可證原本有此五字，《類函》引亦有此五字，蓋元初李元鎮注時已經脱落。

④ "智"，肅宗本、文淵閣本作"知"。按："智"爲"知"分化字。

⑤ "昔隋季版蕩"，正親町本旁注"昔本自'隋季'至'八絃'御讀不候"。

⑥ "板"，寬文本作"版"。

⑦ "版，反也"，寬文本甲本作"叛也"，寬文乙本剜改作"版"，楊校"版，反"，今傳本作"版版（板板），反也"。

⑧ "也"，寬文本奪。

⑨ "民有異心曰分"，寬文本奪此句，楊校寬文乙本補之。

⑩ "曰"，寬文本作"云"。按：舩橋本作"曰"，寬文本多作"云"，爲行文簡潔，下不再出校。

⑪ "以""天下"，寬文本奪。按：《正義》："經謂經緯，綸謂綱綸，言君子法此屯象有爲之時，以經綸天下，約束於物，故云'君子以經綸'也。"正親町本、小野本無"天下"二字。

《易・屯卦》大象曰："君子以經綸。"解絲棻者，綸之經之，君子經綸以解。屯，難也。凡事有未決，反復思念，亦經綸之象，蓋謂天造草昧之時也。會，猶際也。**斬靈蛇而定王業**，取漢高帝斬蛇以寄明也。**啓金鏡而握天樞**。《鹽鐵論》曰："秦失金鏡，清明之道也。"①《星經》曰："北斗七星，是七政樞機、陰陽之元本也。②魁四星爲旋機，杓三星爲玉衡。③故斗，人君之象，主號令也。魁第一星爲天樞，爲天正星，④主陽德，⑤天子之象也。"【舩橋本補注】《太平御覽》卷七百十七云："《尚書考靈耀》曰：'秦失金鏡，魚目入珠。'注：'金鏡喻明道也。始皇，不韋子，言亂真也。'"【殿本】斬靈蛇者，是借漢祖之事，以喻禎祥也。按：⑥唐諸《志》《籍》，高祖未嘗有斬蛇之事。啓金鏡者，金鏡喻光明之道也。《考靈耀》曰："秦失金鏡，魚目入珠。"注云："金鏡喻明。"高祖當煬帝之賊虐暴陵天下，昏暗至甚也，高祖挽天河、洗甲兵，宇宙妖氛一滌而淨，豈非開光明之道哉！啓，開也。亦猶隋失金鏡，高祖得而啓之也。謂重開清明之道也。天樞，天機。握天樞，猶得天機也。握，持也。○按："秦失金鏡"二句，出《尚書帝命驗》，此作《考靈耀》，似誤。**然猶五岳含氣**，⑦【殿本】五岳，泰、華、衡、崧、恒。泰山者，山之尊，一曰岱宗。岱，始也。宗，長也。萬物之始，陰陽交代，故爲五岳長。王者受命，恒封禪之。華者，變也，萬物成變，由於西方。衡，一名霍，言萬物霍然大也。崧，高也，言高大也。恒，常也，萬物伏北方有常也。五岳含氣，謂鬱而未清也。**三光戢曜**，⑧【殿本】三光，日月星。戢曜，謂隱而不明。**豺狼尚梗**，柯杏反。⑨鄭玄曰："謂梗，御未至。"梗，病也；容也，⑩直也。

---

① 《鹽鐵論》未見此句，唐徐堅《初學記》卷二十五"器用部・鏡第九"："《尚書考靈耀》曰：'秦失金鏡，魚目入珠。'金鏡喻明道也。始皇，呂不韋子，言亂真也。"

② "元"，小野本無。

③ "杓"，小野本作"物"。

④ "正"，寬文本無。

⑤ "主"，寬文本作"至"，非。

⑥ "按"，文淵閣本作"案"。

⑦ "猶"，《英華》、朝鮮本、《大典》系本作"由"。"岳"，《英華》、朝鮮本、《大典》系本作"嶽"。"氣"，元寬本作"氛"。

⑧ "戢"，朝鮮本、《淵鑑》作"緝"。"曜"，《英華》作"耀"。

⑨ "梗"，原作"捘"，據下注及衆本改。"柯"，原作"何"，"何"當爲"柯"之形訛，據《篆隸萬象名義》《玉篇》改，楊校寬文乙本改爲"古杏反"。

⑩ "也"，寬文本無，楊校寬文乙本補。

《方言》云："凡草木刺人者爲梗，①食骨留咽中曰骾也。"【殿本】《文子》曰："所爲立君者，以禁暴亂也。夫養禽獸者，必除豺狼也。"豺狼尚梗，謂群雄相逐，更相吞啖，爲民人害，故喻以爲豺狼也，豺狼能食獸。梗，害也。**風塵未寧。**【殿本】言天下戰爭，四邊之風塵未安息耳。**余以弱冠之年，**②【殿本】《曲禮》曰："二十曰弱冠。"孔氏曰："二十成人，雖加冠，體猶未壯，故曰弱。至二十九通名弱冠。"蓋太宗十八歲興義兵，二十四定天下，故稱弱冠之年。○冠，去聲。**懷慷慨之志，**【殿本】懷，抱也。慷慨，倜儻也。心之所之謂志。**思靖大難，**③**以濟蒼生。**【殿本】思，念也。靖，安也。言思念靖安天下莫大之患難，以救濟下民。○難，奴案反。**躬擐甲冑，**胡慢反。《左傳》曰"擐甲執兵"，杜預曰："擐，貫也，衣甲也。"**親當矢石。**【殿本】前漢薄昭《予淮南厲王書》曰："高帝沐風雨，赴矢石，野戰攻城，身被瘡痍，以爲子孫萬世之業。"躬，身也。擐，被也，被甲冑謂之擐。在身曰甲，在首曰冑。當，牴也。④矢石，謂箭炮也。⑤言身自被擐甲冑，當牴矢石，英果雄勇如此。○擐，胡慣反。**夕對魚麗之陣，**⑥《左傳·桓公五年》曰："爲魚麗之陣，先偏後伍，⑦伍承彌縫。"⑧杜預曰："《司馬法》：'車戰，廿五乘爲偏，以車居前，以伍次之，承偏之隙，⑨而彌縫闕漏也，五人爲伍。此蓋魚麗陣法也。"【舶橋本補注】《左傳正義》⑩曰："《史記》稱齊景公之時，有田穰苴善用兵，景公尊之，位爲大司馬。六國時齊威王放穰苴之法，乃使大夫追論古者司馬兵法，凡一百五十篇，號曰司馬法。"**朝臨鶴翼之圍，**⑪陣名，出《八陣圖》。【殿本】《前漢·陳湯傳》曰："步兵百餘人，夾門魚鱗

---

① 小野本無"木"字。"刺"，原作"剝"，據《方言》《說文》改。
② "余"，朝鮮本、大典本系作"朕"。
③ "靖"，《英華》、朝鮮本、大典本系皆作"靖"。
④ "牴"，肅宗本、浙本、閩本等皆作"抵"，注同。
⑤ "炮"，原作"礮"。"礮"同"礟"，《正字通·石部》："礮，俗作炮。"今"炮"通行，因改。
⑥ "魚麗"，《英華》《類函》同，朝鮮本、《淵鑑》《大典》本系作"魚鱗"。"陣"，寬文本作"陳"，注同。
⑦ "偏"下，小野本無"後"字。
⑧ "伍"，寬文本無。
⑨ "之"，寬文本無。
⑩ "义"，原本脫，此引文見《春秋左傳注疏》卷五。
⑪ "鶴"，寬文本作"鸖"，下同。按：《干祿字書》"鸖"，"鶴"的俗字。嘉靖本、《淵鑑》"鶴翼"作"鵪翼"。

陳。①”師古曰：“言其相接次，形若魚鱗。”《莊子·徐無鬼》曰：“君亦必無盛鶴列于麗譙之間。”注曰：“鶴列，陳兵也。麗譙，高樓也。”魚鱗、鶴翼，皆陳兵之形勢也。**敵無大而必摧，**②**兵何堅而不碎，**③【殿本】兵法曰“小敵之堅，大敵之禽也”。言敵雖强大，必能挫之。兵雖堅固，必能破之。摧，挫也。碎，破也。**剪長鯨**謂殘賊也。**而清四海，**【殿本】剪，削也。削盡凶毒，清淨四海。《爾雅》謂“九夷八狄七戎六蠻謂之四海”。海，晦也，取荒遠冥昧之稱也。鯨，大魚也。《六代論》曰：“掃除凶逆，剪滅鯨鯢。”又《左傳》：“楚子曰：‘古者明王伐不敬，取其鯨鯢而封，以爲大戮。’”杜預曰：“鯨鯢，大魚以吞食小魚者，以喻不義之人也。”**掃欃槍**妖星也。【舩橋本補注】《爾雅·釋天》曰：“彗星爲欃槍。”郭璞曰：“亦謂之孛，言其形孛孛，似掃彗。”正義曰：“妖變之星，非常所有。”**而廓八紘。**《淮南子》曰：“知八紘九野之形埒。”④許叔重曰：“紘，維也。”⑤顏延之《纂要》曰：“九州之外有八埏，⑥八埏之外有八紘，⑦紘方千里之外有八極。”⑧【殿本】欃槍，星名，妖星也。八紘，《淮南子》曰：“九州之外，乃有八寅。八寅之外，乃有八紘。”言掃除去妖星，展廓其八紘也。廓，展也。掃，除也。○欃，初咸反。槍，楚耕反。**既而承慶天潢，**⑨後光反。《漢書·天文志》曰：“天有五潢，潢中有三柱，柱不具，兵起。”【殿本】魏王固表曰：“王孫公子不鏤自雕，非鸑則鳳，分枝若木，疏派天潢。”潢，天河也。謂乘履慶祥，高遠之派流。○潢，音黃。**濫登琁極，**⑩《尚

---

① “陳”，《薈要》本作“陣”。

② “敵”，寬文本、元寬本作“歒”。按，《集韻·錫韻》：“歒，歒赦，小人喜笑皃。”作“歒”爲形似而訛。“無”，原本無，據諸本補。“必”，《英華》、朝鮮本、《淵鑑》《類函》《大典》系本作“不”。

③ “何”，《英華》作“無”。“碎”，《英華》《類函》作“破”。

④ “埒”，寬文本作“○”，楊校寬文甲、乙本作“埒”。

⑤ “許叔重”句，寬文本作“注千里曰紘也”。

⑥ “埏”，寬文本作“地”，下同。

⑦ “之”，寬文本無。

⑧ “之外有八極”五字，寬文本無。顏延之《纂要》在本土宋時既已亡佚，目前僅《北堂書鈔》《文選注》《周禮注疏》《初學記》《太平御覽》《册府元龜》等唐代宋初的幾部文獻微引，寬文本所引中國文獻未見。《見在目》“雜家”類有“《纂要》一（卷），戴安道撰，又云顏延之撰”，則寬文注所引當爲流傳於日本的《纂要》。

⑨ “既而”，朝鮮本、《大典》系本無。“承”，《淵鑑》、殿本作“乘”，楊校寬文甲本云：“㳱，一本作‘乘’。”楊以高野本校日本活字本云：“‘乘’字訛。”《英華》作“既承佑”，《類函》作“既而承佑”。

⑩ “濫登琁極”，《英華》《類函》作“澄清璇極”，朝鮮本、《淵鑑》《大典》系本作“登暉璇極”，按：“琁”，《集韻·仙韻》：“璿，或作璇、琁。”

書》孔安國注曰："琁者，琁機也。①王者正天文器也。"極者，地極也。②【殿本】梁簡文帝《謝爲皇太子表》曰："臣以毓慶雲霄，憑暉璇極。"璇極，謂寶位也。登，升也。暉，顯也。○按：上二句《文苑英華》作"既承祐天潢，澄清璇極"。**襲重光之永業**，《周易·離卦》象曰："明兩作，離，大人以繼明，照于四方。③"王弼曰："明照相繼，不絕曠也。④"正義曰："離爲日，日爲明，是積聚兩明，⑤乃作於離，若明不續繼，則不得久爲照臨也。"**繼寶籙之隆基**。⑥君位也，事録帝王之圖讖。⑦【殿本】《易·離卦》大象曰："明兩作離，大人以繼明，照于四方。"鄭康成曰："作，起也。"明明相繼而起，大人重光之象，堯舜禹文武之盛也。又，崔豹《古今注》曰："明帝時爲太子，樂府辭云：'日重光，月重輪，山重暉，海重潤。'重光是太子之事也。"已上皆太宗自敘本末，謂險阻艱難備嘗之矣。方始正儲宮，繼登寶位。○按：大寶，《文苑英華》作"寶籙"。注"山"當作"星"。⑧**戰戰兢兢，恐懼也，戒慎也。⑨若臨深御朽。**⑩《尚書》曰："凜乎，若以朽索馭六馬。爲人上者，奈何不敬也？"【殿本】《詩·小雅》云："戰戰兢兢，如臨深淵。"《書·五子之歌》曰："懍乎若朽索之馭六馬。"言我雖功業如此，自即位以來，猶常恐懼戒慎，如臨淵馭朽耳。太宗可謂居安慮危、善守成者也。**日慎一日，思善始而令終。**⑪【殿本】言我一日戒謹加如一日，惟恐不得盡善始終之美也。**汝以幼年，偏鍾**燭恭反，聚也。⑫**慈愛，**【殿本】汝，爾也。鍾，聚也。謂太子以少年獨鍾於父母之慈愛。**義方**《春秋·隱公三年》曰："石碏曰：'臣聞，愛子教

---

① 楊校寬文乙本云："'琁者，琁機也'五字，考在《尚書》之上。"

② "地"，寬文本作"孔"，楊校寬文甲本云："'孔'恐'北'。"楊校寬文乙本云："'孔'可疑。皇一作'地'。"正親町本作"地極"，小野本無"孔"字。

③ "于"，寬文本作"下"，訛。

④ "也"，寬文本無。

⑤ "是"，寬文本無。

⑥ "寶籙"，朝鮮本、《淵鑑》《大典》系本作"大寶"，楊校寬文甲本云"寶籙，原本作大寶"。

⑦ "録"，寬文本"籙"。

⑧ "山"下，文淵閣本有"字"字。

⑨ 此注文，原本、正親町本無，據寬文本、小野本補。

⑩ "御"，《英華》《玉海》《類函》作"馭"。

⑪ "思"，《英華》《玉海》《類函》作"冀"。

⑫ "聚"，小野本、寬文甲本、丙本作"取"，寬文乙本回改作"聚"，楊校云"按'取'當'聚'"。

之以義方，①弗納於邪也。’”**多闕，**【殿本】《左傳》曰："教之以義方。"義，宜也。裁置事物合宜謂之義。②方，正也。**庭訓有乖。**【殿本】《論語》："孔子嘗獨立，鯉趨而過庭，曰：‘不學詩，無以言。不學禮，無以立。’鯉退而學詩、學禮。"此庭訓之道也。乖，違也。言於此庭訓之多有闕違。**擢自維城之居，**《詩·大雅·板》曰：③"懷德維寧，宗子維城。"注曰："懷，和也。和女德，無行酷虐之政，以安女國，④以是爲宗子之城，使免於難也。"⑤【殿本】《詩》云："懷德惟寧，宗子維城。"維城，藩障也。蓋太子始封於晉。**屬以少陽之任，**⑥【淵鑑】謂高宗以晉王立爲太子。【殿本】梁簡文帝《上昭明太子箋》曰："正少陽之位，主承祧之責。"少陽，東方也。天子居正陽，故太子居少陽也。晉王於貞觀七年遙領并州都督。十七年，太子承乾廢，而魏王泰次當立，亦以罪黜，乃立治爲皇太子，故曰"擢自維城之居，屬以少陽之任"也。任，位也。**未辨君臣之禮節，**⑦【殿本】《左傳》曰："君臣有禮。"《禮記》曰："禮不踰節。"**不知稼穡之艱難。**《尚書注》曰："稼穡者，農夫之艱難事，先知之，乃謀逸豫，則知小人之所依怙。⑧"【殿本】《尚書·無逸》曰："厥子乃不知稼穡之艱難。"種曰稼，斂曰穡。此言太子生長深宮，安能知民之疾苦，故以此儆之也。**余每思此爲憂，**⑨**未嘗不廢寢忘食。**【殿本】太宗言我嘗以此爲憂懼，寢不安席，食不甘味。**自軒昊已降，**⑩**迄至周隋，**⑪【殿本】軒昊者，三皇五帝也。其詳注見於《納諫》篇。此言上自三五，⑫下至于今。**經天緯地之君，**⑬**纂業承基之主，**

---

① "以義"，小野本無。
② "裁置事物合宜"，肅宗本作"裁制事合宜"，"置"作"制"，脱"物"字。《君體》篇"傾己勤勞以行德義"下注"裁制事物合宜"，當以此爲是。
③ "雅"下，寬文本有"之"字。
④ "和女德，無行酷虐之政，以安女國"13字，寬文本作"德，無行酷虛以安國"。
⑤ "使"，寬文本無。
⑥ "陽"，《英華》作"年"。"任"，《英華》作"位"。
⑦ "節"，《類函》作"度"。
⑧ "則"，羅校本作"不"，無"之"字。"小人"，寬文本作"民"。"怙"下，寬文本有"之也"字。
⑨ "余"，朝鮮本、《大典》系本作"朕"。"每"下，寬文本脱"思"字，楊校寬文乙本補"思"字。
⑩ "自"上，《英華》《類函》有"今"字。"已"，《英華》作"以"。
⑪ "至"，《英華》作"于"。
⑫ "自"，文淵閣本作"言"。
⑬ "經"上，朝鮮本、《淵鑑》《大典》系本有"以"字。

興亡治亂，其道焕焉。①【殿本】荀悦《漢紀序》曰："昔在上聖，惟建皇極，經緯天地，觀象立法。"經緯，開創者也。纂承，守成者也。縱曰經，橫曰緯。又南北爲經，東西爲緯。言於中興亡治亂之道，焕然明白可見者。○按：注引荀悦語，乃《漢紀·高帝紀序》，非《漢紀序》文。**所以披鏡前踪，博採史籍，**②**聚其要言，以爲近誡云尔。**③【殿本】言我是以開明前古君臣興亡治亂之實迹，廣觀經史傳籍，採酌其要領可法之格言，以爲切近之鑑戒者矣。○按："覽"，《文苑英華》作"採"。

---

① "焉"，《英華》《類函》作"然"。

② "採"，朝鮮本、《淵鑑》《大典》系本作"覽"。

③ "尔"，元寬本作"爾"，朝鮮本、《大典》系本作"耳"。

帝　範　上

【殿本】帝者，天之一名。以形體謂之天，以主宰謂之帝。帝者，諦也。言天蕩然無心，忘于物我，公平通遠，舉事審諦，故謂之帝。又曰：察道者帝。又，三皇五帝，三王或曰帝。既天之一名，而以三皇居先，是優於帝而過於天耶？曰：三皇不能過天，但優於帝矣。何以爲優？以遂同天之名，以爲優劣耳。何則？以五帝有爲而同天，三皇無爲而同天，以有爲無爲，故知三皇優也。或曰：三王抑劣於帝乎？曰：三王雖實聖人，但内同天而外隨時運，不得盡其聖用，逐迹爲名，故謂之爲王也。《禮運》曰"大道之行，天下爲公"，即帝也。"大道既隱，各親其親"，即王也。三王亦順帝之則而不盡，故不得名帝。然天之與帝，義爲一也，故繼天則謂之天子，其號謂之帝。總三而論之，以帝得其中正矣。皇者，天也，美也。王者，大也。天地人，以一貫三爲王天下所法也。○王，按《左氏傳》並音于況反；○範，法也，言可以爲帝王之法式，故名之《帝範》。以漢孔安國《尚書序》曰："典、謨、訓、誥、誓、命之文，凡百篇，示人主以軌範也。"其義同。

君體篇①

【殿本】②君，《白虎通》曰："君者，群也。群下所歸心。"又荀卿曰："君者，儀也。民者，影也。儀正則影正。君者，盤也，民者，水也，盤圓則水圓。君者，

---

① 朝鮮本、《大典》系本篇題皆作"XX第X"，如此篇"君體第一"；楊以高野本校日活字本云"第X"皆作"篇"，則日系鈔本皆作"XX篇"。

② 蕭宗本、《大典》系本每篇首皆有注者解題。

源也,源清則流清,源濁則流濁。"《左傳》云:"慶賞刑威曰君。"①體者,治體也。君之所治體勢、規模。第者,次第也。一者,數之始也,萬物得一以生。老子曰:"聖人抱一爲天下式。"故"君體"爲第一也。○按《荀子》無"民者,影也""民者,水也"二語。又君者,源也。作君者,人之源也。

　　夫【殿本】夫,②音扶,語辭,後放此。**民者,**③**國之先。**【殿本】《易》曰:"有天地然後有萬物,有萬物然後有男女,有男女然後有夫婦,有夫婦然後有父子,有父子然後有君臣,有君臣然後有上下,有上下然後禮義有所錯。"故《大學》曰:"有人此有土。"所以人者,國之先也。先者,前也。凡在前者謂之先。**國者,君之本。**④【殿本】國者,域也。域者,居也,人民所聚居。欲爲君者,能以德和民,民人樂爲之用,乃可以爲國。苟不以德和民,⑤人民離散而不附,雖欲爲君,得乎? 故聖人云:"得衆則得國,失衆則失國。"所以國者,君之本也。**人主**【殿本】主,即君也,領也。主領庶衆。**之體,**⑥**如山岳焉,高峻而不動。**【殿本】東漢《仲長統傳》曰:"德重如山岳。"山者,謂四鎮,山之重大者也。揚州之會稽山、青州之沂山、幽州之醫無閭山、冀州之霍山。岳,謂五岳,泰、華、衡、嵩、恒也。詳見前序注。言人君之體當如山岳之尊崇,巍然鎮静,故云不動。**如日月焉,貞明而普照。**⑦《易·繫》曰:"日月之道,貞明者也。"⑧王弼曰:"貞者,正也,一也。"孔穎達曰:"日月照臨之道,以貞正得一而爲明也。"【殿本】《易》曰:"日月之道,貞明者也。"言若日月正一自然之明,

---

　　①　"刑",閩本、粵本訛作"形"。

　　②　楊校寬文甲本:"夫發語詞,人君之治天下國家以民爲第一,以民爲專一肝要,民惟國之本,本固邦寧","夫字在句首者,乃發語之端"。

　　③　凡"民"字,朝鮮本、《大典》系本及其諸重刻之本皆作"人"。此句元吳萊《吳文正集》作"夫民乃國之本,國乃君之體"。楊校寬文甲本云:"一本民作人""凡爲人君之治天下國家也,以民爲第一簡要,乃以民專一肝要也。非民無樹藝五穀、生貨財以養君,故民國之先也。人君之治天下國家以民爲第一。"

　　④　楊校寬文甲本:"有君而無此國土,乃無民、無禄,故國君之所本也。"

　　⑤　"苟",閩本、粵本訛作"荀"。

　　⑥　"主",嘉靖本作"君"。

　　⑦　"貞",《吳文正集》作"圓"。正親町本"貞明"旁注"陽成御諱不讀",按,陽成天皇(868—949),日本第57代天皇,字貞明,由正親町本旁注可知,陽成天皇時代曾進講《帝範》。楊校寬文甲本:"人主下位在萬民上,無偏無黨,王道平平。"

　　⑧　"也",寬文本無,楊校寬文甲、乙本補"也"字。

晝夜更迭不息，於至高至極之上，普遍照爥在下之萬物，自然貞一無私向者，唯日月焉。人君照臨萬方之衆務，故取法日月貞明之象耳。貞，正也。**億兆之所瞻仰，**①【殿本】十萬曰億，十億曰兆。庶，衆也。凡人君有動作，兆億庶衆咸瞻仰以爲則，而行之也。**天下之所歸往。**②【殿本】《易乾鑿度》曰："王者天下所歸。"四海之內曰天下。《孟子》曰："伯夷辟紂，居北海之濱，聞文王作興，曰：'盍歸乎來？吾聞西伯善養老者。'太公辟紂，居東海之濱，聞文王作興，曰：'盍歸乎來？吾聞西伯善養老者。'二老者，天下之大老也，而歸之，是天下之父歸之也。天下之父歸之，其子焉往？"此二者歸往之明效焉，故太宗曉之。**寬大其志，**③**足以兼包；**④【殿本】志，心之所之也。人君之志，當寬裕廣大，與天地同德，包括其區宇，涵容庶物。**平正其心，足以制斷。**【殿本】《大學》曰："所謂修身，在正其心者。心有所忿懥，則不得其正。有所好樂，則不得其正。有所憂患，則不得其正。有所恐懼，則不得其正。"此言人君心不平正，則是非不明。心若平正，則是非明矣。以此制斷，事事物物自得其宜矣。**非威德無以致遠，**⑤【殿本】班固《典引》曰："威靈行於鬼區。"注云："鬼區，遠方也。"威德者，非窮兵黷武、慘酷之暴，乃應天順民，以征不義，故能令行禁止，天下畏服，無遠而不至也。**非慈厚無以懷民。**【殿本】孔子曰："慈可以服衆。"又《書》曰："安人則惠，黎民懷之。"慈、惠，愛也。懷、安，保也。謂王者撫綏兆民，若非慈愛廣厚，則成小惠。故云"非慈厚無以懷人"。**撫九族以仁，**⑥《左傳·桓六年》杜曰：⑦"父族四，五屬之內爲一族，父女昆弟適人者與其子爲一

---

① "億兆"，《吳文正集》、蕭宗本、《大典》系本作"兆庶"。楊校寬文甲本云："萬萬云億，萬億云兆。原本'億兆'作'兆庶'。"

② "往"，《吳文正集》作"仰"。

③ "志"，小野本脱。

④ "包"，元寬本、寬文本作"苞"。

⑤ 楊校寬文甲本云："中國之外，四夷之國，如此使彼服從，以威之民，德威彼也，以威力乃不彼服，是故以威之德來之也。""致遠，中國外四夷歸服于我，至來之意也。"

⑥ 楊校寬文甲本云："(慈厚)仁愛之厚君""撫，育也。"《左傳·桓公六年》注：'九族謂外祖父、外祖母、從母子及妻父、妻母、姑之子、姊妹之子、女子之子，非己之同族，皆外親有服而異族者也。言非父之族，母之類也。'《尚書·堯典》：'克明俊德，以親九族。'"

⑦ "杜"，杜預，此當爲孔穎達疏文，孔穎達疏引《尚書》歐陽説"九族"事。楊校寬文乙本"杜"作"疏"。

族，①己女昆弟適人者與其子爲一族，己之女子子適人者與其子爲一族。②母族三，③母之父姓爲一族，母之母姓爲一族，④母女昆弟適人者與其子爲一族。⑤妻族二，妻之父姓爲一族，妻之母姓爲一族。"【舩橋本補注】杜注云："九族，謂外祖父、外祖母、從母子及妻父妻母、姑之子、姊妹之子、女子之子，並己之同族，皆外親有服而異族者也。"【殿本】《虞書·堯典》曰：⑥"克明俊德，以親九族。"歐陽、夏侯氏謂："九族者，父族四：五屬之内爲一族，父女昆弟適人者與其子爲一族，己女昆弟適人者與其子爲一族，己之子適人者與其子爲一族。母族三：母之父姓爲一族，母之母姓爲一族，母之昆弟適人者爲一族。妻族二：妻之父姓爲一族，妻之母姓爲一族。"又，唐孔氏説："九族者，上從高祖，下至元孫，凡九族皆爲同姓。"二説不同，故並存之。太宗言此九族之親，長者安之，少者懷之，愛之，勿可驕慢。驕慢則離而相怨矣。自天子至于庶人，惟九族不可不撫愛。《詩》曰："綿綿葛藟，在河之滸。終遠兄弟，謂他人父。謂他人父，終莫我顧。"此刺平王失禮于親戚也，可不誡哉！**接大臣以禮。**【殿本】《論語》曰："君使臣以禮。"《中庸》曰："敬大臣也，體群臣也。"又曰："敬大臣則不眩，⑦體群臣則士之報禮重。"**奉先思孝，**⑧【殿本】《尚書·太甲》曰"奉先思孝"，以念祖德爲孝。⑨先，祖先也。《中庸》曰："善繼人之志，善述人之事者也。"○奉，父勇切。**處後思恭。**⑩【殿本】《太甲》篇曰"接下思恭"，"以不驕慢爲恭"。⑪下，臣下也。○處，上聲。**傾己勤勞，**⑫**以行德義。**【殿本】傾，猶抑也。

---

① "女"，原作"母"，楊校、羅校回改作"女"。

② "己"，原本脱；"女子子"，原本、小野本作"子女"，楊校寬文甲、乙本均回改。

③ "三"上，原文、小野本衍"之"字。

④ "之"，寬文本無。

⑤ "與其子"，寬文本無，楊校寬文甲本云："'者'字下脱'與其子'之三字。"

⑥ "虞"，蕭宗本作"尚"，文淵閣本作"商"。

⑦ "眩"，《大典》系本皆闕末筆，避玄燁之"玄"的同音字。

⑧ 楊校寬文甲本云："事先祖之神靈，不忘孝，加敬禮在，'祭如在，祭神神如在'。"

⑨ 此孔傳文。

⑩ "後"，《吳文正集》、朝鮮本作"位"，楊校"後，一本作位"，并云："我身乃父母之遺體，行不義，毀身體髮膚，辱父母之令名，故處後能思恭。"

⑪ 此孔傳文。

⑫ "傾"，《吳文正集》作"側"。楊校寬文甲本云："傾心天下萬民，身成於辛苦勞倦之事，民知艱難，行德專義，是天下億兆之上爲君之體也。"

己，我也。即虚己之義。不以我爲尊，不以我爲貴，不以我爲才，不以我爲智，當以孜孜不倦於德義耳。勤，孜孜也。勞，事功曰勞。德者，得也。得之於道之謂德。義，事之宜也。裁制事物合宜之謂義。**此爲君之體也。**①【殿本】言若能行此，是乃爲君之大體矣。

建親篇

【殿本】《左傳》曰："封建親戚，以藩屏周室，親骨肉也。"言有天下者，宜樹立藩鎮，骨肉分置之於内外，以相與維持，庶無孤削單弱之患。夫水之無本，縱築而亦涸。木之無柢，縱溉而亦焦。大廈將興，資衆材而後可成千間之廣。大鵬將騫，藉短羽而後可揚萬里之遠。人君欲爲國、享萬世無疆之休者，豈可獨立任其智力者乎？《左傳》曰："葛藟猶能庇其本根，故君子以爲比，況國君乎？"固宜建親。建親之道，不特骨肉之謂也。至如賢德、忠純、明哲、通才之君子，建而親之，孰曰不可？

夫六合曠道，【殿本】六合，謂天地四方之對。曠，遠也。道猶路也。言天地四方是曠遠至廣至大之道耳。**大寶重任。**【殿本】天子大寶，是至極至尊之位也。重，極也。**曠道不可以偏制，**②**故與人共治之。**③**重任不可以獨居，**④**故與人共守之。**【殿本】《五等諸侯論》曰："夫先王知帝業至重，天下至曠。曠不可以偏制，重不可以獨任。任重必於借力，制曠終乎因人。故設官分職，所以輕其任也。並建五長，所以宏其制也。"又，《六代論》曰："先王知獨治之不能久，故與人共治之。知獨守之不能固，故與人共守之。"所以項羽自任而亡，沛公任人而興。太宗雍容，慶享貞觀之至治，用是理矣。**是以封建親戚，以爲藩衛，**【殿本】《傳》曰："封建親戚，以藩屏周室。"**安危同力，盛衰一心。**⑤【殿本】《書》曰："乃一德一心，立定厥功，惟克永世。"言同心同德立功，則能長世安民也。**遠近相持，親疏兩用。**【殿本】郭伋諫光武曰：

---

①　"爲"，朝鮮本、《大典》系本作"乃"。

②　"以"，文淵閣本、殿本無。

③　"治"，朝鮮本、《大典》系本作"理"，蓋此本避高宗李治諱，楊校寬文甲本亦云："一本'治'作'理'。"

④　"以"，朝鮮本、《大典》系本無。

⑤　"心"，嘉靖本作"運"。

“無專用南陽人。”**則并兼路塞，**①**逆節不生。**【殿本】《六代論》曰：“并兼路塞，逆節不生。”并兼，謂交相侵劫。逆節，謂不尊王命也。如是，所以尚其分封裂建親戚以爲藩籬，衛尉之。其盛也，一其心而養之。其衰也，一其心而救之。如此遠近各能維固，更加親疏兼任，縱然有并兼之門路，亦可閉之而不能開矣。縱然有悖逆之隙節，亦可以沮過而不得長矣。○按：②注“所以尚其”至“衛尉之”一句，疑有脱誤。**昔周之興也，**③**割裂山河，分王宗族。**【舩橋本補注】《桓六年傳》曰：“周公弔二叔之不咸，故封建親戚以蕃屏周。④”注：“咸，同。”二叔，夏殷後云云，管蔡云云，非也。正（義）曰：“文武周公之子孫，爲二十六國也。此二十六国，武王克商之後，下及成康之世，乃可封建畢矣，非盡周公所爲。周公爲輔，又攝政制禮，成一代大法，雖非悉周公所爲，皆是周公之法，故歸之周公耳。”同傳曰：“管蔡郕霍魯衛毛聃郜雍曹滕原酆郇，文之昭也。”注：“十六國皆文王子也。⑤”“邘晉應韓，武之穆也”，注：“四國皆武王子。”“凡蔣邢茅胙祭，周公之胤也”。以上二十六國。【殿本】武王既定天下，封武王弟振鐸于曹，封太師呂望于齊，餘皆有封。**内有晉鄭之輔，**《左傳·僖廿四年》曰：“王將以狄伐鄭。富辰諫曰：‘不可。兄弟雖有少忿，⑥不廢懿親。⑦鄭有平惠之勳。’”杜預曰：“平王東遷，晉鄭是依。⑧惠王出奔，虢鄭納之，是其勳也。”【殿本】晉，始以唐名。成王母弟叔虞封於此。其地有晉水，叔虞之子燮父改之，故號晉。鄭，始以宣王母弟桓公友封於鄭。輔，助也。**外有魯衛之虞。**《論語》曰：⑨“魯衛之政，如兄弟也。⑩”鄭玄注云：“魯，周公之封。衛，康叔封。⑪周

---

① “則”，朝鮮本、《大典》系本無，楊校寬文乙本云“一本無‘則’字。”
② “按”，文淵閣本作“案”。
③ “昔”，小野本無。
④ 此事見“僖公廿四年”，非《桓六年傳》。
⑤ 上文僅列十五國，《左傳》於“滕”下“原”上有“畢”。姬高，周文王第十五子，武王封於畢，史稱畢公高。
⑥ “少”，寬文本作“小”。“忿”，小野本作“怨”。
⑦ “廢懿”，小野本倒作“懿廢”。
⑧ “依”，寬文本作“輔”，楊校寬文本：“‘輔’，《左傳》作‘依’。”
⑨ “曰”上，寬文本有“孔子”二字。
⑩ “也”，寬文本無。
⑪ 楊校寬文甲、乙本及羅校“封”上增“之”字，今邢昺疏引此句，未言爲鄭玄注，鄭玄《論語注》亡於宋，則寬文本注者見過鄭玄注本。

公、康叔既爲兄弟。"【殿本】衛者,周公既誅管蔡,封其弟康叔,號孟侯。魯者,周公子伯禽封於魯。虞,防也。**故卜祚靈長,歷年數百。**【殿本】《左傳》:王孫滿曰:"成王定鼎于郟鄏,卜世三十,卜年七百。"故曰卜祚靈長也。此謂周之所以興者,爲封建親戚也。**秦之季也,**①【殿本】季猶末也。**棄淳于之策,**②【舩橋本補注】《史記·秦始皇本紀》云:"三十四年,置酒咸陽宮,博士七十人前爲壽。博士淳于越進曰:'臣聞殷周之王千歲,封子弟功臣,自爲枝輔,今陛下有海內,而子弟匹夫,卒有田常六卿之臣,無輔弼,何以相救哉?事不師古而能長久者,非所聞也。'始皇下其議。丞相李斯奏曰:'今陛下建萬世之功,固非愚儒所知也。且越言乃三代之事,何足法也?今天下已定,法令出一。今諸生不師今而道古,惑亂當世,以迷黔首,以非上之所建立,禁之便,臣請非《秦記》皆燒之,天下敢有藏《詩》《書》、百家語者,悉詣守尉雜燒之。有敢偶語《詩》《書》者,棄市。所不去者,醫藥、卜筮、種樹之書,若欲有學法令,以吏爲師。'制曰'可'。"【殿本】《秦紀》:"始皇三十四年,置酒咸陽宮,博士僕射周青臣等頌稱始皇威德。齊人淳于越進諫曰:'臣聞之,殷、周之王千餘歲,封子弟功臣,自爲支輔。今陛下有海內,而子弟爲匹夫,卒有田常、六卿之臣,無輔弼,何以救哉?事不師古而能長久者,非所聞也。今青臣等又面諛以重陛下過,非忠臣也。'始皇下其議丞相,丞相謬其說,絀其辭。"**納李斯之謀。**【殿本】丞相李斯《破議淳于策》曰:"周文、武所封子弟同姓甚衆,然後屬疏遠,相攻擊如仇讎,諸侯更相誅伐,周天子弗能禁。"始皇竟從其議。○按:李斯議乃駁丞相綰等,非爲淳于越言。"破"字,亦疑誤。**不親其親,獨智其智,**【殿本】《中庸》曰:"愚而好自用,賤而好自專。生乎今之世,反古之道。如此者,災及其身者也。"又,《列子》曰:"治國之難,在于知賢,而不在自賢。"《書》曰"自用則小"是也。**顚覆莫持,**③**二代而亡。**④【殿本】始皇至胡亥纔二世耳。顚,頽也。覆,敗也。此謂秦之所以亡者,爲分置郡縣也。○覆,方福切。**斯豈非枝葉扶疏,**⑤**則根柢難拔,**【殿本】《晉紀總論》曰:"基廣則難傾,根深則難拔。"夫根本鞏固,

① "也",寬文本無,楊校寬文甲、乙本補。
② 楊校寬文甲本云:"《史記·李斯傳》齊人淳于越諫封子弟功臣。"
③ "持",朝鮮本、《大典》系本作"恃"。
④ "代",小野本同,他皆作"世"。
⑤ "扶",朝鮮本、《大典》系本作"不",楊以高野本校曰活字本云:"'不'字訛。"

枝葉榮茂。不疏者，榮茂也。既枝葉榮茂，是根本鞏固矣。既根本鞏固，則未易提拔也。○柢，都禮切，本也。**股肱既隕，則心腹無依者哉！**【殿本】《書》曰："元首明哉，股肱良哉，庶事康哉！元首叢脞哉，股肱惰哉，萬事墮哉！"君者，元體也。臣者，股肱也。君之有臣，譬人之一身有手臂也。凡欲有爲，必資手臂以運用。手臂既傷，雖心腹欲有爲，無所倚藉也。何能運用哉？故曰"股肱既殞，則心腹無依"。殞，傷也。○墮，許規反。**漢祖初定關中，**①【殿本】謂漢高帝。**戒亡秦之失策，**②【殿本】秦以孤立而亡，故云失策。**廣封懿親，**【殿本】高祖初定天下，因秦之失，大封懿親。以帝從父兄劉賈封爲荆王，以從祖兄弟劉澤封爲燕王，兄劉仲爲代王，同父少弟劉交爲楚王。凡同姓爲王者九國。**過於古制。**③【殿本】周封爵五等：公、侯、伯、子、男。公，地方五百里。其次侯，四百里。其次伯，三百里。其次子，二百里。其次男，百里。其分封之古制也。**大則專都偶國，小則跨郡連州。**【殿本】《漢紀》："自雁門、太原以東，至遼陽，爲燕、代國。常山以南、太行左轉，度河、濟、阿、甄以東，薄海爲齊、趙國。自陳以西，南至九疑，東帶江、淮、穀、泗，薄會稽，爲梁、楚、吳、淮南、長沙國，皆外接於胡越。內地北距山以東盡諸侯地，大者或五六郡，連城數十，置百官、宮觀，僭於天子。漢獨有三河、東郡、潁川、南陽，自江陵以西至蜀北，自雲中至隴西，與內史凡十五郡而已。"《左傳》曰："嬖子配適大都偶國，亂之本也。"又《坊記》曰："故制：國不過千乘，都城不過百雉，家富不過百乘。以此坊民，諸侯猶有畔者。"況以如此過制，寧有不亂乎？○適，音嫡。○按：注《漢紀》當作《史記》。**末大則危，尾大難掉。**【殿本】《左傳》曰："末大必折，尾大不掉。"此謂諸侯地廣而强，帝室弱而見侵，如末大根小必折，尾大身小難掉。且尾在于身者也，欲掉之尚猶不從其心，況諸侯强盛，且非己體之尾，何掉哉？謂難以禁止也。○掉，徒弔切。**六王懷叛逆之志，**韓魏燕趙齊楚等王。【殿本】六王謂楚王戊、趙王遂、膠西王卬、濟南王辟光、淄川王賢、膠東王雄渠，

---

① "漢"下，朝鮮本、《大典》系本無"祖"字。

② "戒"，朝鮮本、《大典》系本作"誡"。"失"，寬文本作"去"，楊校寬文乙本："按'去'當作'失'。"

③ "於"，嘉靖本"於"作"乎"。"古"，元寬本作"故"，光海君本作"右"，訛。

約從共謀反。**七國受鈇鉞之災。**①《漢書·景帝紀》曰："二月壬子晦，日有蝕之，②諸將破七國，斬首十餘萬級，追斬吳王濞於丹徒，膠西王卬、楚王戊、③趙王遂、④濟南王辟光、菑川王賢、膠東王雄渠皆自殺。"《公羊傳》曰："不忍加之鈇質。"又斬腰之罪也。⑤鈇，椹也，質也。《說文》曰："芒，破也。"⑥鈇，方于反。鉞者，⑦禹月反，斧也。【舩橋本補注】《史記·范雎傳》索隱曰："椹者，堲椹也。質，刓刃也。謂腰斬者爲椹質也。"椹質罪人也，以椹質，舊注多爲鈇斧，尤誤也。【殿本】七國謂吳、楚、趙、濟南、淄川、膠東、膠西也。**此皆地廣兵強，積勢之所致也。**【殿本】高祖封以齊七十二城，楚四十城，吳三十城，餘各有等差，是地廣也。**魏武創業，**【殿本】魏武，曹操。操本譙人，獻帝時封魏王，其子丕受漢禪，是爲文帝。創，初也。**暗於遠圖，**【殿本】魏武只知漢過，不知秦失。漢封雖過，至四百年始失天下，殊不知秦二世而亡，故云"暗於遠圖"也。**子弟無一戶之人，**⑧**宗室無立錐之地。**【殿本】《莊子》曰："堯舜有天下，子孫無置錐之地。"魏時子弟宗室但封之一位，不與其土，擁虛名而已。**外無維城以自固，**⑨**內無磐石以爲基。**《漢書·文帝紀》曰："高帝封子弟地，⑩犬牙相制，⑪所謂磐石之宗也。"【舩橋本補注】《索隱》曰："言封子弟境土，交接若犬之牙，不正相當而相銜入也。"《史·文帝紀》注師古曰："犬牙言地形如犬之牙交相入也。"《索隱》曰："言其固如磐石。此語見《太公六韜》。"【殿本】在外無藩維之城以爲固保，內無大盤之石以爲基址。盤者，大也，又柱下之石也。謂柱下既無磐石以爲基址，承載棟梁則必易爲頹陷。屋有磐石，猶

---

①　"災"，朝鮮本、《大典》系本作"誅"，楊校寬文甲本："原本'災'作'誅'。"按，楊氏所謂"原本"，應指殿本。

②　"日"，寬文本無。

③　"戊"，寬文本作"代"，楊校寬文甲、乙本作"戊"。

④　"趙"，寬文本作"燕"，非。

⑤　"腰"，寬文本作"惡"。

⑥　按，《說文》"芒，破也"之釋殊爲費解，此當爲"鈇，斫堲刀也"，銒刀，古代用於斬人的刑具。

⑦　"者"，寬文本無。

⑧　"一"，朝鮮本作"封"；"人"，元寬本作"民"；楊守敬校寬文甲本："原本'一戶之民'作'封戶之人'。"

⑨　"自"，嘉靖本"爲"。

⑩　"封"，寬文本作"王"。

⑪　"牙"，寬文本作"互"，楊校寬文甲、乙本作"牙"。

有懿親賢臣也。屋有磐石則固,君有賢臣則安。故《荀子》曰:"國安于磐石。"又《漢書》宋昌曰:"高帝王子弟,犬牙相制,所謂磐石之宗也。"言萬國相連,以固王室,如大石之不可轉動也。○按:盤、磐通。**遂乃神器保於他人,**①**社稷亡於異姓。**【殿本】《老子》曰:"國之利器,不可以示人。"大器,謂君之權位。言魏不自保其權位,太阿倒持,削弱滋甚,竟以天下付於他人,終於異姓奪之耳。異姓,謂司馬氏。魏禪位與司馬氏,是爲晉。**故諺曰**【殿本】古人之語也。②**"流盡則源竭,**③**條落則根枯",此之謂也。**【殿本】《六代論》曰:"夫泉竭則流涸,根朽則葉枯,枝繁者蔭根,條落者本枯。"夫水無活源,則其流易盡,故孟子曰:"七八月之間雨集,溝澮皆盈;其涸也,可立而待。"流盡、源竭,謂水無本也。○按:《文選》"本枯"作"本孤"。**夫封之太强,**④**則爲噬臍之患。**《左傳》曰:"楚文王伐申,⑤過鄧。鄧祈侯曰:⑥'吾甥也。'止而享之。騅甥、聃甥、養甥請殺楚子。⑦鄧侯不許。三甥曰:'亡鄧國者,⑧必此人也。若不早圖,後君噬臍也。'"【殿本】《左傳·莊六年》:"楚文王伐申,過鄧。祁侯曰:'吾甥也。'止而享之。騅甥、聃甥、養甥請殺楚子。鄧侯弗許。三甥曰:'亡鄧國者,必此人也。若不早圖,後君噬臍,其及圖之乎?圖之,此爲時矣。'鄧侯曰:'人將不食吾餘。'對曰:'若不從三臣,抑社稷實不血食,而君焉取餘?'弗從。還年,楚子伐鄧,滅之。"噬臍,言若自噬腹臍,喻不可及也。**致之太弱,**⑨**則無固本之隆。**⑩【殿本】弱則不能膠固根基。**由此而言,莫若衆建宗親,而少其力,**⑪【殿本】賈誼説文帝曰:"諸侯强盛,長亂起奸。夫欲

---

①　"神器",朝鮮本、《大典》系本作"大器"。

②　"故諺曰",朝鮮本、《大典》系本作"語曰",嘉靖本作"語云"。

③　"則",嘉靖本同,朝鮮本、《大典》系本作"其"。

④　"夫",嘉靖本無。

⑤　"伐申",正親町本作"戊申",小野本作"戊甲",皆訛。

⑥　"祈",寬文本無,小野本作"祁"。

⑦　"聃甥",寬文本無,楊校寬文乙本云:"按本書騅甥之下有'聃生'二字。"小野本并脱"養"下"甥"字。

⑧　"者",正親町本、小野本、寬文本無。

⑨　"致",元寬本作"枝"。

⑩　"隆",《通録》作"理",朝鮮本、《大典》系本作"基"。

⑪　"其",寬文本、朝鮮本、《大典》系本無"其"字,嘉靖本"少力"作"力少"。按,賈誼《治安策》曰:"諸侯强盛,長亂起奸。夫欲天下之治安,莫若衆建諸侯而少其力,力少則易使之。"《通録》正作"少其力"。

天下之治安，莫若衆建諸侯而少其力。令海内之勢若身之使臂，臂之使指，則下無背叛之心，上無誅伐之事。"**使輕重相鎮，**知陳反，重也，安危也，①正也，②壓也。③【殿本】輕重謂大小之國也。**憂樂是同。**【殿本】《六代論》曰："共其樂者，人必憂其憂；同其安者，人必拯其危。"**則上無猜忌之心，**承才反，疑也，懼也，恨也。**下無侵冤之慮，**④**此封建之鑑也。**【殿本】無過不及之謂中，不偏不倚之謂正。太強則張，太弱則弛。若隨時處宜，得其中正而居之，其衅罅自塞，萌芽不生，奸邪禍亂從何而出哉？自是在上者絕嫌猜疑忌之意矣。既嫌猜疑忌絕矣，則爭端怨由不起，⑤而疾害不生矣；則上下和合，而侵陵冤枉之機除矣。如此方爲封建之昭鑑也。

斯二者，⑥**安國之基，**【殿本】斯二者，謂損其太強，益其太弱，執其中道，乃是安治國家之基本。**君德之弘，**⑦**唯資博達。**【殿本】董仲舒《賢良策》曰："今陛下并有天下，海内莫不率服。廣覽兼聽，極群下之知，盡天下之美，至德昭然，施於方外，此爲宏德之資也。"**設令懸教，**⑧**以術化民。**⑨【殿本】術，法也。法可以治民，故張設明分，懸示教令，使民不敢犯也。設，張也。分，名分也。懸，示也。教，令也。○分，扶問反。**應務適時，以道制物。**【殿本】道，理也。理可以御物，故應決事務，適當時宜，使物得其所也。務，事物也。適，當也。**術以神隱爲妙，**【殿本】術者，不易之法，兆民之所遵也。故當神隱，使民莫測，則爲妙矣。若非神隱，民或竊玩其法，亂矣。**道以光大爲工。**⑩【殿本】道者，乃無窮之理，萬物之所由也，故當光大，使物不遺，則爲

① "重也"與"安危也"，正親町本、小野本、寬文互倒。
② "正"，寬文甲本、丙本、淺草文庫本作"工"，寬文乙本回改作"正"。
③ "壓"下，寬文本有"去"。
④ "冤"，嘉靖本作"凌"。
⑤ "由"，浙本作"尤"。
⑥ 楊守敬以高野古鈔本校日本活字本云："'二者'，古鈔本提行，蓋總括上篇而言，故以下皆二篇一總。"元寬本亦提行，舶橋本未提行，今從高野古本提行。
⑦ "弘"，肅宗本同，《大典》系本作"宏"，蓋避弘曆諱，下文同。
⑧ "令"，元寬本"一作命"，朝鮮本、《大典》系本作"分"，楊校寬文甲本云："原本'令'作'明'。"
⑨ "民"，朝鮮本、《大典》系本作"人"。
⑩ "工"，光海君本作"恭"，肅宗本、《大典》系本作"功"，楊校寬文甲本："原本'工'作'功'。"

功矣。若非光大，物或失照，其理陋矣。**括蒼昊以體心，**①古奪反，②結也，約束也，塞也。**則人仰之而不測。**【殿本】《記》曰："天子者，與天地參，故德配天地，兼利萬物，與日月並明，明照四海而不遺微小。"蒼旻，天也。言人君當總括其天，以質我之心，則人仰望之而不得以窺測。謂無物我之界，以至大至公也。**苞厚地以爲量，**③**則人循之而無端。**④【殿本】坤爲地。地，底也。其體底下載萬物也。《易•坤卦》大象曰："地勢坤，君子以厚德載物。"言人君度量當如廣厚之地，無所不包容，則人循依之而不得其端涯也。謂無憎愛之限，至寬至貞也。**蕩蕩難名，宜其不遠。**⑤【殿本】《語》曰："大哉！堯之爲君也。巍巍乎，唯天爲大，唯堯則之。蕩蕩乎，民無能名焉。"人君既能以天爲心，以地爲量，豈不宏遠哉！**且敦穆九族，**【殿本】敦，重也。穆，和也。九族，見前篇注。⑥**放勳流美於前。**《尚書•堯典》曰："曰若稽古，帝堯放勳，欽明。"孔安國曰："勳，功。欽，敬也。言堯放上世之功化也。"⑦【殿本】放勳，帝堯名。又，放，效也。勳，功也。《書》曰："放勳欽明，文思安安，允恭克讓，光被四表，格于上下，克明俊德，以親九族，九族既睦。"言堯聖德，又能親睦九族，流布美善之道在于前爾，可則之。○放，上聲。**克諧烝烝，**⑧**重華垂譽於後。**《雛書》曰：⑨衛有人方面，衡重華，⑩日衡，衡有骨表如日也。⑪重華，重瞳子也。重華，舜目重童子，因以爲名。所以生名者也。【殿本】重華，帝舜名。克，能也。諧，和也。烝，進也。乂，善也。《書》曰："重華協於帝。"華謂文德，言其光。又，重華合於帝堯，謂俱聖明也。又曰："克諧以孝，烝烝乂，不格奸。"

① "括"，嘉靖本作"拓"。"昊"，嘉靖本同，元寬本"一作旻"，寬文本、朝鮮本、《大典》系本作"旻"。
② "奪"，寬文本作"集"，楊校寬文甲本："'集'疑'奪'。"
③ "苞"，朝鮮本、《大典》系本皆作"包"。
④ "循"，寬文本作"修"，日活字本作"從"，楊校寬文甲本："原本'修'作'從之'。"
⑤ "不"，朝鮮本、《大典》系本皆作"宏"，楊以高野本校日活字本云："'宏'字誤。"
⑥ "篇"，肅宗本、文淵閣本作"序"。
⑦ "堯"，寬文本作"克"，訛。
⑧ 下"烝"，朝鮮本、《大典》系本作"乂"，嘉靖本"乂"作"義"。
⑨ "雛"，原本、正親町本作"雄"，訛。寬文甲、丙本作"碓"，楊校寬文乙本："碓，雛誤。"據原書改。
⑩ "衡"，寬文本作"衛"，下同。
⑪ 《藝文類聚》卷十一"帝舜有虞氏"曰：《雛書靈准聽》曰：有人方面，日衡，重華。（注）'日衡，衡有骨表如日者也'。"羅校此處注文僅有"重華，重童子也，舜目重童子，因以爲名"十五字。

言帝舜有嚚母、頑父、傲弟，能和諧以孝，使進之於善，自不至於奸惡也。此克諧烝乂，帝舜垂美譽，在於後爾，可法之。**無以奸破義，**①**無以疏間親。**【殿本】《左傳》曰："遠間親，淫破義，所謂六逆也。"間，謂居其間，使彼疏遠也。破，謂破散。淫，謂邪淫。○間，去聲。**察之以明，撫之以德，**②**則邦家俱泰，骨肉無虞，良爲美矣。**【殿本】凡事事物物，審察必合于道德，庶幾邦家盡得泰安。并近親之間，亦可保無疏虞。如此，則實爲大善矣。美，善也。

求賢篇③

【殿本】《周書·陰符》曰："凡治國有三常：一曰君以舉賢爲常。二曰官以任賢爲常。三曰士以敬賢爲常。夫然，雖百代可知也。"故孟子曰："堯舜之仁，不遍愛人，急親賢也。"是以知聖人之言不徒發也。苟賢人在野，小人在朝，縱欲以仁遍愛人，亦狹矣。惟急親賢而牧之，天下俱得其所也。用賢人則邦家泰，用小人則邦家否。其泰、否之一吉一凶，在《易》焉，《泰》之象辭曰："'泰：小往大來，吉，亨。'則是天地交而萬物通也，上下交而其志同也。內陽而外陰，內健而外順，內君子而外小人。君子道長，小人道消也。"泰之時，天地交，萬物通，天地之極治也。上下交其志同，天下之極治也。極治之功，幽至於天地，明至於人物，無不泰而通焉。孰爲此者？聖人也。聖人何道臻此？一言以蔽之，曰"進君子，退小人"而已。消之長之在彼，內之外之在此。又，"初九"曰："拔茅連茹，以其彙，征吉。"夫一茅拔，衆根隨。一賢舉，衆俊歸。堯舉一舜，乃得十六舜。舜舉一禹，乃得九禹。所謂"彙，征吉"者，此也。至《否》之象辭曰："'否之匪人，不利，君子貞。大往小來'，則天地不交而萬物不通也，上下不交而天下無邦也。內陰而外陽，內柔而外剛，內小人而外君子。小人道長，君子道消也。"楊誠齋曰："《易》中極亂之辭，未有痛於《否》之象者。匪人一用，何遽至於天地不交而萬物不通、上下不交而天下無邦乎？萬物不通則舉天下而爲墟，天下無邦則舉國家而爲墟。小人之禍何若是烈也？蓋秦亡于李斯上書之

---

① "奸"，朝鮮本、《大典》系本皆作"奸"。《玉篇·女部》："奸，姦邪也。奸，同上，俗。"

② "察之以明，撫之以德"，朝鮮本、《大典》系本皆作"察之以德"，無"撫之以德"四字。

③ 楊校寬文甲本云：《周書·陰符》曰：'凡治國有三常：一曰君以舉賢爲常，二曰官以任賢爲常，三曰士以敬賢爲常，夫然雖百代可知也。'故孟子曰：'堯舜之仁，不遍愛人，急親賢也。'以知聖人之言不徒發也。"

日,漢替于張禹談經之時。咸陽之煨燼,地皇之塗炭,何必見而後悟哉!"此説深得旨矣。天地之氣不交,則萬物無生成之理。上下之義不交,則天下無邦國之道。建邦國所以爲治也,上施政以治民,民戴君而從命。上下相交,所以治安也。今上下不交,是天下無邦國之道也。陰柔在内,陽剛在外,君子往處于外,小人來處于内,小人道長,君子道消之時。"六二""六三":包承,包羞。小人柔諂之資不中不正,並包群小而爲宗,相援相引,濫謀邪慮,何所不至也?如林甫、仙客、許史、石顯、鄭朋、五鹿,極小人之情狀,以喪國危君。此小人之烈酷,更有何加焉?嗚呼!聖君觀此否泰、安危之道,可不慎歟?可不誠歟?①是不可不求賢也。能求賢,則必得君子。荀子曰:"天地生君子,君子理天地。君子者,天地之參也,萬物之總也,②民之父母也。無君子則天地不理,禮義不統,上無君師,下無父母,夫是之謂至亂。"如用及君子,必至泰矣。

夫國之匡輔,③**必待忠良。**④【殿本】《書》曰:"佑賢輔德,顯忠遂良。"匡,正也。輔,弼也。不欺之謂忠,爲善之謂良。夫國之匡輔,上佐一人,中總百官,下撫兆民,其任重矣。若非忠良,欲臻至化,未之有也。**任使得其人,**⑤**天下自治。**【殿本】昔魯哀公問政孔子,對曰:"文武之政,布在方策。其人存則其政舉,其人亡則其政息。"此之謂也。得人則治,失人則亂。**故堯命四岳,**《尚書·堯典》曰:"羲仲、羲叔、和仲、和叔也。⑥"孔安國曰:"重黎之後,羲氏、和氏世掌天地四時之官。⑦四岳,⑧羲和四子,分掌四岳之諸侯。"【殿本】《堯典》:"帝曰:'咨!四岳。'"四岳,官位,如三公。堯時,舜爲之。舜時,禹爲之。**舜舉八元,**《左傳·文十八年》曰:"高辛氏有才子八人,伯奮、仲堪、叔獻、季仲、伯虎、⑨仲熊、叔豹、季貍,天下民謂之八元。"注曰:"元,善也。"【殿本】《左傳》曰:"昔高辛氏有才子八人:忠、肅、恭、懿、宣、慈、惠、和,天下之民

---

① "誠",粵本作"誠",訛。
② "總",原作"統",據蕭宗、《荀子》改。
③ 楊校寬文甲本云:"夫國之匡輔,上佐一人,中總百官,下撫兆民,其任重矣。匡,正也。"
④ "待",《通録》作"恃"。
⑤ "其",《通録》、朝鮮本、《大典》系本無。
⑥ "也",寬文本無。
⑦ "地四時",寬文本無。楊校寬文甲本云:"掌天地四時之官。"
⑧ 楊校寬文甲本云:"四岳,即上羲和之四子。"
⑨ "伯虎",小野本作"伯庸"。

謂之八元。舜臣堯,舉八元,使布五教于四方。"五教者,父義、母慈、兄友、弟恭、子孝,五常之教。八元:伯奮、仲堪、叔獻、季仲、伯虎、仲熊、叔豹、季貍也。**以成恭己之隆,**【殿本】《論語》:"子曰:'無爲而治者,其舜也與! 夫何爲哉? 恭己正南面而已矣。'"此謂舜舉八元而任之,故能成其恭己之隆也。**用贊欽明之道。**①【殿本】《堯典》:"曰若稽古,帝堯曰放勳,欽明文思安安。"此謂堯命四岳而任之,故能贊其欽明之道。**士之居代,**②**賢之立身,**【殿本】《漢志》曰:"學以居位曰士。"士者,事也。通合古今事務曰士。《春秋繁露》曰:"人之清者爲賢。"**莫不戢翼隱鱗,俟風雲之運。**③【殿本】任昉《敦勸梁王令》曰:"在昔晦明,隱鱗戢翼。博通群籍,而讓齒乎一卷之師。劍氣陵雲,而屈迹於萬夫之下。"又班固《賓戲》曰:"卒不能擴首尾,奮翼鱗,振拔洿塗,跨騰風雲。"又云:"躡風雲之會。"言士賢未遇,藏器待時,亦猶鱗翼以待風雲也。○按:注"躡風雲之會",《文選》作"風塵"。**懷奇蘊異,思會遇之秋。**④【殿本】漢梅福上書曰:"天下之士,雲合歸漢,爭進奇異。"今謂懷奇蘊異,必待有所求者。故思會遇也。所以思會遇者,非汲汲於自衒也。《禮記》曰:"粗而翹之,又不急爲也。"其是之謂與。**是以明君旁求俊乂,**⑤【殿本】《書》曰:"旁招俊乂。"又曰:"傍求俊彦。"晉阮种曰:"旁求俊乂,以輔至化,此誠堯舜之用心也。"《北史·蘇綽傳》曰:"萬人之秀謂之俊。"**博訪英才,**⑥**搜揚仄陋。**⑦《尚書·舜典》曰:"虞舜側微。"⑧孔穎達曰:"即側陋也。"⑨莊棘反也。【舩橋本補注】《堯典》曰:"明明揚側陋。"正義曰:"舉其明德之人於僻隱鄙陋之處。"【殿本】堯曰:"明明揚側陋。"又,漢元帝詔曰:"延登賢俊,招顯側陋。"《北

---

①　楊校寬文甲本云:"恭己,《論語》子曰:'無爲而治者,其舜也與! 夫何爲哉,恭己正南面而已矣。'此謂舜舉八元而任之,故能成其恭己之隆也。欽明,《堯典》曰:'若稽古,帝堯曰放勖,欽明文思安安。'"

②　"代",元寬本、寬文本、朝鮮本、《大典》系本皆作"世",蓋原本避李世民之"世"字諱。

③　"俟",朝鮮本、《大典》系本作"待"。"運",朝鮮本、《大典》系本作"會"。

④　"遇",小野本無。

⑤　"以",《大典》系本無。楊校寬文甲本:"萬人之秀謂之俊。"

⑥　楊校寬文甲本:"千人之秀謂之英。""才",朝鮮本、《大典》系本作"賢"。

⑦　楊校寬文甲本:"搜,求也。""仄",《通錄》、朝鮮本作"側"。

⑧　"側",元寬本作"仄"。

⑨　"孔穎達",正親町本、小野本、寬文本皆作"孔安國",誤。"即",寬文本作"側"。

史·蘇綽傳》曰:"千人之秀曰英。"側陋者,隱僻鄙陋之處。夫俊賢之處世也,懷寶韞玉,①不肯自售於時,是以旁求博訪者,惟明君爲能耳。**不以卑而不用,不以辱而不尊。**而束反,恥也,污也,惡也。【殿本】卑,下也。辱,污也。自三代以來,明君聖主,求訪賢俊,惟在野無遺賢,共成無爲之化,何嘗擇其貴賤哉!古今用卑辱之事,下文自明。**昔伊尹有莘之媵臣,**②《史記》曰:"伊尹欲干湯而無由,乃爲有莘氏媵臣,負鼎俎以滋味説湯致於王道也。③"【殿本】伊尹,名摯,力牧之後,生於空桑。又《吕氏春秋》曰:"伊尹,有侁氏女採,得嬰兒于空桑,後居伊水,命曰伊尹。"故耕有莘之野,後爲有莘氏媵臣。有莘氏,《列女傳》云:"湯妃,有莘氏之女也。"**吕望渭濱之賤老,**④【殿本】吕望,《吕氏春秋》曰:"東夷之士也。"案:《史記》:"太公吕尚者,東海上人。其先祖嘗爲四岳,佐禹平水土,甚有功。虞夏之際,封于吕,或封於申,姓姜氏。夏商之時,申吕或封支庶子,⑤或爲庶人。尚,其後苗裔也,本姓姜氏,從其封姓,故曰吕尚。蓋嘗窮困,年老矣,以漁釣奸周西伯。西伯將出獵,卜之曰:'所獲非龍非彲,非虎非熊,⑥所獲霸王之輔。'於是周西伯獵,果遇太公於渭之陽。與語,大説。曰:'自吾先君太公曰:當有聖人適周,周以興。子真是耶?吾太公望子久矣。'⑦故號之曰太公望。載與俱歸,立爲師。"伊尹、吕望,卑賤者也。○按:注"支庶子"下脱"孫"字。**夷吾困於縲絏,**《左傳·莊公九年》曰:"秋,師及齊師戰于乾時,⑧我師敗績。鮑叔帥師來言曰:'子糾,親也,請君討之。⑨管、召讎也,請受而甘心焉。'乃殺子糾于生竇,召忽死之,管仲請囚。鮑叔受之,及堂阜而税也。"⑩【舩橋本補注】《論語》孔安國注曰:"齊襄公立無常,鮑叔牙曰:'君

---

①　"韞",粵本、初編本作"周",與朝鮮本、文淵閣本、殿本、浙本不同。按,據文義,當作"韞",作"周"誤。

②　"莘",寬文本作"辛"。

③　"負",寬文本無,楊校寬文乙本云:"按本書'鼎'上有'負'字。"

④　楊校寬文甲本:"吕望,《吕氏春秋》曰:'東夷之士也。'"

⑤　"支",肅宗本作"枝"。

⑥　"熊",肅宗本作"羆"。

⑦　"吾",肅宗本作"故"。

⑧　"乾"下,小野本脱"時"字。

⑨　"討",正親町本、小野本、寬文本作"許",楊校寬文乙本云:"按本書'許'作'討'。"

⑩　"税",正親町本、小野本、寬文本作"脱",楊校寬文乙本云:"按本書'脱也'二字作'税之'。"

使民慢，亂將作矣。'奉公子小白出奔莒。襄公從弟公孫無知弒襄公，管夷吾、召忽奉公子糾出奔魯，齊人殺無知，魯伐齊納子糾。小白自莒先入，是爲桓公。"【殿本】魯仲連曰："管仲不恥身在縲紲之中，而恥天下之不治。"案：《史記》："管仲字夷吾，潁上人也。少時嘗與鮑叔牙游，鮑叔知其賢。管仲貧困，嘗欺陵鮑叔，鮑叔終善遇之，不以言。已而鮑叔事齊公子小白，管仲事公子糾。及小白立爲桓公，公子糾死，管仲囚焉。"縲紲，獄中黑索也。**韓信弊於逃亡。**《漢書》曰："及項梁渡淮，信杖劍從之，①居戲下，無所知名。梁敗，又屬項羽，以爲郎中。②數以策干項羽，③不用。④漢王之入蜀，信亡楚歸漢，⑤未得知名。滕公言漢王，以爲治粟都尉，上未之奇也。⑥數與蕭何語，何奇之。信度何等已數言上，不我用，即亡。何聞信亡，⑦不及以聞，自追之。人有言上曰：⑧'丞相何亡。'上怒，⑨如失左右手。居一二日，何來謁上，上且怒且喜，罵何曰：'若亡，何也？'何曰：'臣非敢亡也，追亡者耳。'上曰：'若所追者誰？⑩'何曰：'韓信也。⑪'上復罵曰：'諸將亡者以十數，公無所追，追信，詐也。'何曰：'諸將易得耳，至如信者，國士無雙也。'⑫"【殿本】《漢書》："韓信，淮陰人也。家貧無行，不得推擇爲吏，而又不能治生爲商賈，常從人寄食。其母死，無以葬，乃行營高燥地，令傍可置萬家者。⑬及項梁渡淮，乃仗劍從之，居戲下，無所知名。梁沒，則又屬項羽，爲郎中。信數策干項羽，羽弗用。漢王入蜀，信亡楚歸漢，未得知名，爲連敖，坐法當斬，其儔十三人皆已斬，⑭至信，信乃仰視，適見滕公，曰：'上不欲就天下乎？而斬壯士？'滕公奇其言，壯其貌，釋弗斬。與語，大

---

① "信"下，正親町本、小野本、寬文有"乃"字。
② "以"，寬文本、小野本無。"郎中"，小野本作"中侯"。
③ "數"上，寬文本有"信"。"干"，寬文甲、丙本訛作"于"。
④ "不"，寬文本、小野本作"弗"。
⑤ "亡"，寬文本作"去"。
⑥ "未之奇"，寬文本、小野本作"未奇之"。
⑦ "亡"，寬文本、小野本作"失"。
⑧ "人"，寬文本無，楊校寬文乙本云："按本書'有'上有'人'字。"
⑨ "怒"，寬文本作"恐"，楊校寬文乙本云："'何'下'失'作'亡'，'恐'作'怨'。"
⑩ "若"，寬文本、小野本無。"誰"下，寬文本、小野本有"也"字。
⑪ "何""也"，寬文本無。
⑫ "耳""者"，寬文本、小野本無。
⑬ "令"，粵本作"合"，訛。"置"，文淵閣本作"值"，訛。
⑭ "儔"，蕭宗本、文淵閣本作"疇"。

說之，言於漢王。王以爲治粟都尉，上未奇之也。數與蕭何語，何奇之。至南鄭，諸將道亡者數十人。信度何等已數言上，不我用，即亡。何聞信亡，不及以聞，追之。人有言上曰：‘丞相何亡。’上怒，如失左右手。居一二日，何來謁。上且怒且喜，罵何曰：‘若何亡也？’何曰：‘臣非敢亡，追亡者耳。’上曰：‘所追者誰也？’曰：‘韓信。’上復罵曰：‘諸將亡者已數十，公無所追。追信，詐也。’何曰：‘諸將易得，如信，國士無雙。王必欲長王漢中，無所事信。必欲爭天下，非信無可與計事者。顧王策安決？’王曰：‘吾亦欲東耳，安能鬱鬱久居此乎？’何曰：‘王計必東，能用信，信即留。不能用信，終亡耳。’王曰：‘吾爲公以爲將。’何曰：‘雖爲將，信不留。’王曰：‘以爲大將。’何曰：‘幸甚。’於是王欲召信拜之。何曰：‘王素嫚，無禮，今拜大將如召小兒，此乃信所以去也。王必欲拜之，擇日齋戒，設壇具禮，乃可。’王許之。諸將皆喜，人人各自以爲得大將。至拜，乃信也，一軍皆驚。信已拜，上坐。王曰：‘丞相數言將軍，①將軍何以教寡人計策？’信謝，因問王曰：‘今東鄉爭權天下，豈非項王邪？’上曰：‘然。’‘大王自料勇悍、仁强孰與項王？’漢王默然良久，曰：‘弗如也。’信再拜賀曰：‘唯信亦以爲大王弗如也。然臣嘗事項王，請言項王爲人。項王怒烏猝嗟，千人皆廢，②然不能任屬賢將，③此特匹夫之勇也。項王見人恭謹，言語姁姁，○姁，許于反，和也。人有疾病，涕泣分食飲，至使人有功，當封爵，刻印刓忍不能予，④此所謂婦人之仁也。項王雖霸天下而臣諸侯，不居關中而都彭城，又背義帝約，而以親愛王，諸侯不平。諸侯之見項王逐義帝江南，亦皆歸逐其主，自王善地。項王所過亡不殘滅，多怨百姓，百姓不附，特劫于威强服耳。名雖爲霸，實失天下心，故曰其强易弱。今大王誠能反其道，任天下武勇，何不誅！以天下城邑予功臣，何不服！以義兵從思東歸之士，何不散！且秦王爲秦將，將秦子弟數歲，而所殺不可勝計，又斬其衆，⑤降諸侯。至新安，項王詐坑秦降卒二十餘萬人，唯獨章邯、欣、翳脫。秦父兄怨此三人，痛于骨髓。今楚以威王此三人，秦民莫愛也。大王之入武關，秋毫亡所犯，除秦苛法，與民約三章耳，秦民亡不欲得大

---

① “數”，原作“素”，據蕭宗本、《漢書》改。

② 此句下蕭宗本有“○烏猝嗟，猶咄嗟恚怒聲也。猝，千忽反。○”十四字。

③ “賢”，蕭宗本無。

④ “刻”，蕭宗本、文淵閣本、《薈要》本作“剋”。按，“刻”“剋”之隸變字，《廣韻》“剋，剌俗字”。

⑤ “斬”，文淵閣本作“欺”。

王王秦者。于諸侯之約，大王當王關中，民戶知之。王失職之蜀，民亡不恨者。今王舉而東，三秦可傳檄而定也。'於是漢王大喜，自以得信晚。遂聽信計，後平趙、燕、齊，并項羽。遂封信爲齊王，再封楚王。"管仲、韓信，污辱者也。〇按：《漢書》"怒烏"作"意烏"，"何不謀"作"何不誅"，"斬其衆"作"欺其衆"。"邯"字上無"章"字。"與民約"下有"法"字。**然而商湯不以鼎俎爲羞，**①【殿本】案，《史記》："阿衡欲干湯而無由，乃爲有莘氏媵臣，負鼎俎，以滋味説湯，致于王道。"**姬文不以屠釣爲恥，**②【殿本】《國策》云："太公當紂之時，隱于朝歌，屠牛沽酒，居七年，無有識者，人人謂之狂夫。隨復釣于渭水，文王見而師之。"**卒能獻規景亳，**③《左傳·昭公四年》曰："商湯有景亳之命也。④"**光啓殷朝，**【殿本】此指伊尹也。成湯既没，太甲嗣位，伊尹乃作《伊訓》《肆命》《徂后》《咸有一德》以戒之。太甲不明，伊尹放諸桐三年，克終允德，伊尹以冕服奉嗣王復歸于亳，以昌湯祚。故曰"光啓殷朝"。**執旄牧野，**⑤**會昌周室，**【殿本】此指太公也。文王崩，武王即位。九年，欲修文王業，尊太公師尚父。東伐以觀諸侯集否。師渡孟津，諸侯不期而會者八百國。十一年正月甲子，誓於牧野，作《牧誓》。王左杖黃鉞，右秉白旄以麾，恭行天罰。一戎衣而天下大定，皆太公之功也。牧野，商郊名。**齊成一匡之業，實資仲父之謀。**⑥【舩橋本補注】《論語》曰："管中（仲）相桓公，霸諸侯，一匡天下。"注馬融曰："匡，正也。天子微弱，桓公帥諸侯以尊周室，一匡天下。"【殿本】史載：鮑叔既出夷吾囚，而累進之于桓公。管仲既任政于齊，連五家之兵，設輕重魚鹽之利，以贍貧窮，禄賢能。齊人大説。所以齊桓公九合諸侯，一匡天下，皆管仲之謀也，隨尊爲仲父。**漢以六合爲家，寔賴淮陰之策。**⑦【殿本】韓信既滅項羽，封爲楚王，降封淮陰侯。漢之滅楚以定天下，不出韓信壇上一論耳，故云

---

① "然而"二字，朝鮮本、《大典》系本無，楊校寬文甲本："原本無'然而'二字。"
② 楊校寬文甲本云："《國策》云：'太公當紂之時，隱于朝歌，屠牛沽酒，居七年，無有識者。'"
③ "卒"，朝鮮本、《大典》系本作"終"。
④ "命"，正親町本、小野本、寬文本作"會"，楊校寬文乙本云："按本書'會'作'命'。"
⑤ "旄"，朝鮮本、《大典》系本作"旌"，楊以高野本校日活字本云："'旌'字訛。"
⑥ "實"，原本奪，據正親町本、朝鮮本、《大典》系本補。
⑦ "寔"，朝鮮本、大典本系作"是"，楊校寬文甲本云："原本'寔'作'是'。"

“賴其策”。**故舟航之絶海也，**①**必假橈楫之功。**　上如紹反，小楫也。《方言》：“楫謂之橈也。”下辭立反，所以推船也。黄帝剡木爲楫也。【殿本】劉子曰：“故信行之於人，譬濟之須舟也。信之於行，猶舟之待檝也。將涉大川，非舟何以濟之？欲泛方舟，非檝何以行之？今人雖欲爲善，而不知立行，猶無舟而濟川也。雖欲立行，而不知立信，猶無檝而行舟也。”故舟航必藉橈檝也。假，藉也。航，大船。**鴻鶴之凌雲也，必因羽翮之用。**②【殿本】《管子・霸形》篇：“桓公在位，管仲、隰朋見，立有間，有一鴻飛過，桓公嘆曰：‘仲父，今彼鴻有時而南，有時而北，四方無遠，所欲至而至焉，惟有羽翼之故，是能通其意於天下乎。寡人之有仲父，猶飛鴻之有羽翼也。’”**帝王之治國也，**③**必籍匡弼之資。**④【殿本】《四子講德論》曰：“千金之裘，非一狐之腋。大厦之材，非一丘之木。⑤太平之功，非一人之略。”言帝王欲用建邦國，期廣大綿遠無疆者，亦必須藉托賢才，輔翼資助。不然，奇居孤處，雖欲有爲，亦無如之何也。故當藉托匡輔之資矣。**故求之斯勞，任之則逸。**⑥【殿本】《聖主得賢臣頌》云：“君人者，勤於求賢而逸於得人，人臣亦然。”即此義也。蜀先主三屈茅廬而謁孔明，斯即勞也。一用孔明而王蜀中，斯即逸也。**雖照車十二，**⑦《史記》曰：“齊威王與魏王會，田於郊。魏王問齊王曰：‘有寶乎？’⑧威王曰：‘無有也。’魏王曰：‘若寡人小國也，尚有徑寸之珠，照車前後，各十二乘者十枚，⑨奈何以萬乘之國，而無寶乎？’威王曰：‘寡人之所以爲寶與王異。吾臣有檀子者，使守南城，則楚人不敢爲寇東取，泗上十二諸侯皆來朝。吾臣有肦子者，⑩使守高唐，則趙人不敢東漁於河。⑪吾吏有黔夫者，⑫使守徐州，則燕人祭北門，趙人祭西

---

①　楊校寬文甲本云：“航，大船也。”
②　楊校寬文甲本云：“‘用’作‘功’。”
③　“治”，元寬本“一本作爲”，小野本、朝鮮本、《大典》系本作“爲”。
④　“籍”，元寬本、朝鮮本、《大典》系本作“藉”。“弼”，《大典》系本作“輔”。
⑤　“丘”，浙本作“邱”，按，《説文》：“邱，地名。從邑，丘聲。”清人避孔子名“丘”之諱，多以“邱”代“丘”。
⑥　“則”，《通録》、朝鮮本、《大典》系本作“斯”，楊校寬文甲本云：“‘則’作‘斯’。”
⑦　“雖”，朝鮮本、《大典》系本無。
⑧　“齊王曰”三字，寬文本、小野本無。“有”上，寬文本、小野本有“王”。
⑨　“者”，寬文本、小野本無。
⑩　“肦”，元寬本、小野本作“盼”。
⑪　“漁於”，寬文本作“渡”。
⑫　“吏”，寬文本、小野本作“臣”。“黔”上，寬文本、小野本有“史”字。

門，徙而從者七千餘家。①吾臣有種首者，使備盜賊，②則道不拾遺。將以照千里，③豈特十二乘哉？④'梁惠王慚，不懌而去也。"【舩橋本補注】徑，廣也。徑寸謂珠大滿寸也。十八史注。《索隱》曰："檀子，齊臣。檀，姓，子，男美稱，大夫皆稱子。肦子，田肦也。黔夫及種首皆臣名，事悉具載《戰國策》十八注。泗，水名出魯。""皆來朝"下注《索隱》曰："邾莒、宋魯之比。"十八注云"十二諸侯國號未詳"。燕在齊北，故祭齊北門，趙在齊西，故祭齊西門。賈逵曰："燕趙之人畏齊侵伐，故祭以求福。"【殿本】《史記》："梁惠王與齊威王田於郊，惠王問曰：'王亦有寶乎？'威王曰：'無之。'惠王曰：'若寡人國小，尚有徑寸之珠，照車前後，各十二乘者十枚。奈何以萬乘之國而無寶乎？'威王曰：'寡人之爲寶者，與王異。吾臣有檀子者，使守南城，則楚人不敢爲寇東取，泗上十二諸侯皆來朝。吾臣有肦子者，⑤使守高唐，則趙人不敢東漁。吾臣有黔夫者，使守徐州，則燕人祭北門，趙人祭西門，徙而從之者七千餘家。吾臣有種首者，使備盜賊，則道不拾遺。將以照千里，豈特十二乘哉！'梁惠王慚，不懌而去。"**黃金累千**，楊泉《物理論》曰："黃金累千，⑥不如一賢。"【舩橋本補注】《通鑑》曰："侍御史權萬紀上言：宣饒二州大發采之，歲可得數百萬緡。太宗曰：'朕貴爲天子，所乏者非財也，但恨無嘉言可以利民耳。與其多得數百萬緡，何如得一賢才？卿未嘗進一賢也，退不肖，而專言稅銀之利，昔堯舜抵璧於山，投珠於谷，漢之桓靈乃聚錢爲私藏，卿欲以桓靈誤我邪。'是日黜萬紀，使還家。"《萬紀傳》。【殿本】《語林》曰："黃金累千，不如一賢士。"**豈如多士之隆、⑦一賢之重？**【舩橋本補注】孔安國曰："多士，衆士也。"【殿本】《詩》曰："濟濟多士，文王以寧。"《呂氏春秋》曰："得地千里，不如得一賢也。"以此言之，雖得地千里之廣，尚不如一賢之重，況其累千之金、十二之珠乎？此蓋爲"士之居世，賢之立身，懷奇蘊異"

---

① 此八字，寬文本、小野本脱。
② "賊"，寬文本、小野本無。
③ "以"，寬文本、小野本無。
④ "哉"，寬文本、小野本無。
⑤ "肦"，蕭宗本作"肦"，浙本、閩本作"肦"，皆形似而訛。
⑥ "黃"，原本奪，據寬文本、小野本及正文補。
⑦ 楊校寬文甲本云：《詩》曰："濟濟多士，文王以寧。'《呂氏春秋》曰：'得地千里，不如得一賢也。'以此言之，雖得地千里之廣，尚不如一賢之重，況其累千之金、十二之珠乎？此蓋爲士之居世，賢之立身，懷奇蘊異張本。《尚書》曰：'所寶惟賢。'有國者既不以寶爲寶，故以求賢爲貴也。"

張本。**此求人之貴也。**①【殿本】《韓詩外傳》曰："聖人求賢者以自輔。"《尚書》曰："所寶惟賢。"有國者，既不以寶爲寶，故以求賢爲貴也。

審官篇②

【殿本】《尚書》皋陶曰："都！在知人，在安民。"禹曰："吁！咸若時，惟帝其難之。知人則哲，能官人。安民則惠，黎民懷之。能哲而惠，何憂乎驩兜，何遷乎有苗，何畏乎巧言令色孔壬？"穎達曰："皋陶述此修身親人之道以告禹，在於知人善惡，擇而信任之，在於能安下民，爲政以安定之也。禹驚而答曰：'吁！人君如是，能知人，能安民，惟帝堯猶其難之，況餘人乎？'知人善惡則爲大智，能用官，得其人矣。能安下民則爲惠政，衆民皆歸之矣。此不易之理也。若帝堯能智而惠，則當朝無奸佞，何憂懼於驩兜之佞而放之，何須遠遷徙于有苗之君，何畏懼於彼巧言令色爲甚佞之人？"故古之明王用人，必先六徵以嘗之，然後任之。任人之際，國之安危，民之休戚繫焉。故不可不審也。審者，謂核其實也。若核而得實，信使守約，廉使分財，官無曠職，職無虛位，務成而事濟矣。惟人君不可不慎審其官也。《左傳》曰："舉不失職，官不易方。"亦審官之義也。

夫設官分職，所以闡化宣風。【殿本】《周禮》曰："惟王建國，辨方正位，體國經野，設官分職，以爲民極。乃立天官冢宰，使帥其屬而掌邦治，以佐王均邦國。"設官分職，謂置三公六卿，各有所職而百事舉也。既各有所職而百事舉矣，所以得闡揚德化，宣布風教，以齊庶物。**故明王之任人，**③**如巧匠之制木，**④【殿本】任，用也。制，裁也。**直者以爲轅，**【殿本】轅，輈也。《方言》"楚衛之間，轅謂之輈。"言挺直之木，可以爲轅。**曲者以爲輪，**⑤【殿本】輪，謂車輪也，迴旋也。言宛曲之木，可以爲輪也。**長者以爲棟梁，**【殿本】

---

①　"此求人之貴也"，朝鮮本、殿本、文淵閣本、《薈要》本、浙本、閩本、楊校寬文甲本作"此乃求賢之貴也"，多"乃"字，"人"作"賢"；粵本、初編本作"此乃求人之貴也"，多一"乃"字；《通錄》作"此以求賢爲貴也"；小野本作"此求之貴也"，脱"人"字；嘉靖本作"此乃求賢之責也"，"貴"作"責"，訛。

②　楊校寬文甲本云："《尚書》皋陶曰：'都，在知人在安民。'禹曰：'吁，咸若時，惟帝其難之，知人則智，能官人；安民則惠，黎民懷之。'"

③　"王"，元寬本、朝鮮本、《大典》系本皆作"主"。

④　"如"，嘉靖本作"猶"。楊校寬文甲本："制，裁也。"

⑤　楊校寬文甲本："輪謂車輪也。"

屋脊曰棟，負棟者曰梁。長者，言其大材也，故用之于棟梁。**短者以爲栱桷**。①下古學反，榱也，椽也。上居豕反，②《爾雅》："㯮謂之杙也。③大者謂之栱也。"杙，拯木於地，④所繫牛也。【殿本】《爾雅》云："栱，杙也。大者謂之栱枓也。"桷，椽也，一曰屋角斜枋，一曰榱也。短者言其小材也，故用之于栱角。○按：《爾雅》"杙，大者謂之栱"，注所引多衍文。**無曲直長短，各有所施。**【殿本】《管子》曰："工之制木也，大者以爲舟航柱梁，小者以爲楫楔，修者以爲櫚榱，⑤短者以爲侏儒。無小大修短，皆得其所宜。"此之謂也。**明王之任人，⑥亦猶如是也。**⑦【殿本】言明哲之君，擢用人材，亦如巧匠制木也。**智者取其謀，愚者取其力，勇者取其威，怯者取其愼，無愚智勇怯，⑧兼而用之。**【殿本】《軍勢》有曰"使智，使愚，使貪，使勇，使怯"是也。**故良匠無棄材，明君無棄士。**⑨【殿本】良匠能盡其木之性而用，是無棄遺之材。明主能盡其人之行而用，是無棄遺之士。斯二者，惟良匠、明主及之。**不以一惡去其善，**⑩【殿本】《左傳》曰："善不可棄，惡不可長。"凡人未有不偶入於惡者，但惡有小大、改與弗改也。至如流毒於物，長而不悛，斯惡之大者也。未離于惡，則不知惡以爲惡。未入於善，則不知善以爲善。人苟有累善，是即知善以爲善矣。此可引而歸之全善也。儻因而有一惡，亦偶然耳。遽可以今日之一惡，忘其前日之累善哉！此爲記惡忘善也。且掩其惡以揚其善，而

① "桷"，朝鮮本、《大典》系本作"角"。
② "豕"，寬文本作"家"，楊校寬文乙本云："按'家'字當作'豕'。"
③ "杙"，原本作"杕"、寬文本作"械"，皆非，據《爾雅》改，下同。楊校寬文甲本云：《爾雅》云：'栱，杙也。大者謂之栱枓也。'桷，椽也。獻可按：'注械當作杙'。"
④ "拯"，寬文本、小野本作"椽"。
⑤ "櫚"，閩本、粵本作"欄"。按，此句《管子》未見，當出自《淮南子·主術訓》。宋潘自牧撰《記纂淵海》卷一、卷五十三次三次引用此句，卷一注明出自《淮南子》作"櫚榱"，卷五十五引兩次皆注明出自《管子》，一作"櫚榱"，一作"榱櫚"。明徐元太撰《喻林》卷六十七引《淮南子》作"櫚"。《玉篇》"櫚，屋檐也"，《淮南子》高誘注"屋垂也"，作"櫚"是。
⑥ "王"，小野本、朝鮮本、《大典》系本作"主"。"任"，寬文本作"仕"。
⑦ "猶如"，嘉靖本、朝鮮本無"如"字，《大典》系本"猶如"皆作"由"。
⑧ "愚"，元寬本無。朝鮮本、《大典》系"愚"在"智"下。
⑨ "君"，朝鮮本、《大典》系本作"主"。楊校寬文甲本云："良匠能盡其木之性而用，是無棄遺之材；明主能盡其人之行而用，是無棄遺之士。斯二者，惟良匠明主及之。"
⑩ "去"，諸本作"忘"，元寬本"一本作去"，嘉靖本作"掩"。

誘人入於善，尚懼不肯歸之，況張其惡而匿其善乎？是則爲棄之矣。**勿以小瑕掩其功。**①【殿本】《前漢·陳湯傳》曰："論大功者，不録小過。舉大美者，不疵細瑕。"瑕者，玉之玷也。言人有微過，如玉有小瑕，不可因其瑕而棄其玉，見其過而忘其功。《劉子》所謂"見朱橘一子蠹，因剪樹而棄之。睹縟錦一寸點，乃全匹而燔之"，無乃不可乎？**割政分機，盡其所有。**【殿本】蓋謂設官分職，當各隨其材之長短、小大所有而用之，不可求其備也。**然則函牛之鼎，**②**不可處以烹雞；**《吕氏春秋》曰："烹牛之鼎以烹雞，多汁之，則淡不可食。③少汁之，則熬不熟之。④"下啗反，⑤字書墜没也。【殿本】《三禮鼎器圖》曰："鼎有牛、羊、豕三鼎，古制也。牛鼎受一斛，天子飾以黄金，諸侯飾以白金，口徑、底徑及深俱一尺五寸。三足如牛，每足上以牛角飾之。羊鼎受五斗，大夫以銅爲之，無飾，口徑、底徑俱一尺，深尺一寸。豕鼎受三斗，口徑、底徑皆八寸，深九寸，士以鐵爲之，無飾。"《後漢·邊讓傳》曰："函牛之鼎以烹雞，多汁則淡而不可食。少汁則熬而不可熟。"又《莊子》曰："函牛之鼎沸，蟻不得措一足焉。"又《吕氏春秋》曰："白圭對魏王曰：'市丘之鼎以烹雞，多洎之則淡不可食，少洎之則焦而不可熟也。'"○函，容也。洎，汁也。此言大不可小用。**捕鼠之狸，不可使之搏獸。**⑥【殿本】言非其敵也。吳起謂魏文侯曰："云云，不擇其人而用之，是如伏雞之搏狸，乳狗之犯虎，雖有鬥心，⑦隨之死矣。"狸搏獸，犬犯虎，何異哉？言小不可大用。⑧**一鈞之器，**⑨**不能容以江漢之流。**【殿本】《劉子》曰："一鈞之器，不可容於泉流。"三十斤爲鈞。江水出岷，《廣雅》曰："江，貢也。"《風俗通》曰："出珍物可貢獻也。"《釋名》曰："江，共也。小水流入

---

① "掩"，嘉靖本作"蔽"。楊校寬文甲本云："《前漢·陳湯傳》曰：'論大功者，不録小過；舉大美者，不疵細瑕。'瑕者，玉之玷也。"

② "函"，正親町本、元寬本、小野本、寬文本作"涵"。楊校寬文甲本云："原本'涵'作'函'，函，容也。""此言大不可小用。"

③ "汁"，寬文本、小野本作"斗"。

④ "熬"，正親町本、寬文本、小野本作"燋"。

⑤ "啗"，元寬本作"臼"。

⑥ "之"，朝鮮本、《大典》系本作"以"。

⑦ "鬥"，《薈要》本同，蕭宗本、文淵閣本作"鬪"。

⑧ 楊校寬文甲本："言非其敵也，小不可大用。"

⑨ 楊校寬文甲本："三十斤爲均。"

其中，所公共也。"《禹貢》有中江、北江、三江、九江，今人謂川之大者皆曰江。漢，《天河》詩云"維天有漢"。又，水名，今人呼陽邏之水爲漢江。言輕不可重用也。**百石之車，不可滿以斗筲之粟。**①【殿本】《劉子》曰："萬鍾之鼎，不滿以盂水。"百，數名，什十爲百。石，量名，四鈞名石，②重百二十斤。又十斗爲石。車者，舍也。○車，尺遮反。○《古史考》曰：③"黄帝作車，引重致遠。少昊時，加牛。禹時，奚仲加馬。"○車又音居。○車，居也。《周禮注》："坐乘曰車。"又，安車，"凡婦人車皆坐乘"。又《周禮》："王后安車。"《禮記》："致仕乘安車。"斗，十升爲斗。筲，竹器也，可容斗二升。語曰："斗筲之人，何足算也。"粟，禾子也，穀粟也。粟，六種之首也。言重不可輕用也。**何則？ 大非小之量，輕非重之宜。**【殿本】此承上文言大小輕重當隨其器而用之，不可强其所不能也。**今人智有長短，**④**能有巨細。**【殿本】《亢倉子》曰："政術至要，力於審士。士有才行比於一鄉，委之鄉。才行比於一縣，委之縣。才行比於一州，委之州。才行比於一國，委之國政。而後乃能無伏士矣。"言要量忖授職也。**或充**【殿本】蘊，聚也。又蓄也。**百而尚少，**⑤**或統**【殿本】統，總也。又紀也。**一而已多。**⑥**有輕材者，**⑦**不可委以重任。**【殿本】《王命論》曰："桼梲之材，不荷棟梁之任。"又黄石公有曰："腐木不可以爲柱，庸人不可以爲主。"言智小不可以謀大也。○桼，音節。梲，之劣反。皆小材也。**有劣智者，**⑧**不可責以大功，君擇臣而授官，臣量己而受職，**【殿本】後漢仲長統《損益》篇曰："小智居大位，庶績不咸熙。"東萊先生有曰："舉千鈞之鼎者，非烏獲則不可。游萬仞之淵者，非津人則不可。"又《韓非子》曰："小知不可使謀事，小忠不可使主法。"此言德狹不可以處廣也。"成"字疑是"大"字。**則委任責成，**⑨

---

① 楊校寬文甲本云："斗筲，竹器也。可容斗二升。"
② "四"，閩本、粵本作"因"，"因"與"四"形似而訛。
③ "史"，肅宗本作"文"。
④ "長短"，朝鮮本、《大典》系本作"短長"。
⑤ "充"，朝鮮本、《大典》系本作"蘊"。"少"，原本作"小"，據《大典》系本改。
⑥ "已"，朝鮮本、《大典》系本作"爲"。楊校寬文甲本："原本'或統一而爲多'。"
⑦ "材"，朝鮮本、《大典》系本作"才"。
⑧ "劣智"，元寬本、朝鮮本、《大典》系本作"小力"。
⑨ "責以大功，君擇臣而授官，臣量己而受職，則"17字，朝鮮本、《大典》系本作"賴以成職"。"君擇"至"受職"12字，《通録》有之，上"臣"字作"才"。楊以高野本校日活字本云："'成職'多因脱文致誤。"

不勞而化，【殿本】此謂人君委任既得其人，可以深居高拱，惟責成而已，故曰"不勞而治化"也。**此設官之審也。**①【殿本】若大小輕重各適其用，可謂設官之允當也。

斯二者，治亂之源也。②【殿本】一治一亂在乎得人失人，故云"斯二者，治亂之本原"。故《書》曰"謂治亂在庶官"，此之謂也。**立國制人，資股肱以合德。**【殿本】《四子講德論》曰："蓋君爲元首，臣爲股肱，明其一體，相待而成。"《書》曰："股肱惟人，良臣惟聖。"夫手足具乃成人，忠良備乃成聖。《書》曰："同力度德，同德度義。"力鈞則有德者勝，合德則秉義者強。**宣風導俗，**③【殿本】道，去聲。**俟賢明而寄心。**④【殿本】宣，播也。道，導也。言宣播仁風，教導美俗，須待明哲賢能之人，托以衷赤則可。**是以列宿騰天，**⑤**助陰光之夕照。**【殿本】列宿，星宿也。陰光，月也。言衆星雖小，騰布于天，亦可以助月未明之光也。**百川決地，添溟渤之深源。**⑥【殿本】百川，百川之水也。溟渤，海也。言百川之水決流于地，雖微，亦可資添大海。李斯有曰："河海不擇細流，故能就其深。"**以海月之凝朗，**⑦**猶假物而爲大。**【殿本】以海之深、月之明，猶藉群物以成光大耳。物，謂列宿、百川也。**況君人御下，**⑧**統極理時，**【殿本】人君在上臨下，統總三極，循理四時。**獨運方寸之心，**⑨**以括九區之內，不資衆力，何以成功？**【殿本】《尹文子》曰："天下萬事不可備能，擇其備能於一人，則賢聖其猶病諸。設一人能備天下之事，能左右前後之宜，遠近遲速之間，必有不兼者焉。苟有不兼，于治闕矣。全治而無闕者，大小多少各當其分。"言人君運營方寸之小，包括九區之大，若不設官分職，以獨力何得成其功業。又《漢書》有曰："廊廟之材，非一木之枝。

---

① "審"，朝鮮本、《大典》系本作"當"，楊以高野本校日活字本云："'當'字誤。"
② "亂"，元寬本"一作國"。"也"，朝鮮本、《大典》系本無。
③ "導"，朝鮮本、《大典》系本作"道"。
④ "賢明"，朝鮮本、《大典》系本作"明賢"。
⑤ "是以"，朝鮮本、《大典》系本無。
⑥ "深源"，嘉靖本作"源深"。
⑦ "以"，嘉靖本、朝鮮本、《大典》系本無。"凝"，朝鮮本、《大典》系本作"深"，楊以高野本校日活字本云："'深'字是。"
⑧ "況"，朝鮮本、《大典》系本無。
⑨ "之心"，嘉靖本無"之心"二字。

帝王之功,非一士之略。"**必須明職審賢,擇才分祿**。①【殿本】《書》曰:"惟后非賢不乂,惟賢非后不食。"又孔子曰:"與其食浮于人,寧若人浮于食。"②"祿勝己則近貪,己勝祿則近廉",③故必須明辨職位大小,審實賢俊可否,選擇材能短長,分頒其爵祿。**得其人,則風行化洽**。④【殿本】用人當,則必仁風流行,教化浹洽矣。**失其用,則虧教傷民**。【殿本】用人不當,則必虧壞風教,滅傷人倫也。《書》曰"**則哲唯難**",⑤《尚書·皋繇謨》曰:"都,在知人,在安民。禹曰:'吁,咸若時,惟帝其難之! 知人則哲,能官人。'"**良可慎也**! 【殿本】此即《審官》篇目下引《皋陶謨》書語之事也。曰:"都! 在知人,在安民。"禹曰:"吁! 咸若時,惟帝其難之。知人則哲。"謂人君設官分職以治天下,其要在於知人。知人之難,堯舜猶病諸,矧乎他者,可不慎歟? 故太宗重戒之切如此!

納諫篇⑥

【殿本】《尚書》曰:"朝夕納諫,以輔台德。"又傅説謂高宗曰:"惟木從繩則直,后從諫則聖。后聖,臣不命其承。疇敢不祗若王之休命?"言木以繩直,君以諫聖。明君能受諫,則臣不待其命,承意而諫之也。既王能如此,則誰敢不敬順王之美命而諫者乎?⑦是以堯舜衢室之問,總章之訪,以來天下之諫,以通天下之情,故至聖至明以配天也。至如桀紂拒諫飾非,直至於焚放而不自覺者,誠可悲哉! 疇,誰也。祗,敬也。休,美也。

夫王者,高居深視,⑧**虧聰阻明**。⑨去為反,缺也,毀也,壞也,損也。

---

① "才",朝鮮本、《大典》系本作"材"。

② 見《禮記·坊記》,原句又作"與其使食浮於人也,寧使人浮於食"。

③ 此句爲鄭玄注文。

④ "洽",嘉靖本作"浹"。

⑤ 《書》曰',嘉靖本、朝鮮本、《大典》系本作"故云"。"則哲",嘉靖本"明哲"。按,此句化用《尚書·皋陶謨》"惟帝其難之! 知人則哲,能官人"句,故當作"則哲",作"明哲"訛。"唯",嘉靖本、朝鮮本、《大典》系本作"惟"。

⑥ 楊校寬文甲本云:"《尚書》曰:'朝夕納諫,以輔台德。'"

⑦ "誰",閩本、粵本作"諫",訛。

⑧ "視",嘉靖本作"拱"。按:《高麗史·李詹傳》引作"高居深宮","拱""宮"音近,皆通,則本有作"宮""拱"之異文。

⑨ "聰",《通錄》、朝鮮本、《大典》系本作"聽",楊以高野本校日活字本云:"'聽'字訛。""阻",嘉靖本作"沮"。

【殿本】《書》曰：“視遠惟明，聽德惟聰。”人君深處獨陽之地，九重之宮，與民懸隔。所聽不及遠，所視不得遍，復有五色以障乎目，五音以塞乎耳，雖欲視而弗明，雖欲聽而弗聰矣。此謂虧聽阻明。虧，損也。阻，障也。**恐有過而不聞，懼有闕而莫補。　所以設鞀樹木，**《鬻子》曰：①“禹門設鞀，以待四海之士，曰：‘語寡人以獄訟者，②揮鞀也。③’”《漢書》曰：“古之治天下，朝有進善之旌、誹謗之木也。”【舶橋本補注】應劭曰：“旌，幡也，堯設之。五達之道，令民進善也。”如淳曰：“欲有進善者，立於旌下言之。”《史記索隱》曰：“堯立誹謗之木。誹音非，亦音沸。韋昭云：‘慮政有闕失，使書於木，此堯時然也，後代因以為飾，今宮外橋梁頭四柱木是。’”鄭玄云：“一縱一橫為午，謂以木貫表柱四出，即今之華表。”【殿本】鬻子曰：“禹之治天下也，縣五聲以聽，曰：‘語寡人獄訟者，揮鞀。’”《世紀》曰：“帝嚳命垂作鞀鞞。”《釋名》曰：“鞀，道也。”《周禮注》曰：“鞀如鼓而小，持其柄搖之，旁耳還自擊。鞀與鼗同。”樹木，謂謗木也。《管子》云：“堯置謗木，以求下民之諫。”**思獻替之謀。**④【殿本】《後漢·胡廣傳》曰：“臣以獻可替否為忠。”**傾耳虛心，佇忠正之說。**⑤【殿本】傾，側也。言側耳而聽，虛心而受，無一物之私蔽，企望其告以正直之言也。**言之而是，雖在僕隸蒭蕘，**⑥**猶不可棄。**⑦【殿本】《毛詩》曰：“先民有言，詢於蒭蕘。”⑧又《六韜》有曰：“謀及負薪，功乃可述。”夫智者千慮，必有一失。愚者千慮，必有一得。以採言評事，豈獨專於有位者哉！至於賤役之人，言果中理合道，亦不可違。僕隸蒭蕘，至賤役者。刈草曰蒭，採薪曰蕘。**言之而非，雖在王侯卿相，未必可容。**⑨【殿本】《左傳·莊十年》：“齊伐魯，魯莊公將戰，有魯人曹劌請見。其鄉人曰：‘肉食者謀之，又何間焉？’劌曰：‘肉食者鄙，未能遠謀。’

---

①　“鬻”，寬文本、小野本作“粥鬲”，蓋因豎排寫而誤一字為二字，楊校寬文乙本：“按：‘粥鬲’二字當作‘鬻’一字。”

②　“語”，原本作“誥”，據朝鮮本、《大典》系本改。“者”，原本無，據朝鮮本、《大典》系本補。

③　“揮”，原本作“搖”，據朝鮮本、《大典》系本改。

④　楊校寬文甲本云：“《後漢書·胡廣傳》：‘臣以獻可替否為忠。’”

⑤　“說”，嘉靖本作“路”。按，此句《通錄》作“虛心思獻替之謀，傾耳佇忠正之說”。

⑥　“蒭”，朝鮮本、《大典》系本作“芻”。

⑦　“棄”下，朝鮮本有“也”字。

⑧　“蒭”，朝鮮本、日活字本作“蕘”，下注皆同。

⑨　“容”下，嘉靖本有“也”字。

乃入見"云云,終成大功而還。言肉食者,在位之人也。且曹劌以匹夫之賤,一時一言而立長勺莫大之功,可貴賤論乎? 于斯時也,以食肉者竟何爲哉? 位高而禄厚,食肉衣錦,無良謀奇策,亦贅疣耳,焉足容受哉! 容,受也。**其議可觀,①不責其辨。②**【殿本】果合大義,豈在言之巧拙耳? 空辯不足信。**其理可用,不責其文。**【殿本】果依正理,豈在文之華質耳? 虛文不足用。**至若折檻壞疏,③**《漢書》曰:"朱雲,字子游,魯人。成帝時,張禹以帝師甚尊重。雲上書求見,公卿在前。雲曰:'今朝廷大臣,④上不能匡主,下亡以益民。⑤願賜尚方斬馬劍,斬佞臣一人,⑥以厲其餘。'帝問曰:'誰也?'對曰:'安昌侯張禹。'帝大怒曰:'小臣居下訕上。⑦使下御史。攀檻,折之。"《説苑》曰:"師經鼓瑟,魏文侯起舞,賦曰:'使我言而無敢見違。'師經援瑟而撞文侯,⑧不中,中疏,潰之。文侯使提師經,下堂一等。師經曰:⑨'臣可得一言而死乎?'文侯曰:'可。'師經曰:'堯舜之君恐言而人不違,桀紂之君唯恐言而人違之。臣撞桀紂,非撞吾君也。'文侯釋之,不補疏,⑩以爲寡人戒。⑪疏者,窗也。"**標之以作戒。⑫**【殿本】漢朱雲,字游,魯人也,徙平陵。少時通輕俠,借客報仇。長八尺餘,容貌甚壯,以勇力聞。年四十,乃變節從博士白子友受《易》。又事前將軍蕭望之受《論語》,皆能傳其業。好倜儻大節,當世以是高之。元帝時,五鹿充宗貴幸,爲《梁丘易》。自宣帝時善梁氏説,元帝好之,欲考其異同,令充宗與諸《易》家論。充宗乘貴辯口,諸儒莫能抗,皆稱疾不敢會。有荐雲者,召入,攝齊登堂,抗首而請,音動左右。既論難,連拄五鹿君,故諸儒爲之語曰:"五鹿岳岳,朱雲折其角。"繇是爲博士。遷杜陵令,又爲槐里令。累上書論議大臣。至成帝時,丞相、

---

① "議",朝鮮本作"義"。楊以高野本校日活字本云:"'議'字是。"
② "辨",嘉靖本同,朝鮮本、《大典》系本作"辯"。
③ "壞",朝鮮本、《大典》系本作"懷"。
④ "大臣",寬文本、小野本無,楊校寬文甲本云:"'朝廷'下脱'大臣'二字。"
⑤ "亡以",寬文本、小野本作"無"。
⑥ "斬",寬文本、小野本作"斷"。"臣"上,寬文本、小野本有"人"字。
⑦ "訕",寬文本作"訟"。
⑧ "援",寬文本作"投"、小野本作"授",皆"援"之形訛。
⑨ "經",寬文本無,楊校寬文乙本云:"按本書'師'下有'經'字。"
⑩ "不",寬文本無,楊校、羅校補之。
⑪ "寡人",寬文本無。"戒",寬文作"誠"。
⑫ "標",寬文本、朝鮮本作"摽"。

故安昌侯張禹以帝師位特進，甚尊重。雲上書求見，公卿在前。雲曰："今朝廷大臣上不能匡主，下亡以益民，皆尸位素餐。孔子謂'鄙夫不可與事君''苟患失之，亡所不至'者也。臣願賜尚方斬馬劍，斷佞臣一人頭，以厲其餘。"上問："誰也？"對曰："安昌侯張禹。"上大怒，曰："小臣居下訕上，廷辱師傅，罪死不赦！"御史將雲出，雲攀殿檻，折。雲呼曰："臣得下從龍逢、比干於地下，足矣！未知聖朝何如耳？"御史遂將雲去。於是左將軍辛慶忌免冠解印綬，叩頭殿下，曰："此臣素著狂直於世，使其言是，不可誅。其言非，固當容之。臣敢以死爭。"慶忌叩頭流血。上意解，然後得已。及後當治殿檻，上曰："勿易，因而輯之，以旌直臣。"○按：懷疏，"疏"字疑誤。**引裾卻坐，**①《魏志》曰："辛毗，字佐治，文帝踐祚，爲侍中。帝欲徙冀州士家十萬，實河南。時民飢，群司以爲不可，而帝意甚盛。毗與朝臣俱求見，帝知其欲諫，作色以見之，皆莫敢言。毗曰：'陛下欲徙士家，其計安出？'帝曰：'卿謂我徙之非邪？②'毗曰：'誠以爲非也。'帝曰：'吾不與卿共議也。③'毗曰：'陛下不以臣不肖，置之左右，廁謀議之官，④安得不與臣議邪？臣所言非私，⑤乃社稷之慮也。'帝不答，⑥起入內。毗隨而引其裾，⑦帝遂奮衣不還，良久乃出，曰：'佐治，卿持我何太急邪？⑧'毗曰：'今徙既失民心，又無以食也。'帝遂隨其事。⑨《漢書·爰盎傳》：⑩"上幸上林，皇后、慎夫人從。其在禁中常同坐。及坐，郎署長布席，⑪盎引卻慎夫人坐。⑫慎夫人怒，⑬不肯坐，⑭上

---

①　"坐"，原本、寬文本、元寬本作"座"，據正親町本、朝鮮本、《大典》系本改，楊以高野本校日活字本云："'御坐'用袁盎卻慎夫人同坐事。"則高野本亦作"坐"。

②　"謂"，寬文本、小野本作"言"。

③　"共"，寬文本、小野本無。

④　"廁謀議之官"，寬文本無。

⑤　"臣"，寬文本、小野本無。"言"，寬文本、小野本作"云"。

⑥　"帝"，寬文本、小野本無。"答"，寬文本、小野本作"對"。

⑦　"隨"，小野本作"随"。

⑧　"持"，寬文本、小野本作"待"，非。

⑨　"隨其事"，羅校本作"徙其半"。此事亦見《太平御覽》卷四百五十三"人事部"九十四"諫諍三"，文字略有出入。

⑩　"《漢書·爰盎傳》"五字，據羅校補，原本旁校有"袁盎傳"三字。楊校寬文乙本云："效按，'上'字上當有《漢書》曰袁盎字絲，孝文時爲中郎將'十四字。"

⑪　"郎署長布席"，寬文本無。

⑫　"盎"上，寬文本有"袁"字，"盎"下無"引"字，"人"下亦無"坐"字。

⑬　"慎夫人怒"，寬文本無。

⑭　"不肯坐"，小野本作"怒慎夫人肯作"，"怒"倒"慎夫人"上，又脱"不"字。

亦怒，起。盎因前説曰：'臣聞，尊卑有序，則上下和，今陛下既已立后，慎夫人乃妾，妾、主豈可以同坐哉？且陛下幸之，則厚賜之，陛下所以爲慎夫人，適所以禍之也。獨不見人豕乎？'於是上乃説，入語慎夫人，慎夫人賜盎金五十斤。"【舩橋本補注】《前漢·袁盎傳》有卻座之故事，師古曰："同坐，謂所坐之處高下齊同，無等差也。"蘇林曰："郎署，上林中直衛之署也。"如淳曰："盎時爲中郎將，天子幸署，豫設供帳待之，故得卻慎夫人坐也。"師古曰："卻謂退而卑之也。坐音林卧反。"張晏曰："人豕，戚夫人也。"**顯之以自非。**【殿本】《三國志》："魏文帝欲徙冀州士家十萬户實河南。時連蝗民饑，群司以爲不可，而帝意甚盛。辛毗與朝臣俱求見，帝知其欲諫，作色以見之，皆莫敢言。毗曰：'陛下欲徙士家，其計安出？'帝曰：'卿謂我徙之非耶？'毗曰：'誠以爲非也。'帝曰：'吾不與卿共議也。'毗曰：'陛下不以臣不肖，置之左右，廁謀議之官，安得不與謀議耶？臣所言非私，乃社稷之慮也，安得怒臣？'帝不答，起入內。毗隨而引衣裾，帝遂奮衣不還，良久乃出，曰：'佐治，卿持我何太急耶？'毗曰：'今徙既失民心，又無以食也。'帝遂徙其半。"毗，字佐治，潁川陽翟人。明帝時爲大將軍軍帥，①使持節，節度司馬仲達六軍，以敵諸葛亮。還，爲衛尉。薨，謚肅侯。**故忠者瀝其心，**②理檄反。③《蒼頡篇》："瀝，盪也，水下滴瀝也。"野王案："時賜餘瀝是也。"盪，④流也。**智者盡其策。**⑤【殿本】梅福言《災異書》曰："天下之士雲合歸漢，知者竭其策，愚者盡其慮。"此其義也。瀝，猶竭也。盡，即終也。言人君能容折檻、引裾之諫，可使忠直者得竭瀝其心，智謀者得盡終其策也。**臣無隔情於上，君能遍照於下。**⑥【殿本】《文中子》曰："改過不吝，無咎者，善補過也。"古之明王詎能無過？從諫而已矣。故忠臣之事君也，盡忠補過。君失於上，則臣補於下。臣諫於下，則君從於上。此王道之所以不跌

---

①　"帥"，蕭宗本、浙本、閩本、粵本作"師"。

②　"故"下，朝鮮本、《大典》系本有"云"字。

③　"檄"，寬文本作"撽"。楊校寬文乙本"撽"作"激"。據《玉篇殘卷》"瀝，理激反。《蒼頡篇》'瀝瀝，盪也。'《説文》'一曰水下滴瀝也。'野王案'《史記》時賜餘瀝也。'"

④　"盪"，寬文本作"瀝"。

⑤　楊校寬文甲本云："言人君能容折檻、引裾之諫，可使忠直者得竭瀝其心，智謀者得盡其策。"

⑥　"遍"，光海君木活字本作"編"。

也。①夫君臣之道，惟恐其不通。若君能受諫，則明四目，達四聰，安有間隔哉？既無所間隔，則至公大明立矣。夫至公無私親，大明無私照。故能普爥天下也。遍者，普也。**昏主則不然，説者拒之以威，**【殿本】告之以道德者，乃自尊大，反抗之以威。**勸者窮之以罪。**【殿本】勉之以禮義者，乃自矜飾，反致之以罪。**大臣惜禄而莫諫，**【殿本】《文中子》曰："有美不揚，天下何觀？"君子之於君，贊其美而匡其失也。所以進善不暇，天下有不安哉？以尸位保禄者，誦此可無愧乎？故《記》曰："爲人臣下者，有諫而無訕，有亡而無疾。頌而無諂，諫而無驕。怠則張而相之，廢則掃而更之，謂之社稷役。"此臣之道也。又曰："近而不諫，是爲尸位也。豈容惜禄不諫哉！**小臣畏誅而不言。**【殿本】《記》曰："事君遠而諫之，僭也。"夫禄微職卑，上有當職大臣，身離人君甚遠，又於職分之外，不可越僭而言也。儻召而言之，又何僭哉？今既不召矣，復言之者又加之以罪，宜其不言也。**恣暴虐之心，**②【殿本】恣，放也。暴，殘也。虐，陵也。**極荒淫之志。**【殿本】極，窮也。荒，蕩也。淫，亂也。**其爲壅塞，**③**無由自知。**【殿本】自以壅蔽障閉，瞽其目，聾其耳，蒙然而無所知。**以爲德超三皇，**④**材過五帝。**⑤【殿本】《史記》："秦始皇初并天下，自以爲德兼三皇，功過五帝。"案：三皇、五帝，《本紀》以伏羲、女媧、神農爲三皇。黃帝、顓頊、帝嚳、帝堯、帝舜爲五帝。孔安國、皇甫謐及孫氏注，以伏羲、神農、黃帝爲三皇，以少昊、高陽、高辛、唐、虞爲五帝。又一説，天皇、地皇、人皇爲三皇。衆説不一，故並存之。○按：注"孫氏注"下當加"世本"二字。**至於身亡國滅，豈不悲矣！**⑥**此拒諫之惡也。**【殿本】此結上文而言。昏亂之君不能納諫，或有諫者，必拒之以威，窮之以罪，所以大臣惜禄，小臣畏誅，上下相視，以直言爲諱。故荒淫暴虐，縱其所爲，不知自失，以爲德超三皇，材過五帝，以至身亡國滅，可不大爲悲痛哉！此戒之深者也。

---

① "跌"，閩本、粤本作"缺"。

② "恣暴虐之心"，《高麗史·李詹傳》引作"肆其荒暴"。

③ "塞"，朝鮮本作"寒"。

④ "以爲"上，《高麗史·李詹傳》有"自"字。"超"，《高麗史·李詹傳》引作"兼"。

⑤ "材"，《高麗史·李詹傳》引作"功"。

⑥ "矣"，朝鮮本作"哉"。

去讒篇

【殿本】讒，譖也。《荀子》曰："傷良曰讒。"《小雅·青蠅》詩云："營營青蠅，止于樊。豈弟君子，無信讒言。"孔疏云："營營，往來也。彼營營往來青蠅之蟲，污白使黑，污黑使白，乃變亂白黑，不可近之。當遠去之于外，止于藩籬之上，無令在宮室之內也。此周之大夫厭幽王聽信讒佞，作此詩以刺之也。以青蠅喻讒佞之人變亂善惡，如青蠅變亂黑白也。不可親之，當棄于荒野之外，無令在朝廷之上。讒人爲害如此，故云'樂易之君子，無信讒言也'。"昔魯欲使樂正子爲政，孟子聞之，喜而不寐。公孫丑曰："樂正子强乎？"曰："否。""有知慮乎？"曰："否。""多聞識乎？"曰："否。""然則奚爲喜而不寐？"曰："其爲人也，好善。""好善足乎？"曰："好善優於天下，而況魯國乎？夫苟好善，則四海之內皆將輕千里而來告之以善。夫苟不好善，則人將曰：'訑訑，予既已知之矣。'訑訑之聲音顏色，拒人於千里之外。士止於千里之外，則讒諂面諛之人至矣。與讒諂面諛之人居，國欲治，可得乎？"以此觀之，善讒進退，治亂可見矣。

夫讒佞之徒，①**國之蟊賊也。**《詩·小雅·大田》曰："蟊賊無害。"毛公曰："食根曰蟊，食節曰賊。"莫後反。【殿本】損義傷良之謂讒，巧諂捷給之謂佞。蟊，食苗根蟲。賊，食禾節蟲。言朝廷有讒佞之人，如禾苗有蟊賊耳，謂蠹敗禍亂之甚也。**爭榮華於旦夕，**【殿本】惟貪榮顯華靡，無心于邦國。**競勢利於市朝。**【殿本】《易》曰："日中爲市。"凡物貨相貿易買賣皆曰市。朝，朝廷。朝，朝也，人君昕旦視政，貴早也。言以諂佞之人，奔競財利于市，慕權勢於朝，無匡輔之心耳。**以其諂諛之姿，**②【殿本】《荀子》曰："以不善先人者，謂之諂。以不善和人者，謂之諛。"**惡忠賢之在己上。**【殿本】言諂佞阿諛之徒，不求其己，反憎惡忠良賢能之人處于我之上。○按：注"其"字疑誤。**懷其奸邪之志，**③**怨富貴之不我先。**④【殿本】奸，詐也。《左傳》曰："在外爲奸，

---

① 楊校寬文甲本曰："損義傷良之謂讒，巧諂捷給之謂佞。讒，譖也。《荀子》曰：'傷良曰讒。'"

② "姿"，原本作"恣"，據諸本改。

③ "懷其"二字，朝鮮本、《大典》系本無。楊以高野本校日活字本云："'懷其'二字脱。"

④ "怨"，《通錄》、朝鮮本、《大典》系本作"恐"，楊校寬文甲本："原本'惡'作'恐'。"

在内爲宄。”《揚子》曰：①“不奸奸而詐詐。”邪者，不正也。豐於財曰富。貴，高也。言彼讒佞之人，以私詐不正之心，惟懼富貴不先於我耳。**朋黨相持，無深而不入。**【殿本】同門曰朋。黨，輩也。《荀子》曰：“怪星之黨見。”言朋類黨輩相執持，極其所嗜欲，雖至深之所，亦無不入耳。**比周相習，②無高而不升。**【殿本】《後漢・黃瓊傳》曰：“夫讒諛所舉，無高而不可升。相抑，無深而不可淪，可不察歟？”言阿比周密，交相因習，窮其所好樂，雖至高之地亦無不進也。○比，毗至反，阿也。周，密也。習，效也。**令色巧言，以親於上。**【殿本】孔子曰：“巧言令色，鮮矣仁。”言巧好其言語，令善其顏色，以求親愛于在上之人也。**先意承旨，以悦於君。**③【殿本】《韓非子》曰：“人主未命而唯唯，未使而諾諾，先意承旨，觀貌察色，以先主心者也。”言奸佞之賊臣也，迎其人主之趣意，順其志旨以求媚悦。**是以朝有千臣，**④《左傳》曰：“宋昭公出亡曰：‘吾知所以亡矣，⑤吾朝臣千人，發政舉事，⑥無不曰吾君聖君，⑦故不聞過，是故至於此也。’”**昭公去國而方悟。**⑧【殿本】《左傳・昭二十五年》：“初，季公鳥娶妻於齊鮑文子，生申。公鳥死，季公亥與公思展與公鳥之臣申夜姑相其室。及季姒與饔人檀通，而懼，乃使其妾抶己，以示秦遄之妻，曰：‘公若欲使余，余不可而抶余。’又訴于公甫，曰：‘展與夜姑將要余。’秦姬以告公之。公之與公甫告平子，平子拘展于卞，執夜姑，將殺之。公若泣而哀之，曰：‘殺是，是殺余也。’將爲之請，平子使豎勿内，日中不得請。有司逆命，公之使速殺之。故公若怨平子。季、郈之雞鬥，季氏介其雞，郈氏爲之金距。平子怒，益宮於郈氏，且讓之。故郈昭伯亦怨平子。臧昭伯之從弟會爲讒於臧氏，而逃於季氏。臧氏執旃。平子怒，拘臧氏老。將禘於襄公，萬者二人，其衆萬于季氏。臧孫

---

①　“揚”，蕭宗本、文淵閣本作“楊”。

②　“習”，嘉靖本作“藉”。

③　“於”，嘉靖本作“乎”。

④　“是以”二字，朝鮮本、《大典》系本無。

⑤　“亡”，寬文本、小野本作“王”。

⑥　“發”，原本、小野本作“𤼵”，俗寫。

⑦　“聖”下，寬文本無“君”字。

⑧　“昭”，原本作“桓”，諸本皆作“昭”，據改。楊以高野本校日活字本云：“此宋昭公事，注引《左傳》魯昭公，誤矣。”“方”，朝鮮本、《大典》系本作“不”，楊校寬文甲本：“原本‘方’作‘不’。”楊以高野本校日活字本云：“‘不’字譌。”

曰：‘此之謂不能庸先君之廟。’大夫遂怨平子。公若獻弓於公爲，且與之出射
於外，而謀去季氏。公爲告公果、公賁，使侍人僚柤告公。公寢，將以戈擊之，
乃走。公曰：‘執之！’亦無命也。懼而不出，數月不見。公不怒。又使言，公執
戈以懼之，乃走。又使言，公曰：‘非小人之所及也。’公果自言，公以告臧孫。
臧孫以難，告郈孫。郈孫以可勸。告子家懿伯。懿伯曰：‘讒人以君徼幸，事若
不克，君受其名，①不可爲也。舍民數世以求克，事不可必也。且政在焉，其難
圖也。’公退之。辭曰：‘臣與聞命矣，言若洩，臣不獲死。’乃館於公。叔孫昭子
如闕，公居於長府。九月戊戌，伐季氏，殺公之於門，遂入之。平子登臺而請
曰：‘君不察臣之罪，使有司討臣以干戈，臣請待於沂上以察罪。’弗許。請因于
費，弗許。請以五乘亡，弗許。子家子曰：‘君其許之！政自之出久矣，隱民多
取食焉，爲之徒者衆矣。日入慝作，弗可知也。衆怒不可蓄也，蓄而不治，將
蘊。蘊蓄，民將生心，同求將合，君必悔之！’弗聽。郈孫曰：‘必殺之。’公使郈
孫逆孟懿子。叔孫氏之司馬鬷戾言於其衆曰：‘若之何？’莫對。又曰：‘我，家
臣也，不敢知國。凡有季氏與無，於我孰利？’皆曰：‘無季氏，是無叔孫氏也。’
鬷戾曰：‘然則救諸！’帥徒以往，陷西北隅以入。公徒釋甲執冰而踞，遂逐之。
孟氏使登西北隅，以望季氏。見叔孫氏之旌，以告。孟氏執郈昭伯，殺之于南
門之西，遂伐公徒。子家子曰：‘諸臣僞劫君者，而負罪以出，君止。意如之事
君也，不敢不改。’公曰：‘余不忍也。’與臧孫如墓謀，遂行。已亥，公孫于齊，次
于陽州。”**弓無九石，**②《尹文子》曰：“周宣王弓不過三石，③以示左右，左右皆
曰‘九石’。宣王終身以爲九石，豈不悲哉！”【舩橋本補注】《周禮·考工記》弓
人職云：“材美工巧爲之時謂之參均，角不勝幹，幹不勝筋，謂之參均。量其力
有三均，均者三謂之九和。”注云：“‘有三’讀爲‘又參’，量其力又參均者，謂若
幹勝一石加角，而勝二石被筋，而勝三石引之，中三尺，假令弓力勝三石，引之
中三尺，弛其弦，以繩緩擽之，每加物一石，則一尺，故書勝或作稱。”**宣王**【殿
本】“寧一”二字當作“宣王”。**終身而不知。**④【殿本】《尹文子》曰：“世有因名
以得實，亦有因名以失實。宣王好射，說人之謂己能用强也。其實所用不過三

---

① “名”，文淵閣本作“咎”。
② “弓”，嘉靖本作“宫”。
③ “周宣王”當作“齊宣王”，見《呂氏春秋·壅塞》篇。
④ “宣王”，朝鮮本、《大典》系本作“寧一”。

石。以示左右，左右皆引試之，中闢而止。皆曰：‘不下九石，非大王孰能用是？’宣王悦之。然則宣王用不過三石，而終身自以爲九石。三石，實也。九石，名也。宣王悦其名而喪其實也。”今經云“寧一”者，蓋“宣王”二字，傳之訛耳。**以疏間親，宋有伊戾之禍。**《左傳・襄公廿六年》曰：“宋人伊戾爲太子内師而無寵。①秋，楚客聘於晉，過宋。太子知之，請野亨之。公使往，②伊戾請從之。公曰：‘夫不惡女乎？’對曰：‘小人之事君子也，惡之不敢遠，好之不敢近，敬以待命，敢有貳心乎？③縱有供其外，莫供其内，臣請往也。’遣之。至則欲，用牲，加書徵之，而騁告公曰：‘太子將爲亂，既與楚客盟矣。④’公曰：‘爲我子，又何求？’對曰：‘欲速。’公使視之，則信有焉。問諸夫人與左師，則皆曰‘固聞之’。公囚太子也。⑤”【舩橋本補注】宋太子痤與楚客舊相知之故，請宋公欲野享楚客而享之。伊戾答曰：“小人之事君子之道，雖君子惡之不敢自取疏遠，雖君子好之亦不敢輒至褻近也。恭敬以待君子之命，不敢有攜二之心，縱有人以共太子在外擯相之職，若已不行恐莫共大子内侍之職。臣請往相大子。”宋公遣伊戾往從太子，至大子所，伊戾詐作盟處，掘地做欲，用牲加盟書而馳歸，告於宋平公曰：“大子痤將反爲亂，既與楚客盟以定約。”公曰：“又爲禍亂，欲何所求？”伊戾言大子欲速得公位，平公使人往視大子之所，則信有盟徵在焉。左師即向成也，平公以其事問於二人，曰同聞大子欲反，平公乃囚大子痤與加之罪。本傳公囚大子下語曰：大子曰唯佐也能免我。召而使請，曰日中不来，吾知死矣。左師聞之，聒而與之語，（注欲使佐失期）過期，乃縊而死。乃烹伊戾。大子痤自言曰：惟夫人之子佐婉順，必能免己於禍，使人就請於佐，若日向中而佐不來，我知不免而死矣。過日中之期，大子以佐不來救己，乃自縊而死。平公立佐爲大子，平公徐聞大子痤無欲反之罪，乃殺伊戾而烹之。【殿本】《左傳》：“初，宋芮司徒生女子，赤而毛，棄諸堤下。共姬之妾取以入，名之曰棄，長而美。平公入，夕，共姬與之食，公見棄也而視之，尤。姬納諸御，嬖，生佐，惡而婉，太子痤美而狠，合左師畏而惡之。宋寺人牆伊戾爲太子師，無寵。秋，楚

---

① 楊校寬文乙本云：“按本書‘宋人’二字作‘寺人惠牆’四字。”

② “公”，寬文本無，楊校寬文乙本云：“按本書‘使’上有‘公’字。”

③ “心”，寬文本無，楊校寬文乙本云：“按本書‘貳’下有‘心’字”。

④ “與”，寬文本作“爲”，楊校寬文乙本云：“按本書‘既爲’之‘爲’作‘與’”。

⑤ “也”，楊校寬文乙本云：“按本書無‘也’字。”

客聘于晉，過宋。太子知之，請野享之，公使往。伊戾請從之。公曰：'夫不惡女乎？'對曰：'小人之事君子也，惡之不敢遠，好之不敢近，敬以待命，敢有二心乎？縱有共其外，莫共其内，臣請往也。'遣之。至，則欪，用牲，加書，徵之，而聘告公，①曰：'太子將為亂，既與楚客盟矣。'公曰：'為我子，又何求？'對曰：'欲速。'公使視之，則信有焉。問諸夫人與左師，則皆曰：'固聞之。'公囚太子。太子曰：'唯佐能免我。'召而使請，曰：'日中不來，吾知死矣。'左師聞之，聒而與之語。過期，乃縊而死。佐為太子。公徐聞其無罪也，乃烹伊戾。"○間，去聲。間，為居其間也。**以邪敗正，楚有郤宛之誅。**②《左傳·昭公廿七年》曰："楚左尹郤宛攻吳，聞吳亂而還。郤宛直而和，國人説之。令尹子常賄而信讒，無極謂子常曰：'子惡欲飲子酒'，又謂子惡：'令尹欲飲酒於子氏。'曰：'我，賤人也，無以酬之，若何？'無極曰：'令尹好甲兵。'取五甲五兵寘諸門。及饗日，無極謂令尹曰：'甲兵在門矣，將為子不利，子必無往，且此役也，吳可以得志，子惡取賂而還。'子惡聞之，遂自殺也。令尹炮之，盡滅郤氏之族。③"【舩橋本補注】正曰楚可必得志於吳，郤宛取賂於吳而退其師。【殿本】《左傳》："郤宛直而和，國人説之。鄢將師為右領，與費無極比而惡之。令尹子常賂而信讒，無極譖郤宛焉，謂子常曰：'子惡欲飲子酒。'又謂子惡：'令尹欲飲酒於子氏。'子惡曰：'我，賤人也，不足以辱令尹。令尹將必來辱，為惠已甚，吾無以酬之，若何？'無極曰：'令尹好甲兵，子出之，吾擇焉。'取五甲五兵，曰：'寘諸門。令尹至，必觀之，而從以酬之。'及饗日，帷諸門左。無極謂令尹曰：'吾幾禍子。子惡將為子不利，甲在門矣。子必無往！且此役也，吳可以得志。子惡取賂焉而還。又誤群帥，使退其師，曰乘亂不祥。吳乘我喪，我乘其亂，不亦可乎？'令尹使視郤氏，則有甲焉。不往，召鄢將師而告之。將師退，遂令攻郤氏，且燒之。子惡聞之，遂自殺也。國人弗燒，令曰：'不燒郤氏，與之同罪。'或取一編菅焉，或取一秉秆焉，國人投之，遂弗燒也。令尹炮之，盡滅郤氏之族黨，殺陽令終與其弟完及佗，與晉陳及其子弟。晉陳之族呼於國曰：'鄢氏、費氏自以為王，專禍楚國，弱寡王室，蒙王與令尹以自利也。令尹盡信之矣，國將如何？'令

---

① "聘"，文淵閣本作"聘"。
② "宛"，嘉靖本作"生"。按，郤宛，字子惡，春秋時楚國人，伯州犁之子，伯嚭之父。
③ "也"，《左傳》作"黨"。

尹病之。後殺費無極與鄢將師，盡滅其族，説于國也。"**斯乃暗主庸君以之迷惑，**[①]【殿本】黄石公曰："迷而不返者惑。"言暗弱不明之主，庸愚無察之君，荒迷惑亂，拒賢聽讒，致此耳。**忠臣孝子所可泣冤。**[②]【殿本】忠臣，謂郤宛也。孝子，謂宋太子痤也。言宛之忠、痤之孝，終被誣詐屠戮，甚可爲哀泣冤枉矣。**故叢蘭欲茂，秋風敗之。**【殿本】《文子》曰："日月欲明，浮雲蔽之。叢蘭欲茂，秋風敗之。"叢，聚也。謂聚生之芳蘭將欲茂盛之時，竟被秋天淒然之風敗落之矣。以此喻讒害良也。**王者欲明，讒人蔽之。**【殿本】《素書》曰："有過不知者蔽。"君王方欲明察，竟被諂佞之小人蔽障之耳。此謂庸暗之主，非英明之君也。**此奸佞之危也。**【殿本】言此乃奸邪諂佞之危險也。

斯二者，[③]**昏明之本。**[④]【殿本】二者指以疏間親、父殺其子，以邪敗正、君族其臣。故云斯二者是傾覆國家之本耳。**砥躬礪行，莫尚於忠言。**【殿本】《尚書》高宗謂傅説："若金，用汝作礪。"礪，磨石也。所以磨利于其器，以喻人君欲磨利躬行者，無有加其忠直之言耳。**毁德敗心，**[⑤]**莫逾於讒佞。**【殿本】敗壞大德、正理者，無過於奸讒。"敗德敗正"是對"砥躬礪行"也，不當作兩"敗"字。《書》曰："反道敗德。"恐其傳寫之訛，然上"敗"字當作"反"字。**今人顔貌同於目際，**[⑥]**猶不自瞻，**【殿本】東萊先生有曰："察秋毫之末者，不能自見其睫際。"際猶睫也。睫，目際毫，至近目，而自不見也。**況是非在無形，**[⑦]**奚能自睹？**[⑧]【殿本】謂以顯然形體見於外者，猶不能鑑識，何況是非在於冥然無形質之間乎？**何則？**[⑨]**飭其容者，**[⑩]**皆能窺**

---

① "以之"，大典系本、朝鮮本作"之所"。

② "所可"，朝鮮本、《大典》系本作"之可"，嘉靖本作"之所"，楊以高野本校日活字本云："'之可泣冤'，無此句法。"

③ 楊校寬文甲本云："二者，指以疎間親，父殺其子；以邪敗正，君殺其臣。"

④ "昏明"，朝鮮本、《大典》系本作"危國"，"本"下，寬文本有"也"字，楊校寬文甲本："原本'昏明之本也'作'危國之本'。"

⑤ "毁德敗心"，朝鮮本、《大典》系本作"敗德敗正"，嘉靖本"敗正"作"反正"。

⑥ "同"，嘉靖本作"泂"。

⑦ "在"下，《通録》、朝鮮本、《大典》系本有"於"字。

⑧ "奚"，《通録》作"焉"。

⑨ "則"，嘉靖本作"者"。

⑩ "飭"，嘉靖本同，朝鮮本、《大典》系本作"飾"，小野本、寬文本作"餝"，下《崇儉》篇同。

於明鏡。^①**修其德者，**^②**不如訪於哲人。**^③**拒善自愚，**^④**何迷之甚！**
【殿本】《太公陰謀》曰："以鏡自照者，見形容。以人自照者，見吉凶。"《韓非子》
曰："古之人目短於自見，故以鏡觀面。智短於自知，故以道正己。故鏡無見疵
之罪，道無明過之怨。目失鏡，則無以正鬚眉。身失道，則無以知迷惑。"既解
窺形於明鏡，不知問道於哲人，是愚惑之甚也。**良由逆耳之辭難受，順心**
之說易從。　【殿本】《後漢·左雄傳》曰："臣聞人君莫不好中正而惡讒諛，然
而歷世之患，莫不以忠正得罪、讒諛蒙倖者，蓋聽忠難，從諛易也。"正直之辭，
逆其耳而不領。依阿之說，隨其心而即行。**彼難受者，藥石之苦喉也。**
【殿本】《漢書》："子房謂高祖曰：'良藥苦口利於病，忠言逆耳利於行。'"此之謂
也。**此易從者，鴆毒之甘口也。**^⑤《左傳·閔公元年》曰："宴安鴆毒，不可
懷也。"^⑥以宴安比之酖毒。^⑦《說文》曰："鴆，毒鳥也。一名運日。"《廣雅》曰：
"鴆鳥雄曰運日，^⑧雌曰陰諧。"《廣志》曰："鴆鳥形似鷹，大如鴞，毛紫黑，喙長
七八寸，黃赤如金，食蛇及橡實，常居高山巔。"《晉語》云："鴆鳥食蝮，以其羽翻
擽酒水中，^⑨則能殺人也。"【殿本】徐惠曰："珍玩伎巧，乃喪國之斧斤。珠玉錦
綉，實迷心之鴆毒。"鴆，毒鳥也。以羽入酒，飲之即死。《左傳》曰："宴安鴆
毒。"謂讒諂依阿之言，雖聽之順而如口食其甘物，豈知中有鴆毒之禍乎！**故**
明主納諫，^⑩**病就苦而能消。　暗主從諛，命因甘而致殞。**^⑪【殿本】李
固貽書黃瓊曰："興國之君樂聞其過，荒亂之主樂聞其譽。聞其過者，過日消而
福臻。聞其譽者，譽日損而禍至。"《小雅》詩曰"盜言孔甘，亂是用餤"，此之謂
也。孔，甚也。甘，美也。餤，進也。此詩刺幽王也。謂小人其言甚美，幽王聽

---

① "能"，朝鮮本、《大典》系本作"解"。
② "修"，嘉靖本作"脩"。
③ "如"，元寬本、朝鮮本、《大典》系本作"知"。
④ "拒善自愚"，朝鮮本、《大典》系本作"詎自庸愚"。
⑤ "也"，原本作"之"，據衆家本改。
⑥ 楊校寬文甲本云："'宴安鴆毒，不可懷也'，此《左傳》不有經文，杜預之注也。"
⑦ 楊校寬文乙本云："按本書'以宴安比之酖毒'七字注文也。"
⑧ "曰"，寬文本脫。
⑨ "擽"，原本作"歷"，據寬文本、小野本改。
⑩ "故"，朝鮮本、《大典》系本無。"主"，《大典》系本作"王"。
⑪ "致"，肅宗本作"致"。

信之，禍亂用是進益也。○餤音淡。殞，喪也。**可不諫哉！**① 【殿本】太宗於此爲憂爲懼，至深至切，故更三禁約之也。言爲人君者，見如此諂佞禍亂之慘酷，豈可不懼之哉！誡，懼也。又，約束也。

---

① “諫”，元寬本、寬文本、朝鮮本、《大典》系本作“誡”，嘉靖本“戒”。朝鮮本、殿本多一“可不誡哉”句，楊校寬文甲本亦補之。

帝　範　下

誡盈篇

【殿本】《易·豐卦》彖辭曰："日中則昃，月盈則食。"此聖人當豐盛之時，憂懼之辭也。蓋日中者，昃所倚。月盈者，食所伏，必然之理。人君居至高至極之位，乃豐盛之象，固當憂懼守中，不至過極則可。不然，必有傾危之機發矣。所以，晉武帝不知憂懼，則有身後之亂。唐玄宗不知憂懼，則有末年之變。知憂，其惟堯舜之敬戒、禹湯之罪己、文王之無逸乎？事事物物，纔到盈處，無有不變者，非聖君賢人，孰能持盈哉？或問揚子持滿，曰："扼欹。"扼者，抑也，猶抑損之也。言持滿者，當自損抑，以正其欹。不然，則覆矣。欹，謂欹器也。昔孔子入魯桓公廟，見有欹器焉，曰"宥坐之器也。虛則欹，中則正，滿則覆"。使弟子著水以驗之，信然。孔子喟然嘆曰："吁！惡有滿而不覆者哉！"子路曰："敢問持滿有道乎？"孔子曰："聰明聖知，守之以愚。功被天下，守之以讓。勇力撫世，守之以怯。富有四海，守之以謙。此所謂挹而損之之道也。"故太宗達此理而告誡之耳。盈，滿也。欲抑滿得中實難，但滿而不溢，斯可矣。○扼，於革反。

夫君者，儉以養性，渠玃反。①《尚書》曰："恭儉惟德。②"野王案："儉，約也，不奢之稱也。"《論語》曰"禮與其奢也，寧儉"是也。《國語》曰："器無彤鏤，儉也。"③《廣雅》："儉，少也。"④【殿本】《左傳》曰："儉，德之共也。"《孟子》

---

① "玃"，寬文本作"儽"。
② "德"上，原本衍"野"。楊校寬文甲本云："《尚書·周官》篇：'位不期驕，祿不期侈，恭儉惟德。'"
③ "彤"，寬文本作"肜"，杨校寬文甲本云："《國語·周語》曰：'夫宮室不崇，器無彤鏤，儉也。'"
④ "少"，正親町本、寬文本作"小"。

曰：“存其心，養其性，儉約也。”天理在人曰性，聖人云“天命之謂性”。董仲舒曰：“性者，生之質也。”養，涵也。儉欲知足，可以養性矣。苟不儉欲而知足，是傷於性也。《老子》曰：“禍莫大於不知足。”故人君當以儉德涵養其性，不至於奢侈。**静以修身。**【殿本】《文子》曰：“無爲者，守静也。守静能爲天下正。”静，無爲也。修，正也。人君宜静而無爲，以修正其身耳。**儉則民不勞，静則下不擾。**【殿本】《書》曰：“用静，吉。用作，凶。”既儉欲而不貪，則不勞也。既静志而無爲，則不擾也。以秦皇、漢武于無事之時，而欲窮兵黷武，殘民敝衆，亂擾天下，是不儉欲、不静志也。**民勞則怨起，下擾則政乖。**【殿本】《孟子》曰：“以佚道使人，雖勞不怨。”謂既不能儉以養性，静以修身，則生奢侈之心矣。奢侈之心既生，則耗用不節。耗用不節，必重斂于民。故人勞下擾而怨起政乖也。**人主好奇技淫聲、**《禮記·樂記》曰：“鄭衛之音，亂世之音也，比於慢矣。桑間濮上之音，亡國之音也。”鄭玄曰：“濮水之上，地有桑間者，亡國之音於此水出也。”孔穎達曰：“鄭國之音好濫淫志，衛國之音促速煩志，故並是亂音也。”【殿本】《泰誓》曰：“作奇技淫巧以悦婦人。”《論語》曰：“鄭聲淫，非雅樂也。”**鷙鳥猛獸，**《禮記·月令》曰：“鷹隼蚤鷙。”[1]鄭玄曰：“得疾癘之氣也。”[2]猛獸，西旅獻之，[3]大如犬也。[4]【舩橋本補注】《尚書·旅獒》篇云：“西旅獻獒，大保乃作《旅獒》，用訓于王，珍禽奇獸不育于國。”云西旅、西戎，遠國名。獒，犬高四尺者。【殿本】《廣雅》曰：“鷙，執也，取其能服執衆鳥。”鷙鳥者，鷹鸇鵰鶚之屬。猛獸者，貔虎熊羆之類。〇鷙音至。**游幸無度，**【殿本】《毛詩序》曰：“游蕩無度。”《孟子》曰：“一游一豫，爲諸侯度。”故盤游行幸，不可無度則也。**田獵不時。**【殿本】《禮·王制》篇：“天子諸侯無事，則歲三田。一爲乾豆，二爲賓客，三爲充君之庖。無事而不田曰不敬，田不以禮曰暴天物。”又曰：“獺祭魚，然後虞人入澤梁。豺祭獸，然後田獵。鳩化爲鷹，然後設罻羅。草木零落，然後入山林。昆蟲未蟄，不以火田。不麛，不卵，不殺胎，不殀夭，不覆巢。”斯謂田獵不可廢，亦不可過。唯不可廢，故無事則必田。無事而不田，是

---

① “隼”，寛文本作“鶻”，楊校寛文甲本云：“鶻，《禮記》作隼。”正親町本作“**鶻**”，訛。
② 楊校寛文甲本云：“癘當作厲。”
③ “旅”，寛文本作“蜀”，《書·旅獒》：“西旅獻獒。”孔傳：“西戎遠國貢大犬。”孔穎達疏：“西方之戎有國名旅者。”正親町本作“剗”，訛。
④ “犬”下，原本衍“之”。楊校寛文甲本云：“‘猛獸’以下十字非《月令》注。”

不知事神接人之道，斯爲不敬也。唯不可過，故其田獵必以時。田獵不以時，是謂禽荒而殘暴天物，妨奪民時也。**如此則徭役煩，徭役煩則人力竭，人力竭則農商之業廢焉。**①【殿本】《韓非子》曰：“徭役少，則民安。徭役多，則民苦。”《前漢·食貨志》曰：“徭役橫作，政令不信，上下相詐，公田不治。”徭役，工作征戍也。若游幸田獵，無度不時，則徭役頻煩，人力疲竭，而農桑荒廢矣。**人主好高臺深池，**【殿本】《泰誓》曰：“唯宮室、臺榭、陂池、侈服。”**雕琢刻鏤，**【殿本】《荀子》曰：“雕琢刻鏤，黼黻文章，以塞其目。”又《非有先生論》曰：“陰奉雕琢刻鏤之好，以納其心，務快耳目之欲。”治木治玉石之類也。**珠玉珍玩，**【殿本】《西京賦》：“攢珍寶之玩好。”又《晉安帝紀》曰：“桓玄尤愛珍寶，②常玩弄珠玉不離于手。”夫古之明君聖主，抵璧於山，沉珠於海，惟道德是貴，何嘗以珠玉爲珍玩哉？**黼黻絺綌。**③《尚書注》曰④“黼若斧形，黻爲兩己相背。⑤”《詩注》曰⑥“葛之精者曰絺，粗者曰綌也。”⑦【殿本】《書·益稷》篇曰：“予欲觀古人之象，日月星辰，山龍華蟲作會，宗彝、藻火、粉米、黼黻絺繡。”注：“黼如斧形，刃白而身黑。黻，謂兩弓字相背，⑧青黑，綫繡。”絺，展幾反，謂刺以爲繡也。又，“葛之精者曰絺”。然則“綌”當作“繡”字，不然，綌是葛之粗者，非奢侈之物，人主何好焉？**如此則賦斂重，**《論語》曰：“哀公問於有若曰：‘年饑，用不足，之如何？’對曰：‘盍徹乎？’”鄭玄曰：“周法什一而稅，謂之徹也。”皇侃曰：“魯哀公愚暗，政苛賦重，魯起宣公而十稅二，至於哀公，亦猶十二，賦稅既重，民飢國乏，由於十二故也。”**賦斂重則民財匱，**⑨**民財匱則飢**

---

①　“之業”，朝鮮本、《大典》系本無。

②　“桓玄”，《大典》系本作“桓元”，避玄燁諱改。

③　“綌”，寬文本作“綷”，蕭宗本作“綹”，楊校寬文本曰：“‘綷’當作‘綌’字，綌是葛之粗者，非奢侈之物，人主何好焉？”

④　“注”，正親町本、寬文本脱。楊校寬文甲本：“注‘《尚書》曰’之文，非經文，注文也。”此爲孔安國注文。

⑤　“爲”，正親町本、寬文本脱。

⑥　“《詩注》”，正親町本、寬文本作“《尚書》”，楊校寬文乙本：“《尚書》二字當作《毛詩傳》。”

⑦　楊校寬文甲本云：“《尚書》無此文，‘葛’以下疑毛萇注。”此爲《小爾雅》之文。

⑧　“弓”，浙本作“己”。孔疏：“黻謂兩己相背，謂刺繡爲己字，兩己字相背也。”阮元《揅經室集·釋黻》：“説黻者曰兩己相背戾，而自古畫象則作亞形，明兩弓相背戾，非兩己相背戾也。”

⑨　“民財匱”，朝鮮本、《大典》系本作“人才遺”，下句同。《通録》作“不竭民力，不匱民財”，楊以高野本校日活字本云：“‘匱’，古多作‘遺’，遂訛作‘遺’。”

寒之患生焉。①【殿本】《禹貢》曰："厥賦惟上上錯。"注："賦，謂土地所生，以供天子。"此爲賦税也。《周禮》："大宰八則，五曰賦貢。"注："賦，口率出泉也。貢，功也。九職之功所税也。"此爲賦貢也。《漢書·刑法志》曰"畿方千里，有税有賦。税以足食，賦以足兵"是也。斂，聚也。《書》曰："不役耳目，百度惟貞。玩人喪德，玩物喪志。志以道寧，言以道接。不作無益害有益，功乃成。不貴異物賤用物，民乃足。犬馬非其土性不畜，②珍禽奇獸不育於國。不寶遠物，則遠人格。所寶惟賢，則邇人安。"此亦戒後之人君，不可以聲色亂百度，不可玩人、玩物以喪德、志，不可以游觀，徒費時日，不可以爲無益害有益，不可以無用妨有用。惟當遠利親賢，以安遠近。若如此，則荒虐暴陵，疲民力、失人才，患生何疑？患既生於下，其在上者得安乎？隋之煬帝其是哉！爲人君者，可不三省焉！**亂世之君，極其驕奢，**【殿本】鄧析子曰："畏儉則福生，驕奢則禍起。"又聲隅子曰："居顯不以爲驕，驕奢可乎？"**恣其嗜欲。**③【殿本】恣，肆也。嗜，好也。欲，貪也。**土木衣緹綉，**【殿本】緹者，丹黄色帛。綉，謂刺綉五色成文。《宦者傳論》曰："狗馬飾雕文，土木被緹綉。"又東方朔曰："土木衣綺綉，狗馬被繢罽。"《佞倖傳》云："董賢起大第闕下，土木之功，窮極伎巧。柱檻衣以緹錦，土牆木屋也。"言皆被緹綉之文彩。○緹，音提。**而民裋褐不全。**④他禮反。鄭玄曰："綿色也。"⑤《説文》："帛丹黄也。"思又反。《考工記》曰："畫繪之事，五色備謂之綉也。"⑥【殿本】裋褐，僕豎之衣也。《戰國策》："墨子謂楚王曰：'棄其錦綉之衣，而竊人之裋褐。'"言土木復衣其彩綉，而人裋褐卻不得完全。此即以無用而妨有用也。**犬馬厭蒭豢，**⑦**而民糟糠不足。**《禮記》曰：⑧"牛羊曰蒭，犬豕曰豢。"【殿本】《孟子》曰："庖有肥肉，厩有肥馬，民有飢色，野有餓莩，此率獸而食人也。"此之謂乎？又《戰國策》："管燕得罪齊

---

①　"生"元寬本作"主"。
②　"畜"，文淵閣本作"蓄"。
③　"欲"，嘉靖本作"慾"。
④　"裋"，原本、正親町本、嘉靖本、朝鮮本作"短"，元寬本作"裋"，皆非，據寬文本、《大典》系本改。
⑤　楊校寬文甲本云："'鄭玄曰'以下三字不知何書注，'綿'字疑'帛'字。"
⑥　"五色備"，寬文本作"五千倫"，蓋傳寫摹刻訛誤，楊校寬文甲本云："按《周禮·考工記》曰：'畫繢之事，五彩備謂之綉。'"羅校作"五色備"，亦通。
⑦　"蒭"，元寬本、朝鮮本、《大典》系本作"芻"。"犬馬厭"，嘉靖本作"禽獸飽"。
⑧　"《禮記》曰"，楊校寬文甲本作"《禮記》鄭氏曰"。

王，謂其左右曰：‘子孰與我赴諸侯乎？’左右嘿然莫對。管燕連然流涕曰：‘悲夫！士何其易得而難用也！’田需對曰：‘士三食不得饜，而君鵝鶩有餘食。下宮糅羅紈，曳綺縠，而士不得以爲衣緣。’”此即以無益而害有益也。○豢，音患，養也。以穀食犬豕曰豢。**故人神憤怨，**①【殿本】明則有人怨恨，幽則有神憤怨。亢倉子曰：“人怨者，非不接人也。神怒者，非不事神也。巧佞甚，人愈怨。淫祀甚，神益怒。”謂非其道也如此。**上下乖離，**【殿本】《荀子》曰：“上詐其下，下詐其上，則是上下析。”析，離也。又揚子曰：“惠以施下，忠以衛上。”今君之澤不能及於下，民之情不得達於上，上下乖戾離隔矣。**佚樂未終而傾危已至。**②【殿本】《孝經疏》曰：“貴不與驕期而驕自至，富不與侈期而侈自來，驕侈以行已，所以速亡。”此言富貴生驕侈，驕侈恣嗜欲。若不知戒，則佚樂未終，而傾危已至，此必然之理也。《易》曰：“安不忘危，存不忘亡。”若能如此，可無患矣。佚，與逸同。○樂，音洛。**此驕奢之忌也。**【殿本】此乃不能預誡其盈，③以貪慕其驕侈，至於亂危，可不畏哉？忌，畏也。《少儀》有曰：“國家靡敝，則車不雕幾，④甲不組縢，食器不刻鏤，君子不履絲屨，⑤馬不常秣。”今既不循此道，而極其驕奢者，傾之必矣。此太宗所以深戒之也。

崇儉篇

【殿本】夫儉者，去奢從約之謂，豐國富民之本也。考諸今古，創業垂統之君，莫不以儉約而興。敗國喪身之主，莫不以奢侈而亡。其興亡成敗，載諸簡册，昭昭然可爲鑑矣。故太宗以儉居戒盈之先，豈無意哉？雖然，儉固近於吝矣。儉不中禮，是爲吝也。雖有周公才美，驕吝猶不足觀，況其他乎？此所以《蜉蝣》刺其好奢，《蟋蟀》刺不中禮也。然則其何以行之哉？曰《論語》不云乎，⑥“菲飲食而致孝乎鬼神，惡衣服而致美乎黻冕，卑宮室而盡力乎溝洫”，此

① “故”上，嘉靖本有“是”字，“人神”作“神人”。“憤怨”，朝鮮本、《大典》系本作“怨憤”。楊校寬文甲本：“一本作怨憤。”

② “而”，朝鮮本、《大典》系本無。

③ “誡”，閩本似“誠”，粵本遂作“誠”，形近而訛。

④ “幾”，文淵閣本作“璣”。按：《禮記·少儀》作“幾”。

⑤ “履”，文淵閣本、閩本、粵本作“屨”。

⑥ “論”，肅宗本、文淵閣本無。

是明王之盛德，至聖之格言。依而行之，吾無間然矣。

　　夫聖代之君，①**存乎節儉。**②【殿本】《史記》曰：“治國之道，富民爲始。富民之要，在於節儉。”又《詩》之《葛覃》謂“后妃之本，躬儉節用，化天下以婦道”。后妃猶能以節儉化天下，而況其聖世之君乎？節者，不傷財、不害民之謂也。**富貴廣大，守之以約。**【殿本】孔子曰：“以約失之者，鮮矣。”夫富有四海，貴爲天子，此乃富貴廣大之極矣。若不守之以約，未有不失之者也。《文子》曰：“富貴廣大，守之以狹。”亦從約義。**睿智聰明，守之以愚。**【殿本】《中庸》曰：“唯天下至聖，爲能聰明睿知，足以有臨也。”以是知古之聖王，冕而前旒，所以蔽明。黈纊充耳，所以塞聰。明所不見，聰所不聞，非自壅遏也。防閑其淫聲讒語、好色奇玩，以亂其耳目也。《老子》曰：“君子盛德，③容貌若愚。”亦此意也。又《文子》曰：“聰明廣智，守之以愚。”**不以身尊而驕人，**【殿本】魏太子擊謂田子方曰：“貧賤者，驕人乎？富貴者，驕人乎？”子方曰：“貧賤者，驕人耳。富貴者，安敢驕人？人主驕人而亡其國，吾未見以國待亡者也。貧賤者若不得意，納履而去，安往而不得？貧賤者驕人，富貴者安敢驕人？”○按：《說苑》“貧賤”作“貧窮”，“安往而不得”下有“貧窮乎”三字。**不以德厚而矜物。**④【殿本】《繫辭》曰：“勞謙，君子有終。吉。”子曰：“勞而不伐，有功而不德，厚之至也。”矜，伐也。《老子》曰：“盛德若不足。”古昔聖賢進德修業以務滋崇，豈敢矜物乎？**茅茨不剪，采椽不斫，**【舩橋本補注】貞觀廿二年，太宗營玉華宮，務令儉約，惟所居殿覆以瓦，餘皆茅茨。⑤【殿本】《墨子》曰：“堯舜德行，茅茨不剪，采椽不斫。”師古曰：“屋蓋曰茅茨，茨以覆居也。”采亦作採，柞木也。**舟車不飾，**⑥【殿本】《白氏六帖》曰：“門閭、舟車不飾，儉也。”**衣服無**

----

① “代”，朝鮮本、《大典》系本作“世”。楊校寬文甲本：“一本‘代’作‘世’。”

② “存”，正親町本、原本作“爲”，據朝鮮本、《大典》系本改，元寬本“存，一作在”。

③ “子”下，肅宗本、文淵閣本有“以”字。

④ “矜”，原本、寬文本作“矝”，據朝鮮本、《大典》系本改。按：清臧庸《拜經日記》：“據慧苑所引，知唐本《說文·矛部》‘矜’下有‘憐也’一訓，而今本止有矛柄之義。後世字書韻學混淆，致改《玉篇》誤從‘今’。唐以來字書遂無有作‘矜’者矣。猶幸慧苑書引《毛詩傳》及《說文》《字統》《玉篇》皆可藉以考正。而慧苑又分‘矜’‘矝’二字，當由習見作‘矜’，故強爲區別耳。”

⑤ 引自《資治通鑑》卷一百九十八《唐紀十四》。

⑥ “飾”，嘉靖本作“飭”。

文，【殿本】東方朔曰"衣緼無文"，《論語》曰"惡衣服"，①《禮》曰"節醜其衣服"，皆言不用文綉也。**土階不崇，**②《帝王世紀》曰："堯堂高三尺，土階三等，茅茨不剪，采椽不斵，夏服葛衣，冬服鹿裘也。"【殿本】《墨子》曰："堯舜堂高三尺，土堦三等，故不高也。"堦，陛也。**大羹不和。**《左傳·桓二年》曰："大羹不致。"杜預曰："大羹，肉汁。不致五味也。"【舩橋本補注】正曰：大羹不和，貴其質也。大古初，食肉者煮之而已，未有五味之齊，祭神設之，所以敬而不忘本也。不致者，不致酸苦辛鹹甘之五味也。【殿本】《禮器》曰："有以素爲貴者，大圭不琢，大羹不和。"疏云："大羹，肉汁也。不和，無鹽梅也。太古初變腥，③但煮肉而飲其汁，未知調和。後人祭必重古，故但盛肉汁，謂之大羹不和。"已上六事，皆言上古明王崇儉也如此。**非憎榮而惡味，**④**乃處薄而行儉。**【殿本】言聖人如此質素，非是憎嫌榮華，鄙惡甘美也。乃欲居以淡薄，施以節儉，以身爲天下先。然後其教不嚴而治，不令而行也。**故風淳俗樸，**【殿本】《説文》曰："上以化下曰風，下以習上曰俗。"淳，厚也。樸，實也。**比屋可封，**⑤【殿本】《史記》曰："堯舜之民，比屋可封。"此云聖世之君，躬行節儉以化民，下觀而化，相習崇儉，故家給人足，禮義生矣。然後尊卑之序得，骨肉之恩親，爭訟之原息。如此，則家稷契而人皋陶，故辟止刑錯，比屋可封也。比屋者，《周禮·地官》曰："五家爲比，有九比之數，小司徒掌之。六卿、大夫於正月之吉，受教法於司徒，退而頒之于其鄉吏，使各以教其所治，以考其德行，察其道藝。三年則大比，考其德行道藝，而興其賢者能者。鄉老及鄉大夫帥其吏與其眾寡，以禮禮賓之。厥明，鄉老及鄉大夫、群吏獻賢能之書于王，王再拜受之，登于天府，内史貳之。此謂使民興賢，出使長之。使民興能，入使治之。"比，聯比而居也。○比，毗至反。**此節儉之德也。**⑥

斯二者，【殿本】二者，謂奢儉也。**榮辱之端，奢儉由人，安危在**

———————————

① "論"，肅宗本、文淵閣本無。
② "階"，朝鮮系、《大典》系本作"堦"。
③ "太"，閩本、粵本作"上"。"古"，閩本似"右"，粵本遂作"右"。
④ "榮"，光海君木活字本此字空闕，木板本與肅宗本脱。"味"，嘉靖本作"華"。
⑤ 楊校寬文本："《周禮·地官》曰：'五家爲比，有九比之數。'"
⑥ 朝鮮本、《大典》系本無此句。

己。①【殿本】奢侈則危,節儉則安。猶聲響、形影,未嘗相遠也。行其儉,其身
必安。行其奢,其身必危,故云“由人”“在己”。**五關近閉,**②《劉子》曰:“謂
五情欲心之關也。”**則令德遠盈。**③【殿本】劉子曰:“將收情欲,先斂五關。五
關者,情欲之路,嗜好之府也。目愛彩色,命曰伐性之斤。耳樂淫聲,命曰攻心
之鼓。口貪滋味,命曰腐腸之藥。鼻悅芬馨,命曰燻喉之煙。身安輦駟,命曰
召蹶之機。此五者所以養生,④亦所以傷生。”言當收斂而閉之,庶得壽命,嘉
言遠而不損耳。⑤**千欲内攻,則凶源外發。**【殿本】劉子曰:“身之有欲,猶
樹之有蝎。樹抱蝎則還自鑿,身抱欲則反自害。故蝎盛則木折,欲熾則身亡,
故云凶源。”蝎,食木蟲,猶蠹也。**是以丹桂抱蠹,**⑥**終摧曜月之芳。**⑦【舩
橋本補注】《瑣碎録前集》卷二:“月桂花葉常苦蟲食,以魚腥水澆之乃止。”⑧
【殿本】《拾遺記》曰:“岱輿,一名浮折。北有玉梁千丈,駕玄流之上,峰傍有丹
桂。”唐《藝文類聚》曰:“桂蠹不知所淹留兮。”又,《漢書》“南越尉佗貢桂蠹一
器”。蠹,食木之蟲也。○按:《拾遺記》無“一名浮折”四字,注誤。**朱火含
煙,遂鬱凌雲之焰。**【殿本】蔡邕《釋誨》曰:“懼煙炎之毀燎,何光芒之敢揚
哉?”煙炎,火之微細者。言常懼微細,以致毀滅。杜預注《左傳》曰:“吳楚之
間,謂火滅爲燼。”音子廉反。炎,音焰。言桂蠹雖小,終損榮芳。火煙雖微,必
滯光焰。鬱,幽也,滯也。又鬱遏、鬱悒、鬱結、鬱鬱,皆言不得伸之意也。**故
知驕出於志,**⑨**不節則志傾。　欲生於身,**⑩**不遏則身喪。**【殿本】言
志之出驕,猶桂之抱蠹。心之生欲,猶火之含煙。若不防微杜漸,節過其驕

---

① “奢儉由人,安危在己”二句,《通録》在“斯二者”之上,且“奢”上有“夫”字。
② “閉”,正親町本、原本、寬文本作“閇”,《玉篇·門部》“閇”爲“閉”的俗字,據元寬本、朝鮮
本、《大典》系本改。
③ “令德”,朝鮮本、《大典》系本作“嘉命”。楊校寬文甲本:“一本‘令德’作‘嘉命’。”
④ “生”,日活字本作“性”。
⑤ “言”,蕭宗本、文淵閣本、閩本、粵本同,浙本作“善”。
⑥ “抱”,朝鮮本、嘉靖本作“挹”。
⑦ “曜月”,朝鮮本、《大典》系本作“榮耀”。楊校寬文甲本:“一本‘曜月’作‘榮耀’。”
⑧ 《瑣碎録》,北宋溫革撰、南宋陳曄增補,是一部關於農業的類書,在明末清初時散佚,《永
樂大典》徵引過。
⑨ “故”,朝鮮本、《大典》系本作“以是”。楊校寬文甲本:“一本‘故知’作‘以是知’。”
⑩ “身”,朝鮮本、《大典》系本作“心”。楊校寬文甲本:“一本‘身’作‘心’。”

欲,必至於志傾身喪也。**故桀**【殿本】夏王號。《謚法》曰:"賊人多殺曰桀。"
紂【殿本】殷王號。《謚法》曰:"殘義損善曰紂。"**肆情而禍結,**【殿本】言桀
紂之君,縱肆情意,焚炙忠良,刳剔孕婦,斫朝涉之脛,剖賢人之心,積酒成
池,屯肉爲林,置炮烙之刑,行長夜之飲,作奇技淫巧,以悅婦人。殘賊暴虐,
湯武興矣。故曰"禍結"也。**堯**【殿本】唐帝號。《謚法》曰:"翼善傳聖曰堯。"
舜【殿本】虞帝號。《謚法》曰:"仁聖盛明曰舜。"**約己而福延,**【殿本】謂堯舜
恭己無爲,儉約是務,是以太平之福延長也。**可不務乎?**【殿本】桀紂所以
亡,謂不能節過驕欲也。堯舜所以興,謂其躬行儉約也。一戒一法,可不務爲
儉約乎?

賞罰篇

【殿本】酬功曰賞,黜罪曰罰。《周禮》曰:"刑賞以馭其威。"賞罰,國之大柄
也。《左傳》曰:"善爲國者,賞不僭而刑不濫。賞僭則懼及淫人,[1]刑濫則懼及
善人。"又,《漢書》曰:賞及無功,無以勸善。罰及無罪,無以懲惡。惟賞與罰,
不可不當。賞一人而天下悦者,賞之。罰一人而天下懼者,罰之。賞罰又當必
信也。有功者,雖讎亦必賞。有罪者,雖親亦必罰。故孔子曰"治國制民,不隱
其親",此之謂也。惟知此,則大道之行,天下爲公矣。惟天下之至公,其聖王
能之。○按:注末句疑有錯誤。

夫天之育物,[2]**猶君之御衆。**【殿本】《晉·禮樂志》曰:"或以爲五精
之帝,佐天育物者也。"以上天化育萬物,如人君撫御庶衆。**天以寒暑爲德,**
【殿本】寒以成之,暑以長之,寒暑,天之德行也。**君以仁愛爲心。**【殿本】仁
以生之,愛以養之,故人君當以仁愛爲心也。故《記》曰:"聖人南面而聽天下,
所以先者五,民不與焉。一曰治親,二曰報功,三曰舉賢,四曰使能,五曰存
愛。"故曰"君以仁愛爲心"也。**寒暑既調,則時無疾疫。**【舩橋本補注】
《禮記正義》曰:"論當月施令之事,若施之順時,則氣序調釋;若施令失所,則災
害滋興。今若施之不失,則三才相應,以人與天地共相感動故也。雨水不時,

---

① "懼",文淵閣本作"福",訛。
② "育",嘉靖本作"御"。

天也；草木蚤落，地也；國時有恐，人也。此風雨不時者，謂風雨少，不得應時。孟春建寅，其宿直箕星，箕星好風。孟春行夏令，寅氣不足，故風少已来乘之。四月純陽用事，故雨少。【殿本】疾，災也。疫，民皆病也。寒暑調，謂六氣和也。六氣和，則時無疾疫。《左傳》曰：“天有六氣，淫則生六疾。六氣曰陰、陽、風、雨、晦、明也。分爲四時，序爲五節，過則爲災。陰淫寒疾，陽淫熱疾，風淫末疾，雨淫腹疾，晦淫惑疾，明淫心疾也。”**風雨不節，則歲有飢荒。**①【殿本】《論衡》曰：“儒者論太平應瑞，風不鳴條，雨不破塊，五日一風，十日一雨。”又《春秋説題辭》曰：“一歲三十六雨，天地之氣宣，十日小雨，十五日大雨。”言其均匀也。又《樂記》曰：“風雨不節，則饑。”謂風雨匀，則五穀登稔。風雨不匀，則五穀不登稔。不節，不匀也。故歲有饑寒。**仁愛下施，則民不凋弊。**②【殿本】蓋謂人君體天之道，以仁愛下施。故寒暑調，風雨節，而民無疾疫饑寒之厄，故不至於凋弊也。已上言至治之時，民不犯法，雖有賞罰，無所施矣。**教令失度，**《禮記・月令》曰：“孟春行夏令，則雨水不時，草木蚤落，國時有恐。行秋令，則其民大疫，猋風暴雨總至，③藜莠蓬蒿並興。行冬令，則水潦爲敗，雪霜大摯，首種不入。”**則政有乖違。**【殿本】《孔叢子》曰：“賞罰是非，相與曲謬，雖十黃帝不能治也。”言若教令失度，政必乖違，而刑罰不中，則民無所措手足，故蹈於不法者多矣。如此，若非賞罰，不能制矣。**防其害源，**④**開其利本。**【殿本】防其害源者，使民不犯其法。開其利本者，使民各務其業。此爲教民之道也。或有不遵其教者，則有賞罰存焉。已下皆言用賞罰也。**顯罰以威之，明賞以化之。**【殿本】公孫弘曰：“罰當罪，則奸邪止。賞當功，則臣下勸。”威，服也。化，勸也。**威立則惡者懼，化行則善者勸。**【殿本】後漢荀悦《申鑑》云：“賞以勸善，罰以懲惡。人主不妄賞，非愛其財也。賞妄行，則善不勸矣。不妄罰，非矜其人也。罰妄行，則惡不懲矣。賞不勸，謂之止善。罰不懲，謂之縱惡。在上者能不止下爲善，⑤不縱下爲惡，則國法立

---

① “飢荒”，朝鮮本、《大典》系本作“饑寒”。楊校寬文本：“一本‘飢荒’作‘饑寒’。”

② “凋”，寬文本、元寬本作“彫”。

③ “猋”，《禮記》作“焱”，羅校作“焱”。

④ 寬文本“其”下有“心”字，楊校寬文乙本云：“‘心’字衍。”“害”，寬文甲本作“𡧿”，寬文乙本剜改作“𡧿”（害）。

⑤ “者”原作“在”，據蕭宗本、原書改。《薈要》本以殿本爲底本，已經回改。

矣。"刑不濫，而威立矣。賞不僭，而化行矣。既不僭、不濫，則爲惡者知所懼，而爲善者知所勸矣。**適己而妨於道，**①**不加禄焉。**【殿本】漢祖之於丁公，是適己者，不惟不加於禄，又且罰之。不如是，不忠之臣無以懲矣。**逆己而便於國，不施刑焉。**【殿本】漢祖之於雍齒，是逆己者，不惟不施於刑，又且賞之。不如是，其沙上偶語者皆叛矣。**故賞者不德君，功之所致也。**【殿本】《文子》曰："賞者不德上，功之所致也。"功當，故不以爲德。**罰者不怨上，罪之所當也。**【殿本】《文子》曰："誅者不怨君，罪之所當也。"罪當，故不以爲怨。○按：以上注中引《文子》語，皆今《文子》所無。**故《書》曰**②**"無偏無黨，王道蕩蕩"，此賞罰之權也。**【殿本】此引《尚書·洪範》之辭以證之也。偏，謂偏於己。黨，謂黨於人。蕩蕩，廣大貌。言賞罰得中，不因喜怒。故無偏黨之私，則王道蕩蕩然，如天地之廣大無極也。故云"此爲賞罰之權也"。權，秤錘，量輕重不失其平也。

務農篇③

【殿本】專力於事曰務，闢土殖穀曰農。天生聖人爲天下主，以務農立國，以足食爲政，凡一毫便於農者，必極力行之也。嘗觀諸《詩》，而知周人重農之意矣。《詩》曰"曾孫來止"，以見君之尊嚴，出入田畝，而不爲屈也。又曰"嘗其旨否"，以見田畯之官，相忘豆觴，而不爲恥也。夫櫛風沐雨，莫勞乎農。沾體塗足，莫賤乎農。周之君臣，從事於襏襫之間，交孚於閭里之所，則當時爲農者，安得不相勸勉哉？然周人之意，不止此也。天子所命者，農。命官所先者，農。朝廷所加惠者，農。官府所分理者，農。下至州鄉閭巷、婦人女子、賤隸小夫，歌咏讚頌，亦無一不在農。噫，盛矣！夫自後世，民不里居，農非前世之農，勸相之方，視爲末務。去而爲游手，棄而爲末作，散而爲諸侯之食客，聚而爲山澤之盜賊。漢復古意，多方勸率。免其租以優之，設其科以貴之。民未知種麥，則勸之種麥。民未知養苗，則教之養苗。春事欲作，則鑄耕種之器。田務正殷，則不行發卒令。至其法之最良者，則自天子而下，無不以農爲務，故國强

①　"而"上，正親町本、原本衍"以"字。
②　楊校寬文本："《書經·洪範》。"
③　楊校寬文甲本云："《周語》：'王事唯農是務。'"

永而民富康也。嗚呼！有國家者，詎可不務農哉？不務則惰，惰則廢，廢則曠，曠而民至游矣。《記》曰："國無曠土，則食無游民。"至於土曠民游，天下何所倚賴？《周禮》："命遂大夫以正歲，簡稼器，修稼政。命里宰以歲時合耦于鋤，以治稼穡，趨其耕耨，行其秩序。命遂師巡其稼穡，而移用其民，以救其時事也。"太宗之務農，實得其本矣。

　　夫食爲人天，【舶橋本補注】《前漢·酈食其傳》云："酈曰：'臣聞之，知天之天者，王事可成；不知天之天者，王事不可成。王者以民爲天，而民以食爲天。'云云。"【殿本】《左傳》曰："民以食爲天。"**農爲政本。**【殿本】農爲國政之本原。**倉廩實則知禮節，衣食乏則忘廉恥。**【殿本】《管子》曰："倉廩實而知禮節，衣食足而知榮辱。"即此之謂也。**故躬耕東郊，**【殿本】《禮·祭統》曰："是故天子親耕於南郊，以共齊盛。王后蠶於北郊，以共純服。諸侯耕于東郊，亦以共齊盛。夫人蠶於北郊，以共冕服。天子諸侯，非莫耕也。王后夫人，非莫蠶也。身致其誠信，誠信之謂盡，盡之謂敬。敬盡，然後可以事神明，此祭之道也。"注："南爲盛陽之地，故天子耕於南郊，冕用朱紘。東爲少陽之地，故諸侯耕於東郊，冕用青紘。"干寶《周禮注》曰："古之王者，貴爲天子，富有四海，而必私置籍田，蓋其義有三焉：一曰以奉宗廟，親致其孝也。二曰以順于百姓在勤，勤則不匱也。三曰聞之子孫，躬知稼穡之艱難無違也。"今詳之《禮》，既云天子耕南郊，諸侯耕東郊，此爲萬世不易之制也。太宗何獨以爲東郊乎？稽之唐史《禮樂志》，貞觀三年，太宗將親耕。孔穎達議曰："《禮》，天子籍田南郊，諸侯東郊，晉武帝猶東南。今帝社乃東壇，未合于古。"太宗曰："《書》稱平秩東作，而青輅黛秬，順春氣也。吾方位少陽，田宜於東郊。"乃耕於東郊。蓋高祖崩于貞觀九年，太宗東耕，於貞觀三年，此時高祖尚存，故云"吾方位少陽"也。**敬授民時。**【殿本】《書》曰："乃命羲和，欽若昊天，曆象日月星辰，敬授人時。"以孔氏傳云："重黎之後羲和氏，世掌天地四時之官，故堯命之，使敬天時以授人也。"又，《書》曰："寅賓出日，平秩東作。"孔氏傳曰："寅，敬也。賓，導也。平，均也。秩，序也。歲起於東而始就耕，謂之東作。東方之官，敬導出日，平均次序，東作之事，以務農也。"**國無九歲之儲，**①《禮記·王

---

① "儲"下，嘉靖本有"食"字。

制》曰："國無九年之蓄，曰不足，三年耕必有一年之食也。以三十年蓄，通得九年也。"①【舩橋本補注】《王制》曰："國無九年之蓄，曰不足；無六年之蓄，曰急；無三年之蓄，曰國非其國也。"《春秋・胡氏傳》莊公廿八年曰："古者，三年耕，餘一年之食；九年耕，餘三年之食。"陳氏曰："每歲所入，均析爲四，而用其三，每年餘一，則三十年而餘三年，又足一歲之用矣。"此所謂三十年而有十年之餘也。所謂寄生之君，即是其國非其國之謂也。君而寄生，於養民，亦末矣。**不足備水旱。**【殿本】《記》曰："國無九年之蓄，曰不足。無六年之蓄，曰急。無三年之蓄，曰國非其國也。"謂奪其農務故也。儲，貯積也。**家無一年之服，②不足禦寒溫。③**【殿本】晁錯謂文帝曰："人情一日不再食則飢，終歲不制衣則寒。"謂妨其蠶績故也。御，扞也。凡衣服被於體曰御。**然而莫不帶犢佩牛，**《漢書》曰："龔遂爲渤海太守，④人有佩劍者，教之曰：'何不賣劍以買牛而常佩犢？'"【舩橋本補注】《前漢》：龔遂，字少卿，以明經爲官，宣帝時渤海左右郡歲饑，盜賊並起，二千石不能禽制，上選能治者，以遂爲渤海太守，年七十餘。遂至界，移書敕屬縣，悉罷逐捕盜賊吏，諸持鉏鉤（注：師古曰："鉤，鐮也。"）田器者，皆爲良民。吏毋得問。持兵者迺爲盜賊。盜賊悉平，民安土樂業。遂乃開倉廩，假（注：師古曰："假謂給與。"）貧民，選用良吏，尉安牧養焉（注：乙本無焉）。遂見齊俗奢侈，好末技，不田作，迺躬率以儉約，勸民務農桑，民有帶刀劍者，使賣劍買牛，賣刀買犢，吏民皆富貴，獄訟止息。【殿本】《漢書》："龔遂，字少卿，山陽南平陽人也。以明經爲官，至昌邑郎中令。爲人忠厚剛毅，有大節。宣帝即位，久之，渤海左右郡歲饑，盜賊並起，二千石不能擒制。上選能治者，丞相、御史舉遂可用，上以爲渤海太守。時遂年七十餘，召見，形貌短小，宣帝望見，不副所聞，心內輕焉。謂遂曰：'渤海廢亂，朕甚憂之，君欲何以息其盜賊，以稱朕意？'遂對曰：'海瀕遐遠，不霑聖化，其民困於饑寒而吏不恤，故使陛下赤子盜弄陛下之兵於潢池中耳。今欲使臣勝之邪？將安之也？'上聞遂對，甚說，答曰：'選用賢良，固欲安之也。'遂曰：'臣聞治亂民猶治

---

① 楊校寬文甲本云："《王制》曰：'國無九年之蓄，曰不足；無六年之蓄，曰急；無三年之蓄，曰國非其國也。三年耕必有一年之食，以三十年之通，雖有凶旱水溢，民無菜色。'"

② "家無一年之"五字，嘉靖本脫。

③ "溫"，《通錄》、朝鮮本、《大典》系本作"暑"，楊校寬文甲本："溫，一本作暑。"

④ "龔"，寬文作"襲"，楊校寬文甲本云："'襲'當作'龔'。"

亂繩,不可急也。唯緩之,然後可治。臣願丞相、御史且無拘臣以文法,得一切便宜從事。'上許焉,加賜黃金,贈遣乘傳。至渤海界,郡聞太守至,發兵以迎,遂皆遣還。移書敕縣,悉罷逐捕盜賊吏,諸持鉏鉤田器者,皆爲良民,吏無得問。持兵者,乃盜賊。遂單車獨行至府,郡中翕然,盜賊亦皆罷。渤海又多劫略相隨,聞遂教令,即時解散,棄其兵弩而持鉏鉤,盜賊於是悉平,民安土樂業。遂開倉廩假貧民,選用良吏,慰安牧養焉。遂見齊俗奢侈好末技,不田作。乃躬率以儉約,勸民務農桑。令口種一樹榆,百本薤,五十本葱,一畦韭。家二母彘,五母雞。民有帶持刀劍者,使賣劍買牛,賣刀買犢,曰:'何爲帶牛佩犢?'春夏不得不趨田畝,秋冬課收斂,益蓄果實菱芡。勞來循行,郡中皆有蓄積,吏民皆富實,獄訟止息。數年,上遣使徵遂。上以遂年老,不任公卿,拜爲水衡都尉,典上林禁苑,官職親近,上甚重之,以官壽卒。"〇按:注引《漢書》"移書敕縣",脫"屬"字。"持兵者,乃盜賊",脫"爲"字。**棄堅就僞**,堅,柯田反,①固也,強也,長也。章義奄過曰堅,②磨而不磷曰堅也。【舩橋本補注】《謚法》云:"彰義掩過曰堅。"注"明義以蓋前過"。**求伎巧之利,**③**廢農桑之基,**【殿本】堅,實也。僞,虛也。《前漢・楊惲傳》曰:"惲有餘祿,方糴賤販貴,逐什一之利,此賈豎之事。"什一者,十之一也。此言亂世之民棄實務虛,競錐刀之末利,所以廢其農桑之本基也。**以一人耕而百人食,**【殿本】《商子》曰:"百人農,一人居者,王。十人農,一人居者,強。半農半居者,危。夫農者寡而游食者衆,故其國貧危。今夫蛆螣蚼蠋,春生秋死,一出而數年不食。今一人耕而百人食之,此其爲蛆螣蚼蠋亦大矣。雖有《詩》《書》,鄉一束,家一員,猶無益治也。"生之寡,用之者衆如此。**其爲害也甚於秋螟**　亡丁反。④蟲食苗心曰螟。【殿本】螟,蝗類,食苗心之蟲。《說文》曰:"吏冥冥犯法,即生螟。"《記》曰:"仲春行夏令,則螟蟲爲害。"言秋螟者,秋乃將登成之時,有此蟲,爲害大也。游

---

① "柯",正親町本、原本作"何"。
② "章義奄過",楊校寬文乙本:"'章義'二字似有誤。"按,據舩橋注:《謚法》曰'彰義掩過曰堅'。"則此當作"彰義掩過","奄"爲"掩"的省文,"掩"與"揜"爲異體字。
③ "伎巧",朝鮮本、《大典》系本作"什一",楊校寬文甲本:"一本'伎巧之利'作'什一之利'。"
④ "亡",正親町本、原本作"已",據寬文本、《玉篇》改。

食者多，甚於秋螟也。**莫不禁絶浮華，**①**勸課耕織，**②【殿本】《魏志》劉馥曰："懲惡舉善而教不能，則勸，浮華交游，不禁自息矣。"浮華者，前所謂求利廢農者也。若不禁絶，則游食末作者多矣。賈誼曰："一夫不耕，或受其飢。一女不織，或受其寒。"故當勉勸計課，考其勤惰，使女修織紝，男務耕耘。雖有饑饉，必有豐年。**使民還其本俗，**③**反其真，**④【殿本】《東都賦》曰："折工商之淫業，興農桑之盛務，遂令海内棄末而反本，背僞而歸真。"此之謂也。**則競懷仁義之心，**⑤**永絶貪殘之路，**【殿本】既已禁其浮僞，各還本真，則仁義之心生矣，而貪殘之路永遠斷絶也。**此務農之本也。**【殿本】如此，方可謂之務農之大本也。

斯二者，**制俗之機。**【殿本】二者，謂威、惠也。此二者，是制馭風俗之樞機。**子育黔黎，**⑥**唯資威惠。**【殿本】漢史曰：王者，父事天，母事地，子育黔黎。黔黎者，黑也，謂人首皆黑也。言爲人君者，當視民如赤子。然民之所趨，有善有惡，故其治之者，亦有威有惠焉。威以懼惡，惠以懷善，故威、惠相資，不可有偏，故爲制俗之機也。○按：注"史"當作"書"。**惠可懷也，**【殿本】恩惠可以懷善。**則殊俗歸風，**【殿本】《毛詩序》曰："家殊俗。"又《漢書》曰："殊方異俗，向風慕義。"又曹植《孔廟碑》曰："殊俗解編髮而慕義。"即此謂也。**若披霜而照春日。**【殿本】晉荀勖《省吏議》曰："願之如陽春。"此承上文而言，人君能惠澤流於下民，其下民之來，如披寒霜而以向春陽赴之者，⑦其可禦哉？謂恩惠能使人親之也。**威可懼也，**【殿本】威刑可以懼惡。**則中華慴軹，**⑧徒頰反。《爾雅》："慴，⑨懼

---

①　"不"，元寬本、朝鮮本、《大典》系本作"若"。

②　"織"，元寬本作"職"。

③　"俗"，嘉靖本作"途"。

④　"真"，嘉靖本作"貞"。

⑤　"懷仁"，吉田本在這兩個字旁有"二字御諱"四字，"懷仁"是一條天皇的名諱。一條天皇天元三年(980)生，寬和二年(986)至寬弘八年(1011)在位。可見，一條天皇接受過本書的進講。

⑥　"黔黎"，朝鮮本、《大典》系本作"黎黔"，楊校寬文甲本："一本'黔黎'作'黎黔'。"

⑦　"披"，文淵閣本作"彼"。

⑧　"慴"，寬文本作"懼"，楊校寬文甲本云："一本'懼軹'作'慴軹'。"楊以高野本校日活字本云："'慴軹'似勝，然與下意複，鈔本作'慴'。"

⑨　楊校寬文乙本："謹按：當作'慴'。"

也。"郭璞曰："即攝也。"①【殿本】慴,伏也,懼也。軾,車轅端曲木也。謂以威制强惡,即如牛馬懼伏於軾也。○慴,之涉反。**若履刃而戴雷霆。**②【殿本】荀勗曰："畏之如雷霆。"亦承上文言也。《詩》曰："兢兢業業,如霆如雷。"孔氏疏曰："兢兢,恐怖。業業,憂危也。"其危恐如有霆之鼓於天,如有雷之發於上。言其恐怖之至甚也。以履刃戴雷霆,舉首搖足,動有所畏,不敢爲非也。謂威刑能使人畏之也。**必須威惠並施,**③【殿本】此重言威、惠不可偏用,故云"必須並馳"。偏於威,則猛。偏於惠,則慢。孔子曰："政寬則民慢,慢則糾之以猛。猛則民殘,殘則施之以寬。寬以濟猛,猛以濟寬,政是以和。"又,《前漢・刑法志》:"刑罰威獄,以類天之震曜殺戮也。温慈惠和,以效天之生殖長育也。"固當並馳耳。**剛柔兩用,**【殿本】《詩》曰："不競不絿,不剛不柔,敷政優優,百禄是遒。"此之謂也。競,强也。絿,急也。優,和也。遒,聚也。**畫刑不犯,**《漢書・武帝紀》曰："昔在唐虞,畫象而民不犯。"④《白虎通》曰："畫象者,其衣服象五刑也:犯墨者,蒙巾。犯劓者,以赭著其衣。犯髕者,以墨蒙其髕象而畫之。⑤犯宫者,扉。犯大辟者,布衣無領。"墨謂以墨黶其面也。⑥劓,截其鼻也。⑦髕,去膝蓋骨也。宫,割其陰也。扉,草履也。【舩橋本補注】《史・文帝紀》曰："蓋聞有虞氏之時,畫衣冠,異章服,以爲僇,而民不犯,何則? 至治也。"注云:"《晉書・刑法志》云:'三皇設言而民不違,五帝畫衣冠而民知禁。犯黥者,阜其巾;犯劓者,丹其服;犯髕者,墨其體;犯宫者,雜其履;大辟之罪,殊刑之極,布其衣裾而無顔緣,投之於市,與衆棄之。'"【殿本】孔子曰："三皇設言而民不違,五帝畫象而世順機。"古者,上刑赭衣不純,時人尚德義,犯刑者,但易之衣服,自爲大恥。畫,猶設也。犯,干也。**移木無欺。**《春秋後語》曰："以

---

① 楊校寬文甲本云:"考《爾雅・釋詁》:'慴,懼也。'疏曰《樂記》云:'柔氣不懾,是皆懼也。慴即懾也。'"

② "若",朝鮮本作"如"。

③ "須",原本、寬文本、文淵閣本作"湏",訛。"施",朝鮮本、《大典》系本作"馳",楊校寬文甲本:"一本'施'作'馳'。"

④ "象",寬文本作"衆",楊校寬文甲本云:"'衆',《漢書》作'象'。"楊校寬文乙本:"按本書'衆'作'象'。"

⑤ "髕"上,原本衍"其"字。"象",寬文本作"處",楊校寬文本云:"'處'當作'象'。"楊校寬文乙本:"按本書'處'作'象'"。

⑥ "謂以墨"三字,寬文本無,楊校寬文乙本:"精謹按,黶,黯也。"

⑦ "截",寬文本作"割"。

公孫鞅爲左庶長,卒使定法之令也,令既具,未布,其恐民之不信己,乃立三丈之木於國都市之南門,募民有能徙置北門者,與十金。民怪之,莫敢徙者。復曰:①'能徙者,與五十金。'有一人徙之,輒與五十金,以明不欺。"【舩橋本補注】《史記·商君傳》云:"秦孝公善衛鞅,爲左庶長,卒定变法之令。令民为什伍而收司連坐。不告奸者,腰斬;告奸者與斬敵首同賞,……餘略此……令既具未布……"【殿本】此指商君之事。案:《史記》:"商君,衛之庶孽公子也。姓公孫,名鞅,少好刑名之學。始事魏相公叔痤,爲中庶子。公叔痤嘗荐於魏惠王,不見用,遂西入秦。孝公既用鞅變法,恐天下議己。鞅曰:'疑行無名,疑事無功。且夫有高人之行者,故見非於世。有獨知之慮者,必見傲於人。愚者暗於成事,知者見於未萌。民不可與慮始,而可與樂成。論至德者不和於俗,成大功者不謀於衆。是以聖人苟可以强國,不法其故。苟可以利民,不循其禮。'孝公曰:'善!'鞅既變法令,恐民之不信己,乃立三丈之木於國都市南門,募民有能徙置北門者,予十金。民怪之,未敢徙。復曰:'能徙者,予五十金。'有一人徙之,輒予五十金,以明不欺。卒下令,令行於民,期年,秦民之國都,言初令之不便者以千數。於是太子犯法,衛鞅曰:'法之不行,自上犯之。'將法太子。太子,君副也,不可施刑,刑其傅公子虔,黥其師公孫賈。明日,秦人皆趨令。行之十年,秦民大悦。道不拾遺,山無盜賊,家給人足,勇於公戰,怯於私鬥,鄉邑大治。後封之商於十五邑,號爲商君。"**賞罰既明,則善惡斯別。**【殿本】此言威、惠不偏,故賞罰明。賞罰既明,則善善惡惡悉判矣。**仁信並著,②則遐邇宅心。**【殿本】著,明也。遐,遠也。邇,近也。宅,定也。言仁愛誠信,普博著明,③則遠近之心皆定於一矣。**勸穡務農,④則飢寒之患塞。**【殿本】耕耘、種藝、織紝、紡績,勸之、課之,使男女各務其本,則飢寒之患自塞矣。**過奢禁麗,則豐厚之利興。**⑤【殿本】過,止也。刻鏤彫鑴、組文

---

　　①　"復"下,寬文本有"榜"字。
　　②　"信",嘉靖本作"義"。"並",嘉靖本、朝鮮本、《大典》系本皆作"普"。楊校寬文甲本:"一本'並'作'普'。"
　　③　"博",肅宗本、文淵閣本作"傅"。
　　④　"勸",寬文本作"勤"。
　　⑤　"豐",原本作"農",據寬文本、朝鮮本、《大典》系本改。

刺繡,過之、止之,使男女各棄其僞,則豐厚之利自興矣。**且君子之化下,**①
【殿本】以人君行教化於下。**如風偃草。**②【殿本】《論語》曰:③"君子之德風,
小人之德草,草上之風必偃。"言君子以仁信化下,如風偃草之易也。**上不節
心,則下多逸志。**【殿本】《大學》曰:④"一人貪戾,一國作亂。"《漢書》有曰:
"宮中好高髻,城外高一尺。"又,《荀子》曰:"上好貪利,則臣下百吏乘是而侵
鄙,豐取刻與,以無度取於人。"亦此之義也。逸,言其肆逸也。**君不約己,
而禁人爲非,是猶惡火之燃,添薪望止其焰。**⑤**忿池之濁,撓浪欲
澄其流,**⑥**不可得也。**【殿本】孔子曰"君子有諸己而後求諸人,無諸己而
後非諸人"是也。言君子當修身約己,以化天下。若不能修身約己,而欲禁民
爲非者,正如嫌惡火之然,復益柴薪而望遏止其焰不燔。忿怒池之濁,而復擾
其浪,欲遏止其流不渾,豈不愚哉?**莫若先正其身,**⑦**則人不言而化矣。**
【殿本】孔子曰:"其身正,不令而行。其身不正,雖令而不從。"人君能先正其身以
率下,故不言而信,不教而化矣。

閲武篇

【殿本】閲,簡也。武,兵事也。《左傳》曰"戡亂曰武"。古者明王雖享隆平
之時,亦未嘗不閲武以備不虞,故《周禮》:"大司馬以中春教振旅,中夏教茇舍,
中秋教治兵,中冬教大閲。"大閲者,前期群吏戒衆庶修戰法也。講修戰法既
成,專使大司馬掌之,"有賊賢害民者,則伐之。暴内陵外者,則壇之。野荒民
散者,則削之。負固不服者,則侵之。賊殺其親者,則正之。放弒其君者,則殘
之。犯令陵政者,則杜之。外内亂鳥獸行者,則滅之",故諸侯聽命,蠻夷賓服

---

① "子",朝鮮本、《大典》系本皆無。
② "風"下,嘉靖本有"之"字。楊校寬文甲本:"《論語·顏淵》篇。"
③ "論語曰",肅宗本、文淵閣本無"論"字。按:"論"字爲殿本刊刻時所加,東南五省刻本從
之,可見,《帝範注》原本無"論"字。
④ "大學",《薈要》本同,肅宗本、文淵閣本作"康誥"。按,作《康誥》非是,此句出《禮記·大
學》,李元鎮注引《大學》此句時,因上有《康誥》曰,而誤引爲《康誥》,殿本亦作了回改。
⑤ "止其",嘉靖本、朝鮮本作"其止"。楊校寬文甲本云:"《前漢書·董仲舒傳》曰:'抱薪救
火,愈甚,亡益也。'"
⑥ "澄",《大典》系本作"止","澄其",嘉靖本作"其止"。楊校寬文甲本:"一本'澄'作'止'。"
⑦ 楊校寬文乙本:"《論語·子路》篇。"

也。○壇，音善，與埠同，廢曠之地也。

　　夫兵甲者，國之凶器也。①【殿本】《通玄真經》云：“善治國者，不變其故，不易其常。夫怨者，逆德也。兵者，凶器也。爭者，人之所亂也。陰謀逆德，好用凶器，治人之亂，逆之至也。”謂授民以凶之器，納民於事之危，故號凶器。**土地雖廣，好戰則民凋。**②**邦境雖安，**③**忘戰則民殆**④【殿本】《漢書》主父偃曰：“國雖大，好戰必亡。天下雖安，忘戰必危。”⑤此之謂也。好，樂也。凋，殘也。亟，急也。殆，危也。**凋非保全之術，殆非擬寇之方。**⑥【殿本】《劉子》曰：“凋非保全之術，殆非擬寇之方。”其辭義大同。言窮兵黷武，人民凋喪，而欲保全，不其難乎？上下危殆，盜賊蜂起，而欲擬弭，亦莫得也。**不可以全除，不可以常用，**【殿本】《老子》曰：“師之所處，荊棘生焉。”故不可常用也。且兵者，守國之備，故不可全除也。故《左傳》曰：“不備不虞，不足師也。”**故農隙以講武，**⑦**習威儀也，三年治兵辨等列也。**⑧【殿本】《左傳》曰：“三年治兵，辨等列也。春蒐、夏苗、秋獮、冬狩，皆於農隙以講事也。三年而治兵，入而振旅，歸而飲至，以數軍實、昭文章、明貴賤、辨等列、順少長，⑨習威儀也。”蒐、苗、獮、狩，四時之獵名也。蓋古之兵賦出於農，故講武於農之四時間隙，以習上下之威儀也。至三年大訓，治其兵事，辨其等第、行列、坐作、

---

　　① “國”下，《貞觀政要》、嘉靖本有“家”字。
　　② “凋”，元寬本、朝鮮本、《大典》系本作“彫”，下同。
　　③ “境”，朝鮮本、《大典》系本作“國”，楊校寬文甲本：“一本‘境’作‘國’。”《貞觀政要》“邦境”作“中國”。
　　④ “忘”，朝鮮本、《大典》系本作“亟”，楊校寬文甲本：“‘忘戰’作‘亟戰’。”楊以高野本校日活字本云：“‘亟’字訛。”“殆”，正親町本、元寬本作“怠”。
　　⑤ “忘”，殿本作“亡”，據蕭宗本改。
　　⑥ “非擬”，嘉靖本作“置弭”。按：宋劉時舉撰《續宋編年資治通鑑》卷五“宋高宗五”：“宰執奏福建安撫使葉夢得措置弭盜之事。”置弭，措置弭盜之事，即籌劃消減盜寇之事。隋太子通事舍人李百藥撰《北齊書・斛律光傳》：“穆提婆求娶光庶女，不許。帝賜提婆晉陽之田。光言於朝曰：‘此田神武帝以來，常種禾飼馬數十匹以擬寇難，今賜提婆，無乃闕軍務也？’”擬寇難，即抵御敵寇發難。可見，“擬寇”“弭寇”皆可。
　　⑦ “以”，《貞觀政要》、朝鮮本、《大典》系本無。
　　⑧ “治”，原本作“訓”，據《貞觀政要》、正親町本、寬文本改。“三年治兵辨等列也”八字，朝鮮本、《大典》系本無。楊校寬文本：“一本無‘三年治兵辨等列也’之八字。”
　　⑨ “少長”，蕭宗本、文淵閣本作“長幼”。

進退也。**是以勾踐軾蛙，**《吳越》曰：①"昔越王勾踐軾揖鬥蛙，國中之士皆好武勇也。"【舩橋本補注】《韓非子》越王屢伐吳，欲人之輕死也。出見怒蛙，乃爲之式。從者曰："奚敬於此？"曰："以其有氣故也。"《吳越春秋》卷之十云："越王句踐伐吳，道見蛙張腹而怒，將有戰爭之氣，即爲之軾。其士卒有問於王曰：'君何爲敬蛙蟲而爲之軾？'句踐曰：'吾思士卒之怒久矣，而未有稱吾意者，今蛙蟲無知之物見敵而有怒氣，故爲之軾。'於是軍士聞之，莫不懷心樂死。"**卒成霸業。**【《貞觀政要》戈直音釋】勾踐，越王名。越王既爲吳所敗，修德治兵，謀雪吳恥。見蛙下車，拜之；左右怪，問，越王曰："彼亦有氣者！"【殿本】按：《吳越春秋》："越王句踐將伐吳，自謂未能得士之死力。道見蛙張腹而怒，將有戰爭之氣，即爲之軾。其士卒有問於王，曰：'君何爲敬蛙而爲之軾？'句踐曰：'吾思士卒之怒久矣，而未有稱吾意者。今蛙蟲無知之物，見敵而有怒氣，故爲之軾。'於是軍士聞之，莫不懷心樂死，人致其命。"軾，《尸子》作"式"，《劉子》作"揖"。式，猶敬也。式，車之橫木。句踐見蛙而俯憑車橫木以敬之。《論語》"凶服者式之"是已。**徐偃棄武，**《說苑》曰："王孫厲謂楚文王曰：②'徐偃王好行仁義之道，漢東諸侯卅二國盡服矣。王若不伐，楚必事徐。'③王曰：'若信，④不可伐也。'對曰：'大之伐小，强之伐弱，猶大魚之吞小魚也，若虎之食豚也。'⑤惡有其不得理？⑥文王遂興師伐徐，殘之。⑦偃王將死矣，曰：'吾賴於文德而不明於武備，⑧好仁義之道而不知詐人之心，⑨以至於此。夫古之王者，其有備乎？⑩'"**終以喪邦。**⑪【戈直音釋】徐，夷國，子爵，僭稱偃王。周穆王聞之，令楚伐徐。徐子曰："吾賴於文德而不明武備，故至於此。"【殿本】劉向《說

---

① "《吳越》"，正親町本、原本作"吳起"，《吳越》當指《吳越春秋》，據下文舩橋注改。

② "王孫厲"，原本作"孫厲子"，正親町本、寬文本作"孫廣子"，楊校寬文甲本："《說苑》'孫廣子'作'王孫厲'。"據羅校、《說苑》改。

③ "必"，寬文本作"安"，楊校寬文甲本云："'安'當作'必'。"

④ 楊校寬文甲本云："'信'下有'有道'之二字。"

⑤ "豚"，寬文本作"肥"，楊校寬文甲本云："'肥'作'豚'，'豚也'下有'惡有其不得理'之六字。"

⑥ "惡有不得其理"，寬文本無。

⑦ "之"，寬文本無，楊校寬文甲本："'殘'下有'之'字。"

⑧ "賴"，寬文本作"達"，楊校寬文甲本："'達'作'賴'。"

⑨ "知"，寬文本作"去"，楊校寬文甲本："'去'作'知'。"

⑩ "夫古之王者其有備乎"九字，寬文本無。

⑪ "終"，朝鮮本、《大典》系本作"遂"。"以"，《通錄》作"於"。

苑》曰："王孫厲謂楚文王曰：'徐偃王好行仁義之道，漢東諸侯三十二國盡服矣。王若不伐，楚必事徐。'王曰：'若信有道，不可伐。'對曰：'大之伐小，强之伐弱，猶大魚之吞小魚也，若虎之食豚也，惡有其理？'文王遂興師伐徐，殘之。①徐偃王將死，曰：'吾修於文德，而不明武備；好行仁義之道，而不知詐人之術。'徐偃王將死，曰：'古之王者，其有備乎？'"徐偃王，周穆王時諸侯也。又，《尸子》曰："徐偃王有筋而無骨"，故駰號"偃"。○按：《說苑》"術"作"心"。又，《史記》裴駰集解引《尸子》文，②下有"駰謂號偃由此"句，注作"故駰號偃"，誤。③**何則？**④**越習其威，**【殿本】句踐習衍其兵威。**徐忘其備也。**⑤【殿本】徐偃王忘失其武備。**孔子曰："不教民戰，**⑥**是謂棄之。"**【戈直音釋】《論語》之辭。【殿本】上闕"以"字，引孔子之言以證之也。言不預教練其民，卒驅之以赴敵，是猶委棄之也。又《孫子兵法》曰："兵甲不堅，器械不精，練習不熟，是以其卒與敵也。"與，亦猶棄也。**故知弧矢立威，**⑦**以利天下。**【戈直音釋】《易大傳》曰："弧矢之利，以威天下。"【殿本】《易·繫辭》曰："弦木爲弧，剡木爲矢，弧矢之利，以威天下，蓋取諸睽。"弧，弓也。矢，箭也。《世本》曰："黃帝臣揮作弓，牟夷作矢。"**此用兵之機也。**⑧【戈直音釋】愚按：《書》稱放牛歸馬，《詩》言戢戈囊弓，甚矣，兵非聖人之所尚也。然嘗觀周公作《周禮》，極言師帥、旅帥、卒長、伍長之制，詳陳振旅、茇舍、治兵、大閱之儀，至於斬牲徇陳，凜乎如大敵之臨焉。是兵亦非聖人之所廢也？善乎，太宗之言曰"凋非保全之術，殆非擬寇之方，兵不可以全除，亦不可以常用"，聖人復起，不易斯言矣。【殿本】機，要也。言此乃調用兵旅之機要也。

---

①　"殘"，閩本、粵本作"踐"。

②　"《史記》裴駰集解"，《薈要》本、浙本、閩本、粵本同，文淵閣本作"裴駰《史記集解》"，此句爲四庫館臣之"按語"。

③　"駰"，指《史記集解》的作者裴駰。《史記·秦本紀》"徐偃王作亂"，裴駰集解："《尸子》曰'徐偃王有筋而無骨'，駰謂號'偃'由此。"

④　"則"，《貞觀政要》作"也"。

⑤　"也"，蕭宗本、《大典》系本無。

⑥　"不"上，嘉靖本有"以"字，楊校寬文甲本"'孔子曰'下闕'以'字"。

⑦　"立"，朝鮮本、《大典》系本作"之"。楊校寬文甲本："《易·繫辭》'弧矢之利，以威天下'。"嘉靖本正作"弧矢之利，以威天下"。

⑧　"機"，《貞觀政要》作"職"。

崇文篇

【殿本】崇，尊也，重也。《左傳》曰："經緯天地曰文。"夫天以文而化，地以文而生，人以文而會，國以文而建，王以文而治，天下以文而安。反是，則不得其正矣。蓋文者，乃三才事物中和之氣也。以孝、悌、忠、信、仁、義、禮、智廣充之，天理存焉，非綿章綉句、華浮藻麗之文而已。如其崇重綿章綉句、華浮藻麗之文，是爲晉成帝、梁武帝、李後主矣。

夫功成設樂，【殿本】《春秋》晉文公敗楚於城濮。《傳》曰："振旅，愷以入于晉。"《周禮·大司樂》曰："王師大獻，則令奏凱樂。"注云："大獻捷于祖。凱樂，以軍之功成之樂，故獻于祖也。"○樂，音岳。**治定制禮。**【殿本】天下草昧，未及于制禮。天下既平，非禮則不服。《記》曰："禮者，可服天下也。"漢高祖得天下，命叔孫通定朝儀之禮。禮成，自諸侯王以下，莫不震恐肅敬。於是高帝曰："吾乃今日知爲皇帝之貴也。"又《記》曰："王者功成作樂，治定制禮。"**禮樂之興，以儒爲本。**【殿本】儒，柔也。《司馬相如傳》注："有道術曰儒。"孔子曰："女爲君子儒，無爲小人儒。"又，通天地人三才曰儒。夫禮與樂，固從儒士之所興也，惟君子儒可興禮樂矣。何謂君子儒？ 真儒是己。《左傳》曰："用真儒則無敵於天下，豈唯興禮樂哉？"**弘風導俗，莫尚於文。**【殿本】尚，加也。宏廣風化，導引習俗，無加於文術。《學記》曰："君子欲化民成俗，其必由學乎！"**敷教訓人，莫善於學。**【殿本】善，大也。敷宣政教，訓誨人民，無大于學校。《學記》曰："雖有至道，弗學不知其善。"**因文而隆道，假學以光身。**【殿本】因，由也。假，藉也。由以文術，可興隆道德。藉以學習，可光顯身名。《劉子》曰："未有不因學以鑑道，不假學以光身者也。"言不藉于學習，何以得光顯其身耳。**不臨深溪，不知地之厚。 不游文翰，不識智之源。**【殿本】《荀子》曰："君子博學而日三省乎己，則知明而行無過矣。故不登高山，不知天之高也。不臨深谿，不知地之厚也。不聞先王之遺言，不知學問之大也。"即此義也。源，謂本源也。**然則質蘊吳竿，**①公干反。《毛詩》曰："翟翟竹竿。"②《爾雅》：

---

① "蘊"，原本脫，據諸本補。
② "翟翟"，寬文本作"籊籊"。

"竿謂之籅。"①郭璞曰："懸衣架也。"**非括羽不美；**②【殿本】質，形也。蘊，積也。吳，國名。竿，竹也。言吳地有竹，形端直，堪作矢。然無藉笴翎，焉足成用？笴是著弦處。《子華子》曰："疾如箭之脫笴。"又《劉子》曰："故吳竿質勁，非笴羽而不美。"即此謂也。○笴，音笴。③○按：笴無笴音。**性懷辯慧，**④**非積學不成。**【殿本】董仲舒曰："性者，生之質也，天之理也。"懷，蘊也。辨，明也。慧，解也。言人雖蘊懷明辨慧解之靈性，無學終不能大成。《劉子》曰："人性譿慧，非積學而不成。"其義一耳。○譿，呼元切，⑤辨也。**是以建明堂，**《禮記·明堂位》孔穎達曰："明堂其制，東西九筵，南北七筵。凡九室，室四戶八牖，共三十六戶七十二牖，⑥以茅蓋屋，上圓下方，在國之陽，一里之外，七里之內，丙巳之地也。"【殿本】《禮含文嘉》曰："明堂所以通神靈、感天地、正四時、出教令、崇有德、章有道也。"**立辟雍。**⑦《禮記·王制》曰："天子曰辟廱。"⑧鄭玄曰："辟，明也。雍，和也。所以明和天下也。"【殿本】辟，明也。雍，和也。以明和爲名，化道天下之人，使之成士。又辟者，圓璧也。雍之以水，圓而象天，於陽德之施行，取流無極，使學者進德而不已，亦所以明和政教之至也。又《五經通義》曰："天子立辟雍者何？所以行禮樂、宣德化、教導天下之人使爲士。天子養三老、事五更，與諸侯行禮之處也。"**博覽百家，**【殿本】謂諸子百家之書。**精研六藝，**⑨【殿本】精，至也。研，窮也。六藝，謂禮、樂、射、御、書、數。**端拱而知天下，無爲而鑑古今。**【殿本】端拱，謂端嚴而拱斂其手。無爲，謂無所營治，天下自安矣。此用文之致也。**飛英聲，騰茂實，**⑩**光於天下不朽者，**⑪**其**

---

① 籅：今《爾雅》傳本皆作"簄"，日系本注作"籅"，大概是字形相似而訛。下文"錦綉珠玉，不絕於前"，楊校寬文甲本云："一本'施'作'絕'。"即寬文甲本訛作"施"。

② "括"，《通録》、朝鮮本、《大典》系本作"笴"。楊校寬文甲本云："一本'括'作'笴'。"

③ "笴"，肅宗本作"閼"。

④ 楊校寬文乙本：《劉子》曰："故吳竿質勁，非笴羽而不美，人性譿慧，非積學而不成。"

⑤ "元"，當作"玄"，避玄燁諱，肅宗本作"玄"。

⑥ "四戶八牖"，寬文本作"四尺八"，"共三十六戶"作"謂卅六尺"，楊校寬文甲本："今考明堂位注疏：'四尺八謂卅六尺'作'四戶八牖卅六尺'。"

⑦ "辟"，元寬本作"璧"。

⑧ "廱"，正親町本、寬文本無，楊校寬文乙本："按，本書'辟'下有'雍'字。"

⑨ "精研"，原本作"研精"，據朝鮮本、《大典》系本改。

⑩ 楊校寬文甲本云："《史記·司馬相如列傳》'蜚英聲，騰茂實'。"

⑪ "天下"，朝鮮本無。楊校寬文甲本："一本'光於天下'作'光於不朽'者。"

唯爲學乎？①【殿本】《封禪文》云：“俾萬世得激清流，揚微波，蜚英聲，騰茂實，前聖所以永保鴻名而常爲稱首者也。”蜚，與飛同，揚也。騰，傳也。言能飛揚英美之聲名，騰傳茂實之德，光曜無盡者，惟學聖人之道耳。**此崇文之術也**。②【殿本】此乃是文藝儒術之道也。

　　斯二者，遞爲國用。【殿本】斯二者，文武之事也。遞，更也。猶言更相爲國家之切用。**至若長氣亘地，成敗定乎鋒端**，③【殿本】言兵妖之長氣遍地也。○亘，古鄧反，遍也。**巨浪滔天，興亡決乎一陣**，④【殿本】滔，漫也。滔天，猶言漫天也。巨浪，言天下鼎沸，大亂巨大也。**當此之時**，⑤**則貴干戈**，【殿本】《書》曰：“敿乃干，鍛乃戈。”⑥又曰：“稱爾戈，比爾干。”干，盾也。《方言》云：“自關而東，或謂之瞂，或謂之干，關西謂之盾。”郭璞曰：“干，杆也。戈，平頭戟也。”**而賤庠序**。【殿本】《禮記》曰：“古之教者，家有塾，黨有庠，術有序，國有學。”又，庠者，有虞氏之學名，養老之宮也。大學爲上庠，小學爲下庠。庠，言養也，所以養賢德也。序者，夏后氏之學名，大學爲東序，小學爲西序。序，次也，以次序先生之道而學之也。**及乎海岳既晏，波塵已清**，【殿本】天下既定，則海水不波，兵塵不起，故云“清晏”。**偃七德之餘威**，《左傳·宣公十二年》曰：“夫武，⑦禁暴戢兵，保大定功，安民和衆，豐財者也。⑧”【舩橋本補注】杜注曰：“此武七德。”傳楚子曰：“武王克商作頌曰：載戢干戈。”正曰楚子既引四篇，乃陳七德，戢干戈，櫜弓矢，禁暴戢兵也。求懿德時，夏允王保之，保大也。耆定爾功，定功也。鋪時繹時，我徂惟求定，安民也。綏萬邦，屢豐年。綏萬邦，和衆也。屢豐年，豐財也。我徂求定，是能安民，故往求定也。綏萬國，由德能和衆，故萬國安也。【殿本】《左傳》曰：“武有七德，

---

①　“爲”，朝鮮本、《大典》系本無。
②　“崇”“之”，朝鮮本、《大典》系本皆無，楊校寬文甲本：“一本無‘崇’字。”
③　“乎”，嘉靖本、元寬本作“于”。
④　“乎”，嘉靖本作“於”。“陣”，光海君本作“陳”。
⑤　“之”，原本無，據正親町本、元寬本等補。“時”，朝鮮本、《大典》系本作“際”，楊校寬文甲本：“一本‘時’作‘際’。”
⑥　“鍛”，肅宗本、文淵閣本、閩本、粵本作“鍜”，“鍜”爲“鍛”的俗字，据浙本改。
⑦　“夫武”，寬文本無。
⑧　“者也”，寬文本無。

一曰禁暴,二曰戢兵,三曰保大,四曰定功,五曰安民,六曰和衆,七曰豐財。"偃者,息也,臥也。天下既定,示不用也。**敷九功之大化。**《尚書·大禹謨》曰:"水火金木土穀,①惟修正德。②利用厚生,惟和。"【舩橋本補注】《尚書正義》曰:"政之所爲,在養民。養民者,使水火金木土穀此六事,惟當修治之。正身之德,利民之用,厚民之生,此三事惟當諧和之。修和六府三事,九者皆就有功。九功惟使皆有次敘,九事次敘,惟使皆可歌樂,此乃德之所致。"又曰:"正德者,居上位者正己以治民,故所以率下人;利用者,謂在上節儉不爲縻費,以利而用,使財物殷阜,利民之用,爲民興利除害,使不匱乏;厚生謂薄征徭,輕賦稅,不奪農時,令民生計溫厚,衣食豐足。君若能如此,則爲君之道備矣。"【殿本】《書》曰:"九功惟敘,九敘惟歌。"注云:"六府三事之功有次序,皆可歌樂,乃德政之致。"六府,謂水、火、金、木、土、穀。三事,謂正德、利用、厚生。正德以率下,利用以阜財,厚生以養民也。**當乎此際,③則輕甲胄,④**【殿本】在身曰甲,在頭曰胄。**而重《詩》《書》。**【殿本】《詩》謂雅頌之詩,非尋章摘句之詩也。《書》謂上古聖賢所遺之書,非勾抹繕寫之書也。**是知文武二途,捨一不可,**【殿本】非文不治,非武不定,故定之以武,守之以文。夫文德者,帝王之利器。威武者,文德之輔助也。文之所加者深,武之所服者大,故闕一不可。**與時優劣,各有其宜。**【殿本】時亂則尚武,時平則尚文。文武之任,各要合其時事之宜。**武士儒人**【殿本】武藝忠勇之士,儒學賢德之人。**焉可廢也?⑤**【殿本】二者不可偏廢也。

　　此十二條者,帝王之大綱也,⑥【殿本】《書》曰:"若網在綱。"綱者,網之總也。言上項十二事者,是爲帝王大略之綱領。**安危興廢,皆在茲乎!⑦**【殿本】咸,總也。言安平危亂,興起廢墜,總在於此。**古人有言,⑧**

―――――――――

①　"水火""金木",寬文本互倒。

②　"惟修",寬文本無。

③　"乎此",朝鮮本、《大典》系本作"此之"。

④　"胄",正親町本、原本作"冑",據元寬本等改。

⑤　"也",嘉靖本作"哉"。

⑥　"大""也",嘉靖本、《淵鑑》無。

⑦　"皆",《通錄》、朝鮮本、《淵鑑》《大典》系本作"咸",楊校寬文甲本:"一本'皆'作'咸'。""乎",《通錄》、朝鮮本、《淵鑑》《大典》系本作"焉",楊校寬文甲本:"'乎'作'焉'。"

⑧　"言",《通錄》、朝鮮本、《淵鑑》《大典》系本作"云"。

非知之難，唯行不易。①**行之可勉，唯終實難。**【殿本】此《商書·説命》之辭也，"説拜稽首，曰：'非知之艱，行之惟艱。'"言知之易，行之難，以勉勸高宗，克終於善道也。**是以暴亂之君，非獨明於惡路。**【殿本】言暴虐荒亂之君，不是獨知行惡之人也。**聖哲之主，豈獨見於善途，**②【殿本】言聖明哲智之主，不是獨見行善之途也。**良由大道遠而難遵，**【殿本】《孟子》曰："夫道若大路然，豈難知哉？人病不求耳。子歸而求之，有餘師。"以此思之，何遠之有？遵，循行也。**邪徑近而易踐。**【殿本】《老子》曰："大道甚夷，而人好逕。"逕者，小路也。故云易踐履也。**小人皆俯從其易，**③**不能力行其難，**④**故禍敗及之。**【殿本】東萊先生曰："始遇其易，即以易爲常。以易爲常，禍之門也。"**君子勞處其難，不能逸居其易，**⑤**故福慶流之，**⑥【殿本】東萊先生曰："先遇其難，必以難爲常。以難爲常，福之階也。"**是知禍福無門，**⑦《老子》曰：⑧"禍兮福之所倚，福兮禍之所伏。"【舩橋本補注】《左傳·襄廿三年》云："禍福無門，唯人所召。"**唯人所召。**⑨【殿本】《左傳》："閔子馬曰：'禍福無門，惟人所召。'"又《易》曰："積善之家，必有餘慶。積不善之家，必有餘殃。"此豈非人自召乎？**欲悔非於既往，**【殿本】孔子曰："既往不咎。"又，《國策》有曰："見兔而顧犬，⑩未爲晚也。⑪亡羊而補牢，⑫未爲遲也。⑬"以往非

---

①　"唯"，朝鮮本作"惟"，下同；"行"下，朝鮮本、《大典》系本有"之"。

②　"豈"，朝鮮本、《淵鑑》《大典》系本作"非"。楊校寬文甲本："一本'豈'作'非'。""於"，元寬本、寬文本無。

③　"皆"，元寬本無。

④　"能"，朝鮮本、《淵鑑》《大典》系本作"得"。"行"，朝鮮本無。

⑤　"不能逸居其易"，朝鮮本、《大典》系本作"不能力居其易"，楊校寬文甲本："一本'逸居其易'作'力居其易'。"楊以小野本校日活字本云："'力'字訛。"《淵鑑》、嘉靖本"能力"作"肯安"，即"不肯安居其易"。

⑥　"故禍敗"至"流之"22字，《通録》無。

⑦　"是"，朝鮮本、《淵鑑》《大典》系本作"故"。楊校寬文甲本："一本'是知'作'故知'。"

⑧　"老子"，寬文本作"左傳"，楊校寬文乙本云："按《左傳》當作《老子》。"

⑨　"所"，嘉靖本、《淵鑑》同，《大典》系本作"自"，楊校寬文甲本云："一本'所召'作'自召'。"

⑩　"兔"下，朝鮮本、文淵閣本無"而"字。

⑪　"未爲"，《薈要》本、浙本同，蕭宗本、文淵閣本作"非以爲"。

⑫　"而補牢"，《薈要》本同，蕭宗本、文淵閣本作"補楗"。

⑬　"未"，蕭宗本、文淵閣本作"非以"。

違之事，雖悔何及？是不可悔也。**唯慎過於將來。**①【殿本】《易》之“坤”初六曰：“履霜，堅冰至。”象曰：“履霜堅冰，陰始凝也。馴致其道，至堅冰也。”此聖人防漸慮微慎終於始之大戒也。故君子治未病，不治已病。治未亂，不治已亂也。將來，未來也。**擇哲王以爲師焉，**②**無以吾爲前鑑。**③【殿本】《蜀志》：“先主語其子曰：‘勿以惡小而爲之，勿以善小而不爲。惟賢惟德，可以服人。汝父德薄，不可效也。’”是以太宗得此義，故以自貶抑而諭太子：“汝當可選上古聖哲之主爲師範，勿用我之所行，以爲鑑戒。”○毋，音無，禁止之辭。**夫取法於上，**④**僅得爲中。**⑤**取法於中，故其爲下。**⑥【殿本】孔子曰：“取法于天而則之，斯爲其上。”顔、孟取法于孔子而近之，纔得其中。後儒取于顔、孟而遠之，則爲其下矣。既爲其下，何足法乎？爲儒者，當取法孔子、⑦顔子、孟子。爲君者，當取法于堯、舜、文王。**自非上德，不可效焉。**【殿本】非有高上大德之君，不足慕耳。⑧**吾在位已來，**⑨**所制多矣。**⑩【殿本】言我自登君位以來，從前至今，制作多矣。**奇麗服翫，錦繡珠玉，不絕於前，**⑪**此非防欲也；**【殿本】自貶其奢也。防，戒也。**雕楹刻桷，**⑫【殿本】《春秋·莊公二十三年》：“秋，丹桓宮楹。”《二十四年》：“春，刻桓宮桷。”《左傳》曰：“皆非

---

① “過”，元寬本等作“禍”，楊校寬文甲本云：“一本‘過’作‘禍’。”

② “擇哲王以爲師焉”，朝鮮本、《淵鑑》《大典》系本作“當擇哲主爲師”。楊校寬文甲本云：“一本‘擇’上有‘當’字。一本作‘爲師’，無‘與’字。”

③ “無”，嘉靖本、朝鮮本、《大典》系本作“毋”。“無以吾”，《通録》作“思以古”。“爲前”，嘉靖本作“前爲”。“擇哲王”至“爲前鑑”，《資治通鑑》作“汝當更求古之哲王以爲師，如吾，不足法也。”

④ “夫”，朝鮮本、《大典》系本無，楊校寬文甲本云：“又無‘夫’字。”此句“於”及下句“於”，嘉靖本、《淵鑑》均作“乎”，《大典》系本作“于”。

⑤ “爲”，《資治通鑑》作“其”。

⑥ “故其爲下”，朝鮮本作“故爲其下”，嘉靖本、《淵鑑》作“祇爲其下”，《資治通鑑》作“不免爲下”。

⑦ “取”，閩本、粤本作“此”，訛。

⑧ “足”，蕭宗本、文淵閣本、閩本、粤本同，浙本作“可”。

⑨ “已”，朝鮮本同，《大典》系本作“以”。

⑩ “制”，嘉靖本、《淵鑑》作“缺”。

⑪ “絕”，楊校寬文甲本云：“一本‘施’作‘絕’。今案，唐太宗貞觀廿二年《鑑》有此語，‘施’作‘絕’。”楊校寬文乙本云：“按《類函》‘施’作‘絕’。”

⑫ “刻”，元寬本、寬文本作“割”，楊校寬文甲本云：“‘割’恐‘刻’。《左傳·莊公廿四年》‘刻桓宮桷’。”楊校寬文乙本“又按‘割桷’當作‘刻桷’”。

禮也。御孫諫曰：‘臣聞之：儉，德之共也。侈，惡之大也。先君有共德，而君納諸大惡，無乃不可乎？’”楹，柱也。桷，椽也。《字林》曰：“齊魯謂榱爲桷。”①**高臺深池，每興其役，**【殿本】役，謂工役，役煩其民也。**此非儉志也。**【殿本】自貶其侈也。**犬馬鷹鶻，無遠必不致，②此非節心也。**【殿本】自貶其荒也。節，制也。**數有行幸，以亟人勞，③此非屈己也。**【殿本】自貶其游田也。屈，曲也，又抑也。○數，所角切，言頻煩也。**斯數事者，④吾之深過也，⑤**【殿本】此等之事，乃我平日之大過錯。**勿以茲爲是而後法焉。⑥**【殿本】毋以此等之事以爲後之法度，從而效之耳。**但我濟育蒼生，其益多矣。⑦**【殿本】蒼生，謂萬物蒼蒼然之生，又庶衆小民也。濟，救也。育，養也。益，利也。言我除隋之荒亂，救濟、育養、利益人民甚衆。**平定區宇，⑧其功大矣，⑨**【殿本】言我平治定安天下，爲民除害，其功勞甚大。**益多損少，民不以爲怨。⑩**【殿本】怨，咎也。**功大過微，德未以之虧。⑪**【殿本】虧，妨也。**然猶盡美之踪，⑫於焉多愧。盡善之道，顧此懷慚。**【殿本】《魯論》曰：“子謂《韶》盡美矣，又盡善也。謂《武》盡美矣，未盡善也。”言我雖平定寰宇，治育蒼生，有功于天下，亦有奇麗服玩、行幸盤游之好，不能盡善盡美。每回顧此等之事，甚慚愧于心也。**況汝無纖毫之功，⑬**【殿本】此謂高宗。言何況汝並無纖細毫末之功績也。**直緣基而履慶，**【殿本】

————————

① “榱”，蕭宗本、閩本、粵本作“橉”。《說文》：“榱，秦名爲屋椽，周謂之椽，齊魯謂之桷。”“橉”，樹木一種，也作支撐屋架的部件，如唐張説之《唐玉泉寺大通禪師碑》：“橉崩梁壞，雷動雨泣。”
② “必不致”，朝鮮本、《大典》系本無“不”，嘉靖本、《淵鑑》無“必”。
③ “亟”，元寬本作“承”。“人勞”，《通録》、朝鮮本、《淵鑑》《大典》系本作“勞人”。
④ “數事”，嘉靖本無“事”字，朝鮮本、《淵鑑》《大典》系本無“數”字。
⑤ “也”，朝鮮本、《大典》系本無。
⑥ “後”，嘉靖本作“取”，《淵鑑》同。
⑦ “矣”，朝鮮本、《淵鑑》《大典》系本無。
⑧ “區”，朝鮮本、《大典》系本作“寰”。
⑨ “矣”，朝鮮本、《淵鑑》《大典》系本無。
⑩ “以爲”二字，朝鮮本、《淵鑑》《大典》系本無。
⑪ “以之”二字，朝鮮本、《大典》系本無。
⑫ “猶”下，朝鮮本、《淵鑑》《大典》系本有“之”字。
⑬ “汝”，嘉靖本作“女”，《淵鑑》同。

徑因父祖基業而登履慶位。直，徑也。緣，因也。**若崇善以廣德，**①**則業泰而身安。**②【殿本】如能崇尚善道，以充廣其德，庶得基業康泰，身位平安。**若肆情以縱非，**③**則業傾而身喪。**④【殿本】如放肆情欲，以嗜邪淫，必是基業傾危，身位喪敗。**且成遲敗速者，國之基也。**⑤**失易得難者，天之位也。**⑥**可不惜哉？　可不慎哉！**⑦【淵鑑注】《帝範》序二篇，宋寶曆、天聖間著作郎韋公肅、學士宋綬皆常録進。【殿本】《商書》："伊尹申誥于太甲曰：'嗚呼！惟天無親，克敬惟親。民罔常懷，懷于有仁。鬼神無常享，享於克誠。天位艱哉！德惟治，否德亂。與治同道，罔不興。與亂同事，罔不亡。終始慎厥與，惟明明后。'"誠哉斯言！此伊尹當阿衡之任，曰"天位艱哉"一句，其激切之至也。于此太宗深得此理，惟憂惟懼，故發"成遲敗速、失易得難"之痛誠也。⑧爲人君者，念哉鑑哉，不可忽也。艱，即難也。

---

① "善"，嘉靖本、《淵鑑》作"美"。
② "而"，肅宗本、《淵鑑》《大典》系本無。
③ "縱"，朝鮮本、《淵鑑》《大典》系本作"從"，楊校寬文甲本："一本'縱'作'從'。"
④ "而"，朝鮮本、《淵鑑》《大典》系本無。
⑤⑥ "之"，《通録》、朝鮮本、《淵鑑》《大典》系本無。
⑦ "可不慎哉"，嘉靖本、朝鮮本無，楊校寬文甲本："一本無'可不慎哉'。"《通録》二句互倒。
⑧ "誠"，粵本作"諴"，非。

附　　録

殿本《帝範提要》①

臣等謹按：《帝範》十二篇，唐太宗貞觀二十二年撰，以賜太子。《新》《舊唐書》皆云四卷，晁公武《讀書志》僅載六篇，陳振孫《書錄解題》亦題曰一卷。元吳萊謂，征雲南僰夷時始得完書，考其事在泰定二年。蓋此書宋佚其半，元乃復完也。《唐書·藝文志》載有賈行注，而《舊唐書·敬宗本紀》稱，寶曆二年秘書省著作郎韋公肅注是書以進，特賜錦彩百匹，是唐時已有二注。今本注無姓名，觀其體裁，似唐人注經之式，而其中時稱楊萬里、呂祖謙之言，疑元人因舊注而補之。其援引頗詳洽，而詞不免於煩贅，臣等謹爲參考，其誤附列注文之下，仍依舊史，釐爲四卷，以復其舊云。乾隆三十八年四月恭校上。

總纂官編修　臣紀　昀

郎中　臣陸錫熊

纂修官編修　臣林澍蕃

文溯閣《帝範提要》②

臣等謹案：《帝範》四卷，唐貞觀二十二年太宗文皇帝御撰，以賜

---

① 殿本提要與文淵閣本、《薈要》本同，文淵閣本脫“特賜錦彩百匹”6字。

② 文溯閣提要與文津閣、《總目提要》單行本同。

太子者也。《新》《舊唐書》皆云四卷，晁公武《讀書志》僅載六篇，陳振孫《書録解題》亦題曰一卷。此本載《永樂大典》中，凡一十二篇，首尾完具，後有元吳萊跋，謂征雲南僰夷時始見完書，考其事，在泰定二年。蓋此書，南宋佚其半，至元乃復得舊本，故明初轉有全文也。《唐書·藝文志》載有賈行注，而《舊唐書·敬宗本紀》稱，寶曆二年秘書省著作郎韋公肅注是書以進，特賜錦彩百匹，是唐時已有二注。今本注無姓名，觀其體裁，似唐人注經之式，而其中時稱楊萬里、吕祖謙之言，蓋元人因舊注而補之。其詞雖不免冗贅，而援引頗爲詳洽，足資參考。惟傳寫多所脱誤，謹旁考諸書，一一釐訂，各附案語于下方。仍依舊史，釐爲四卷，以復其舊焉。乾隆四十九年三月恭校上。

元臨江路儒學劉參重刻《帝範》序①

唐太宗天姿英睿，化家爲國，武定亂略，文致太平，朝多君子，幾致刑措，史官謂功德冠唐虞，美事溢史策。觀其所著《帝範》十二則，所以貽謀裕後者，悉以周，豈獨爲子孫之家訓？誠百王之龜鑑，而萬代之良書也。故聞貞觀之風者，三代以來所未有，蓋帝身親爲之，又以誨其後人，此永徽之初政猶足稱也。唐史有其目而逸其書，近年出於雲南，經進闕下，奉敕付史館補唐鑑之遺。今文安李元鎮詳加注釋，於是《帝範》行於世久矣。清江儒學舊刻唐書，歲久摹印訛缺，至治癸亥朝列大夫同知臨江路總管府事古汴趙公文炳提舉學校，既重修禮殿，復整理書板之餘，暇日出《帝範》一帙，命余刻之，使與唐書同一不朽。公屬意斯文，嘉惠後學，政事識大體，廉能公直，士民悦服，余并述于編端，以毋忘公之盛心云。至治三年癸亥七月朔，臨江路儒學教授廬陵劉參道存序。

牌記
朝列大夫同知臨江路總管府事古汴趙文炳重刊

---

①　劉參序見韓國藏肅宗時期所刻銅活字本《太宗帝範附音注釋》書前。

承務郎臨江路總管府經歷漳川吕邦直提調

臨江路儒學教授廬陵劉參校正

臨江路儒學學正古洪涂鼎監刊

府吏廬陵周仲玉旰江甯文

直學金川蕭時允

司吏楊聖傳

明都穆《帝範跋》①

　　唐太宗《帝範》三卷，自君體至崇文，凡十二篇，《唐書·藝文志》嘗載其目，而世罕傳。元元貞初，雲南行省左丞得之白人，字與漢異，乃譯而進之，其書始行。大德中霸州李翺元鎮嘗爲之注，廬陵鄧光薦序之。余家所藏安成刻本，元舊物也。

明黄省曾《唐太宗文皇帝御撰〈帝範〉序》②

　　惟天作辟，綏謐萬方。鴻始以來，群龍繼統。咸以生阜兆民爲道，父母九州爲心。德本大公，親同一體。神明不昧，其出自然。粤夫犧魁、黄序造契解繩。或立象以盡意，或刻几以弼違。三墳肇興，皇訓丕顯。至於堯虞，膺籙傳禪，體元乃彰執中精一之旨。聖學帝勳，乾參坤贊，兹皆貫而該之矣。由是禹銘簴筍，湯瑑盤盂，武尊洪範，所以密篤恭之心，矩以成玉燭之太和也。三代既逾，大法斯泯。霸強出而位育消，商老行而尼軻隱。小康時遘，熙皥未登。有唐太宗文皇帝，以龍鳳之姿，抱英雄之略。起自募人，卒踐大寶。武光治烈，

　　①　（明）都穆撰：《南濠居士跋》卷一，《國家圖書館藏古籍題跋叢刊》，北京圖書館出版 2002 年，第 1 册第 29 頁。

　　②　（明）黄省曾：《五岳山人集》卷第二十四，黄省曾於嘉靖己丑年（1529）刻《帝範》。《四庫全書·浙江通志》：黄省曾，名山藏，字勉之，吴人。以詩經魁南都，舉進士不第，遂棄去。自號五岳山人。是時王守仁講學越中，省曾游餘姚，執贄道席，每班坐請，疑問至即答，無不洞中。生平不樂組綬，杜門著書，海内名著若李夢陽、康海、王廷相、楊一清、霍韜輩，或以翰札見知，或以經濟加器，聲噪一時。

播在竹書。嘗於貞觀暮年御撰《帝範》一十二篇，以賜太子，且曰飭躬闡政，悉備其中。今也由文論世，則若懲暗疚察，君體建矣。剖圭開屏，天宗固矣。翼房爲杜，髦俊明矣。陟洎措緯，階品愼矣。金甕玄繢，以旌賚直。朝霜市露，以杜利佞。隋奢齊侈，以戒華豐。止殿罷閣，以崇約儉。鮮赦欽刑，以嚴賞罰。吞瞶改冠，以重農依。三奇五等，以備軍國。館儒疏經，以昭聖術。嗚呼！美哉！範言匪徒稱述，亦允蹈之矣。但惜夫執中精一之旨，置而不宣，則是君人之大本，經緯之要圖。太宗其尚未聞也，所以粉飾雖周，彝倫竟斁。昌浮圖之誕教，務夷貊之遠功。淑政有初，而無終嘉謨。將舉而復墜，悔過之言丁寧，簡末後之君子，莫不嘆息於斯焉。宋寶曆、天聖間，著作郎韋公肅、學士宋綏皆常錄進，特爲金匱之珍耳，未睹鏤傳於世。暇披緗帙，乃爲校刊以行，雖聖帝明王，不資於是，亦紫極之一編也。

清原秀賢跋

其一：右一册者，苟人君之儀則也。如盡出一箇賢君矣。於干（于？）爰或人爲，雖需講説，的本之無相持，仍旁求數本考正之，尚有不詳，其餘者臆思之所及，推而以改易，求的本可訂正者也/慶長四曆（1599）屠維大淵獻旦月中旬吏部郎中清原秀賢。

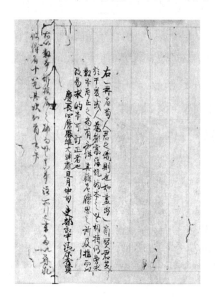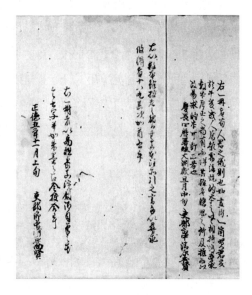

其二：右以數本雖校考之，都而無真本，注所引之書，多以尋求/攸得者十八九，其次加首書耳。

清原尚賢跋①

右一册者，以高祖養真院殿御（?）自筆之，至今書字並加朱墨之印，令校合耳。正德五年（1715）十一月上旬吏部郎中清原尚賢。

柳谷散人埜子苞父跋②

《帝範》二卷、《臣軌》二卷也者，共成于唐帝。唐帝受隋氏弊，聰明神武，庶幾成康，功德兼備，自漢以來，未之有。吁咨都嗟之後，而元首股肱，互爲洽道，故所以《帝範》《臣軌》之有作者也。本朝博士讀之，尤尊之至。若鐮倉將軍家皆讀之，有助治道久，何啻中華而已哉！洛人林白水新鏤之，梓以欲行于世，良有故哉，白水需書其後，於是題之。

寬文八年秋八月日

柳谷散人埜子苞父書

林和泉掾版行

阿波源元寬苞卿校《帝範》後附考③

《舊唐書·經籍志下》云：丙部子録儒家類《帝範》四卷。太宗撰、賈行注。《新唐書》同。

《資治通鑑·唐紀》十四，太宗文武大聖大廣孝皇帝下之上，云：貞觀二十二年春正月己丑，上作《帝範》十二篇，以賜太子，曰君體、建

① 按：舡橋本後有清原尚賢模寫本，鈔録了清原秀賢本跋，現省略，只録尚賢跋。因爲草書，識讀較難。
② 此跋見寬文八年刊《臣軌》書後，楊守敬《日本訪書志》卷五“臣軌二卷，寬文八年刊本”後著録。
③ 此本署“明和丁亥（1767）正月”，藏國家圖書館。

親、求賢、審官、納諫、去讒、戒盈、崇儉、賞罰、務農、閲武、崇文。且曰："修身治國備在其中，一旦不諱，更無所言矣。"又曰："汝當更求古之哲王以爲師，如吾，不足法也"云云。《舊》《新唐書》並不載，但《玉海》引此云"《薈要》作貞觀二十三年正月二十日"。

　　《玉海》卷二十七云：《薈要》"寶曆二年五月，著作郎韋公肅注《帝範》十二篇上之"。《中興書目》《帝範》二卷，天聖四年閏五月，學士宋綬録進《帝範》二卷。《崇文目》一卷，述修身治國之要言。《讀書志》一卷，今存六篇。

　　《元史·本紀》第二十九云："泰定帝泰定元年春，二月甲戌，命平章政事張珪、翰林學士承旨忽都魯都兒迷失、學士吳澄、集賢直學士鄧文原，[①]以《帝範》《資治通鑑》《大學衍義》《貞觀政要》等進講。"

　　《三代實録》卷第三十二云："陽成天皇元慶元年(877)，十一月三日庚子，參議從三位行左衛門督大江朝臣音人薨。音人別奉敕撰《群籍要覽》四十卷、《弘帝范》三卷。"《類聚國史》卷第百四十七文部下同。

源元寬進録

阿波源元寬苞卿書《帝範》後

　　《帝範》十二篇，唐太宗文武皇帝所親述，以貽孫謀也。惟太宗以天縱之姿，夙建勳施化，三代而後，莫能若焉。文章富有，亦以爲盛，然千載于今，散軼不鮮，或若問對書，於孫吳大無發明，識者嘗疑焉。獨斯書，洋洋德音，垂裕責難，懔乎其可懼哉。則爲君父者，不可不讀也，爲臣子者，又不可不讀也。以故唐臣載書於前，元帝降命於後，迨乎明清，無得而稱者，蓋亦泯矣。本邦故事，每詔儒臣進講焉，於是江參議上《弘帝範》云。恨坊本文字漫漶，脱誤良多，元寬竊憂尚矣。朝求野募，遂校成一本，刊而傳之。素所嵌注解，庸妄無取，想出於白面之手，非賈、韋之書也，悉皆删去，庶幾還乎舊觀。或云："書名《帝

---

　　①　"原"，本作"康"，蓋字形似而訛。

範》，而子命兒輩誦之，從而又刊之，無乃大僭乎？”余曰“否”。二典三
謨，俞咈乎廊廟。商盤、周誥，告諭乎黎庶。豈不帝王模範哉！而
《詩》《書》，義之府，古之所以造士也。況語云“升高必自下，陟遠必自
邇”，則斯書也爲《詩》《書》亞，誦習又何尤？

明和丁亥正月　　阿波　　　源元寬苞卿謹識

　　　　　　　　　　　　　　書林　出雲寺　發行

楊守敬跋日本舊刊本[①]

　　唐太宗《帝範》，《新》《舊唐志》並四卷，賈行注。又《舊唐書·敬
宗本紀》有韋公肅注，是唐時已有二注。《崇文總目》《書錄解題》並稱
一卷，豈爲無注之本與？晁公武《讀書志》僅載六篇，則顯然闕佚其
半。四庫著録（“録”下有“系”字）從《永樂大典》本鈔出，據（“據”作“有”）
元吳萊稱（“稱”作“跋謂”），征雲南僰時所得，其注文頗繁冗，中有呂東
萊（“呂東萊”作“楊萬里、吕祖謙”）之言，則非賈、韋二注明矣。此本分爲
上下二卷，有康平三年五月江匡房點校記，江氏爲日本文章巨族，有江家
次第傳世，皆一家之言也。又有寬治、長寬、承安、建久、（下有“承元”）、元
仁等題記。考康平三年，當宋仁宗嘉祐五年，則其根源最古，其注文
簡要，不注姓名，亦不詳爲賈、爲韋，但以正文考之，則此當是太宗原
本。其序文題“御製”，與《大典》本題“唐太宗文皇帝撰”不同。又書
中文皇自稱皆曰“余”，不曰“朕”，“民”字、“治”字皆不避，均以此本爲
（真）是。其他如《建親》篇“枝葉扶疏”，《大典》本誤“扶”爲“不”。“子
弟無一户之名（民）”，（《大典》本）誤“封户之人”。“神器”誤爲“大器”。
“設今（令）懸教”，（《大典》本）誤“令”爲“分”。“宜其不遠”，謂與堯不遠
也。（《大典》本）誤“不”爲“宏”。“察之以明，撫之以德”，（《大典》本）脱
四字，作“察之以德”。《審官篇》“有劣智者，不可賴以大功”，（《大典》

　　① 楊守敬：《日本訪書志》卷五，《國家圖書館藏古籍題跋叢刊》第 22 册，北京：北京圖書館
出版社，2002 年，第 299—306 頁。此跋又見國圖藏原日本克明館藏寬文丙本之《帝範序》後，文字
略有不同，不同之處見括號。

本)誤作“有小力者，不可賴以成職”，其下脫“君擇臣而授官，臣量己而受職”二句。《納諫篇》“折檻壞疏”，(《大典》本)誤“壞”爲“懷”，注者遂不知“壞疏”是用《説苑》師經投瑟撞疏事。《去讒篇》“宣王終身而不知”，(《大典》本)誤“宣王”爲“宣(宷)一”。《誡盈篇》“(賦斂重，)民財匱”，誤作“人才遺”。《務農篇》“衣食乏，則忘廉恥”，誤“乏”爲“足”、誤“忘”爲“志”。“欲澄其流”，誤“澄”爲“止”。《閲武篇》“忘戰則民殆”，誤“忘”爲“呸”；“三年治兵，辨等列也”，以正文混入注中。①《崇文篇》“此崇文之術也”，脫“崇”“之”二字。“不能逸居其易”，誤“逸”爲“力”。是皆顯然謬訛，其他訛文、奪字，尤不勝舉，別詳札記。②而《大典》本注者不能訂正，遂望文生義，不顧其安然。則此本非特元明以來不見，亦《大典》本作注者所不見也。③又此書每二篇一總結，《大典》本注者皆以本篇文曲解之，尤爲鹵莽。《去讒篇》“昏明之本”，《大典》本竟改爲“國之本”。④《納諫篇》“卻坐”二字，是用袁盎“卻慎夫人同坐”事，《大典》本注竟不知其所出。《去讒篇》“昭公去國而方悟”，是用宋昭公事，《大典》本注誤引魯昭公失國事，又見“方悟”，與情事不合，遂改“方”爲“不”，而不知上文“朝有千臣”尤無著也。凡此皆《大典》注本之陋，不及此本之精博遠甚。⑤唯此本合《臣軌》刻于寬文八年，其中脫誤甚多，余校以古鈔數本，又以所引原書照之，始可讀。然《建親》篇引雜書一條，各本皆誤字錯出，竟不可校。又此本六王懷叛逆之志，注云“漢魏燕趙齊楚”等王，亦與本書意不合，當以《大典》補正之，若能重刻行世，亦快事也。宜都楊守敬跋。

上卷題云

　　康平三年五月五日點之禮部郎中江匡房

---

① 寬文丙本無上十五字。

② 寬文丙本無上十四字。

③ 寬文丙本無上 22 字。

④ 寬文丙本無上 16 字。

⑤ 寬文丙本此下有“其他文字異同，亦此本爲長，余別有校札記，擬刻此書時附之。□□別藏高野山古鈔卷子，與此同出一原，少有異同，□□□□□。”

下卷題云

康平三年五月六日點之治部少丞江匡房

寬治八年七月十六日於楊梅亭點了尤可秘藏而已

長寬二年正月廿八日奉授主上已訖

（式部大輔）藤永範

承安元年七月廿四日御讀畢此書奉授一代聖主早家之重寶也。

從三位行宮內鄉兼式部大輔藤永範

建久三年六月十五日御讀畢此書繼家踪已及聖主三代誠是家之秘本也。

正四位下行式部大輔藤朝臣光範

承元二年四月廿三日書寫畢

以二品户部永範本移點畢　菅原淳高

元仁二年三月廿五日侍御讀畢

翰林學士菅淳高

森立之跋高野山藏舊鈔卷子本[①]

卷首題《帝範序》《御製》，序後本文題《帝範上》，次行列書篇目，每行界長七寸七分，幅八分半，行十三字，注雙行，卷末不記鈔校時月，考紙質字樣，當是五百年外書本，此本寶素堂影摸傳藏。

森立之跋求古樓藏舊鈔本[②]

體式並同前本。《臣軌》卷首記云：臣一本作忠，一部內皆同。則天皇後用此臣字。又題衔御撰，上有天后二字，傍小書二字，菅本無。《帝範》末有文永、弘安、文明、天正各記。《臣軌》末有天正二年從三位清原枝賢跋，及建德三年、元龜二年舊跋。

---

①　［日］森立之撰：《經籍訪古志》卷五，《日本藏漢籍善本書志書目集成》第 1 册，賈貴榮編，北京：北京圖書館出版社，2003 年，第 243 頁。

②　［日］森立之撰：《經籍訪古志》卷五，第 244—245 頁。

羅振玉《帝範校補》跋①

甲子(1924)秋,予刊日本寬文本《帝範》,曾據《大典》本比勘異同,爲《校記》一卷。丁卯(1927)冬,得日本小島氏藏古寫卷子本,復爲之校讎,補正五十餘則。前書既刊行,不可增入,乃別録爲《校補》一卷,待他日重刊時是正焉。己巳(1929)九月上虞羅振玉記。

羅振玉跋日本寬文刻本②

此書據晁氏《讀書志》,在宋已佚其半,《新》《舊唐書》載此書并作四卷,然全書僅十二篇,每三篇爲一卷,似分卷太多。此本分上下二卷,每卷六篇,晁《志》言僅存六篇,與陳氏《解題》并作一卷,是晁、陳二家所著録皆卷之上一册,而佚其下册。陳氏但言十二篇,而不言佚其半,然證以《宋史·藝文志》作二卷,及晁氏之説,則此本二卷爲原編之舊。陳氏之一卷乃上半部,與晁氏下卷本相同無疑也。此書舊有賈行、韋公肅二家注,今自《永樂大典》采輯本注中有引楊萬里、吕祖謙語,其非賈韋舊注可知。此本之注頗簡賅,不注姓氏,審爲誰氏所作也。老友楊君惺吾曾得此本,載之《日本訪書志》,備言其勝處,然楊氏所舉以外,尚不少,安得好古者爲之刊行乎!

羅振玉《帝範校記》序③

《帝範》二卷,日本寬文八年刊,每行十七字,乃從卷子本出,雖書體多別搆,而較中土流傳之《永樂大典》本爲善。楊惺吾舍人守敬言之已詳。然此本亦間有衍誤,兹一仍其舊,而比勘異同,爲校記附焉。甲子七月上虞羅振玉記。

---

① 羅振玉:《大雲書庫藏書題識》卷三,《北京圖書館珍本目録題跋叢刊》第 24 册,北京:北京圖書館出版社,2002 年,第 283 頁。

② 羅振玉:《大雲書庫藏書題識》卷三,第 291 頁。

③ 羅振玉:《帝範》二卷《臣軌》二卷《校記》二卷,民國甲子(1924)仲秋羅振玉東方學會印本。

周中孚跋武英殿聚珍版本①

　　唐太宗文皇帝御撰,《四庫全書》著録。《新》《舊唐志》《崇文目》《讀書志》《書録解題》《通考》《宋志》俱載之。二《唐志》注云賈行注,《崇文目》以下俱作一卷,《宋志》作二卷,晁氏稱凡十二篇,今存者六篇,則作一卷二卷者,皆不全之書,且亦不云賈行注,而《舊唐書·敬宗本紀》載寶曆二年,秘書省著作郎韋公肅注太宗所撰《帝範》十二篇進,特賜錦彩百匹,知賈注外,又有韋注矣。但韋注,《新唐志》已不載,則其佚已久,且并賈注及正文之半亦皆亡於宋代。元吳萊稱泰定二年復於雲南得全書,然亦未見傳本,惟《永樂大典》全載,今館臣即據以録出,并太宗原序俱有,注不著名氏,較之唐人經史諸注,頗爲冗贅,當屬元人所附益,故其中時有楊誠齋、吕東萊之言也。是本仍依《新》《舊唐志》分爲四卷,又依舊目分君體、建親、求賢、審官、納諫、去讒、誡盈、崇儉、賞罰、務農、閲武、崇文十二篇,皆帝王之大綱也。蓋貞觀二十二年撰,以賜太子者。晁氏稱太宗著此書以賜高宗,且曰修身治國備在其中,一旦不諱,更無所言矣。其末頗以汰侈自咎,以戒高宗,俾勿效己,殊不知閨門之内,慚德甚多,豈特汰侈而已? 武后之立,實有自來,不能身教,多言何益? 云云。余謂晁氏之責備良是,然使高宗果能於此書身體而力行之,亦何至有武氏之立哉。

---

　　① (清)周中孚:《鄭堂讀書記》卷三六,《國家圖書館藏古籍題跋叢刊》第 12 册,北京:北京圖書館出版,2002 年,第 415—417 頁。

圖書在版編目(CIP)數據

《帝範》集注彙校/竇秀艷,杜中新著.--上海：
上海古籍出版社,2023.12
（漢籍合璧精華編）
ISBN 978 - 7 - 5732 - 0987 - 0

Ⅰ.①帝… Ⅱ.①竇… ②杜… Ⅲ.①政治思想史-
中國-古代 Ⅳ.①D092.2

中國國家版本館 CIP 數據核字(2023)第 237009 號

漢籍合璧精華編

帝範集注彙校

竇秀艷　杜中新　著

上海古籍出版社出版發行

（上海市閔行區號景路 159 弄 1－5 號 A 座 5F　郵政編碼 201101）

（1）網址：www.guji.com.cn

（2）E-mail：guji1@guji.com.cn

（3）易文網網址：www.ewen.co

浙江臨安曙光印務有限公司印刷

開本 710×1000　1/16　印張 10　插頁 4　字數 130,000

2023 年 12 月第 1 版　2023 年 12 月第 1 次印刷

ISBN 978 - 7 - 5732 - 0987 - 0

K·3526　定價：58.00 元

如有質量問題,請與承印公司聯繫